TROUVÈRES BELGES

MÉLANGES

TROUVÈRES BELGES

(NOUVELLE SÉRIE)

CHANSONS D'AMOUR, JEUX-PARTIS, PASTOURELLES,

SATIRES, DITS ET FABLIAUX

PAR

Gonthier de Soignies, Jacques de Cisoing, Carasaus,
Jehan Fremaus, Laurent Wagon, Raoul de Houdenc, etc.

PUBLIÉS D'APRÈS DES MANUSCRITS DE PARIS, TURIN, ROME,
BERNE, BRUXELLES ET BERLIN, ET ANNOTÉS

PAR

AUG. SCHELER

Associé de l'Académie royale de Belgique, Bibliothécaire du Roi des Belges
et du Comte de Flandre, professeur à l'université de Bruxelles.

LOUVAIN
IMPRIMERIE DE P. ET J. LEFEVER
30 — RUE DES ORPHELINS — 43

1879

INTRODUCTION.

Ce volume fait suite au recueil que j'ai publié en 1876 sous le titre *Trouvères belges du 12e et 13e siècle*. Comme celui-ci, il comprend les compositions d'un certain nombre de poëtes pouvant être classés parmi les écrivains de l'ancienne Belgique. A environ soixante-dix chansons, pastourelles, jeux-partis et autres petites compositions poétiques se répartissant sur 14 auteurs divers, j'ai joint trois pièces de Raoul de Houdenc qui me paraissaient particulièrement dignes d'être accueillies dans le cadre de nos publications académiques belges.

Aucune considération littéraire n'a dirigé le choix des éléments qui composent ce nouveau volume ; j'ai livré à l'impression ce que les circonstances m'ont permis de réunir et de préparer pendant les loisirs que me laissent les fonctions variées auxquelles je dois la grande part de mon activité.

Les textes et les variantes ont presque tous été recueillis par moi-même dans les dépôts de Paris, pendant deux courts séjours dans cette ville, et l'étendue de mon nouveau recueil a dû être subordonnée au temps disponible pour le faire.

Dans l'établissement de mes textes, je ne me suis point écarté, sauf quelques petits détails graphiques, des règles suivies dans mes éditions précédentes. Je n'ai corrigé le manuscrit qui me servait de base que lorsque la correction s'imposait rigoureusement, et ces corrections ont toujours été scrupuleusement indiquées. Quant à ce travail subtil qui consiste à publier un monument ancien, non pas dans la forme graphique dans laquelle les scribes nous l'ont transmis, mais dans celle qu'une étude approfondie autorise à reconnaître comme reflétant la langue parlée par l'auteur ; quant à ces recherches ingénieuses, dis-je, où se complaisent et brillent actuellement certains chefs de la philologie romane, on ne les verra point se faire jour dans mon livre. Je prends mon manuscrit tel qu'il se présente, sans scruter en quoi le mot écrit peut être soupçonné dévier de celui de la plume ou de la bouche du poëte ; sans me choquer aux inconséquences de forme qu'il peut offrir et sans viser à reconstruire théoriquement la leçon normale et primitive. Ainsi en présence des trois formes *els, eus, aus*, qui se rencontrent parfois dans la même pièce, je ne supprime pas les deux que l'examen des rimes m'aurait indiquées comme n'étant pas authentiques ; je ne cherche pas non plus à démontrer que tel auteur employait, au défini du verbe *pooir*, plutôt *poi* que *pou, poc* ou *peuc*. Je laisse donc à mes originaux même ce qui les caractérise en mal, à moins que, comme je l'ai dit, le vice ne soit manifestement l'effet d'une étourderie ou d'une négligence (1). Et en agissant ainsi, j'ai été guidé par plus d'un motif. D'abord je suis d'avis que l'épuration, dans le sens indiqué, des leçons transmises ne doit être appliquée que dans les cas où l'importance du sujet comporte une certaine dépense d'effort et de temps pour établir une véritable *standard edition*. La chanson de Roland impose à son éditeur des conditions de critique plus sévères que la pastourelle d'un obscur chansonnier du 13e siècle. Puis il me semble que trop de minutie dans le remaniement des textes peut exposer l'éditeur, quelque entendu qu'il soit, au reproche d'une assurance outrée, d'un purisme trop individuel, auprès d'un public qui, comme celui auquel notre collection est

---

(1) Je me suis écarté de cette règle pour les cinq pièces que j'ai puisées dans le ms. de Berne ; ce ms. est écrit dans un dialecte et avec des particularités orthographiques qu'il y avait intérêt pour mes lecteurs à ne pas reproduire.

particulièrement destinée, ne se sent pas de taille à contrôler le bien-fondé des retouches. Enfin, si les lecteurs du 13e siècle ne voyaient aucun inconvénient à rencontrer sous leurs yeux le même vocable sous des façons multiples, pourquoi celui du 19e serait-il plus exigeant? Je ne méconnais en aucune manière l'utilité des procédés critiques que j'ai en vue (une variété de forme met quelquefois sur la trace de l'époque ou de l'origine d'un auteur), mais j'ai cru pouvoir me borner à faciliter le travail futur des hommes spéciaux par une abondante communication de variantes.

Je n'ai pas non plus consacré beaucoup de réflexion en ce qui concerne la préférence à donner à tel ou tel manuscrit sur un autre. Les données critiques à ce sujet ne sont pas assez solides encore pour s'aventurer sur ce terrain, et ici encore l'attirail de variantes dont je grossis mon volume, fournira au spécialiste des moyens suffisants pour asseoir une opinion sur la valeur relative de telle rédaction. Me fussé-je livré à des études de cette nature, je doute fort que le commun des lecteurs en eût tiré un profit proportionné au labeur qu'elles m'eussent imposé.

Les professeurs de philologie romane en Allemagne et en France, aux travaux desquels je ne discontinue pas de puiser une riche part d'instruction nouvelle et qui de leur côté me font l'honneur de suivre mes efforts avec une sympathique bienveillance, voudront aussi m'excuser si dans la rédaction de mes notes explicatives je me suis placé plutôt au point de vue du besoin de mon public qu'à celui de leur intérêt. Ils verront toutefois de temps à autre surgir de la masse quelque trait, quelque observation, quelque doute, déposé là à leur intention et propre, je l'espère, à éveiller leur attention. La table des notes les aidera à démêler plus vite ces éléments utiles à la science qu'ils professent.

Je passe à l'analyse des matières présentées dans mon livre.

I. Le premier et principal groupe de ce recueil est consacré à GONTIER DE SOIGNIES. La nationalité de ce chanteur n'est nullement assurée ; la tradition a tranché la question en faveur de la ville du Hainaut, qui renoncerait avec douleur à la gloire d'en être la patrie ; mais en présence de la concurrence de la petite commune de Soigny près de Montmirail en Champagne (voy. Dinaux, Trouv. brab., p. 280), on serait bien embarrassé d'étayer les droits de la cité hennuyère de preuves plus ou moins concluantes. Dans le doute, je me suis, avec M. Paulin Paris (Hist. litt. pp. 599-604), rallié à l'opinion reçue, bien que l'auteur fasse plus d'une allusion à ses relations avec la Bourgogne (1) et la France, et que c'est bien cette dernière qu'il envisage

---

(1) Il n'est pas sans utilité de faire remarquer que Gontier emploie, pour le subj. du verbe *cheoir*, la forme *chaie* (ch. 14, v. 9), qui est selon Burguy, particulière au dialecte de Bourgogne.

comme sa « douce contrée » (chans. 6, vv. 2 et 16). Des 31 chansons que j'ai reproduites d'après les manuscrits de Paris, l'une ou l'autre pourrait bien être disputée à Gontier de Soignies. En effet, certains manuscrits placent nos numéros 6, 20 et 22 sous d'autres noms ; mais dans l'insuffisance des données critiques nécessaires pour débrouiller ces questions d'attribution, j'ai préféré donner trop que trop peu. Au moment même où j'écris ces lignes, je ne sais plus de quelle autorité j'ai inséré la chanson n° 3 ; le ms. de Berne, qui seul la renferme, la produit comme anonyme et je crois à ce sujet devoir m'accuser d'une mégarde. Dinaux (p. 269) donne une liste de 31 incipit de pièces attribuées à Gontier ; je n'ai point rencontré celle commençant par *Dolerousement tourmenté*, que je soupçonne être identique avec la pièce *Dolereusement comence* (*tourmente* étant mal lu p. *coumence*) ; la pièce *L'an que florist la bruière* figure dans la table du ms. 844, mais elle manque au volume ; celle débutant par *Ne me done par talent* ne se trouve nulle part sous le nom de Gontier. Par contre, la liste de Dinaux ne mentionne ni notre n° 3, dont je viens de parler, ni n° 20, bien que Dinaux l'ait reproduite lui-même en entier, ni enfin n° 22, que ce savant a insérée, d'après 845, sous le nom de Gautier d'Argies, Trouv. Artés., p. 193.

II. Messire JACQUES DE CYSOING, 10 chansons ; voy. à son sujet Dinaux, Trouv. flam., pp. 251-257 et l'Hist.

litt. de Fr., pp. 632-34. Le nom propre Cysoing, qui désigne un village situé au sud-est de Lille près du champ de bataille de Bouvines, prend des formes multiples dans les divers mss. : *Kison, Chison, Chisoing, Choson, Soixons* (ces deux dernières dans le ms. de Berne). — On ne sait rien de la vie de Jacques de Cysoing, si ce n'est qu'il était en relations avec le comte de Flandre, à qui il a dédié une de ses chansons (notre n° 4) à la suite de la bataille de la Mansourah, avec Hamin d'Arras (7, 51) et avec Thomas Herier, qui lui a fait divers envois de chansons.

III. CARASAUS (1), 5 chansons (2); voy. Dinaux, Trouv. Artés., pp. 125-130, Hist. litt. de Fr., t. XXIII, p. 536. Des 5 chansons que j'ai recueillies, la 1e est adressée à Berengier (inconnu), la 2e et 5e à Jean de Dampierre (inconnu), la 3e au duc Henri de Brabant à Louvain. Dinaux prétend que Carasaus nomme sa dame *Bone ;* cette affirmation n'est pas faite sur preuve, mais une répétition de la même phrase avancée par Cl. Fauchet (Œuvres, p. 576). Si elle est fondée, il faut que ce nom ait été prononcé dans la pièce disparue du ms. C, mais je la prends plutôt pour l'effet d'une méprise, c'est-à-

---

(1) Ce nom s'analyse par *car as* (ou *aus*) *aus*, viande à l'ail.

(2) Une 6e chanson, commençant par : *Puisque rose soit florie*, est indiquée dans la table du ms. C, mais ne se trouve plus dans le volume.

dire d'une malencontreuse interprétation du vers : *Bone de très granz biautez* (ch. 1, v. 20).

IV. Ernaut Caupain, 5 pièces, dont 1 chanson dévote, 2 chansons d'amour et 2 pastourelles. L'Hist. litt. XXIII, p. 562, donne 3 lignes à ce trouvère ; Dinaux, Trouv. brab., pp. 250-256, en reproduit quatre pièces, en omettant notre cinquième, placée dans un manuscrit sous le nom de Baudes de la Kakerie.

V. Jehan d'Estruen, 4 jeux-partis. Le premier est composé de commun avec Sandrart, le deuxième avec Colart le Changeur, le troisième avec Robert et le quatrième avec Andrieu Douche. Le premier a été partiellement imprimé par Dinaux à l'article Sandrart, p. 429 de ses Trouv. Artés. ; le 9e vers est gâté par lui de cette façon : *Jehan Legier si com je croi*, ce qui a fait supposer à l'auteur de la notice sur les chansonniers dans l'Hist. litt. (t. XXIII, p. 651) l'existence d'un poëte Jean Legier. Notre deuxième pièce est mentionnée par Dinaux, l. c., p. 148, mais attribuée à Jehan Bretel, ainsi que la 3e, mentionnée à la p. 286. La quatrième figure en entier, dans la notice sur Andrieu Douche, à la p. 73 du même ouvrage. Paulin Paris (Hist. litt. XXIII, 647) qualifie Jean d'Estruen (cette dénomination se trouve deux fois dans notre n° 2) de Tournaisien ; je ne sais ce qui l'a engagé à le faire. D'après le baron Kervyn (Œuvres de Froissart, XXIV, p. 298), *Estruen* est une ancienne forme d'*Es-*

treux, village situé au nord de Saultain à une lieue est de Valenciennes.

VI. Jehan Fremaus (1), de Lille, 3 chansons, toutes imprimées par Dinaux, Trouv. flam. pp. 279-286 ; voy. aussi l'Hist. litt. XXIII, 650-51. La deuxième pièce est indiquée dans les mss. comme « couronnée » ; la troisième est adressée à Gui, avoué de Béthune, que Dinaux et d'autres identifient erronément, je pense, avec Guillaume, le frère de Quenes de Béthune.

VII. Le Trésorier de Lille, 3 chansons (dont la 3e, toutefois, peut lui être disputée). Comme l'Hist. litt. XXIII, 805-6, je distingue entre ce poëte et le suivant, contrairement à Dinaux, qui les confond sans aucune apparence de raison (voy. Trouv. flam., pp. 348-355).

VIII. Pierre le Borgne de Lille, 1 chanson ; voy. Dinaux, l. c., p. 348 et Hist. litt. XXIII, 689.

IX. Jacques de Dampierre, 2 chansons ; voy. Dinaux, Trouv. brab. etc., pp. 386-389, et Hist. litt. XXIII, 635.

X. Lambert l'Aveugle, 1 pastourelle ; voy. Hist. Litt., XXIII, 656-57.

XI. Gérard de Valenciennes, 1 jeu-parti. Dinaux,

---

(1) Aussi *Frumaus* (cp. *prumier* p. *premier*, *frumer* p. *fremer* = fermer) ; au cas-régime le nom doit avoir été soit *Fremaut*, ou *Fremail*.

Trouv. brab., pp. 310-313, communique deux pièces, notre jeu-parti et une chanson d'amour, en observant (p. 309) que cette dernière « appartient *sûrement* à notre poëte valenciennois », et (p. 313) que « les deux pièces sont bien *authentiquement* de Gerars de Valenciennes ; son nom et celui de sa patrie se trouvent consignés en toutes lettres dans les mss. ». Voici la vérité. Dinaux, tout en parlant de manuscrits au pluriel, dit lui-même que les deux pièces qu'il publie ne sont connues que par le ms. de Berne et par la copie de ce ms. dans la collection Mouchet à Paris (l'existence de la première dans notre ms. D, sans nom d'auteur, lui avait échappé). Or le ms. de Berne ne donne la rubrique « Gerairs de Valaisienes » qu'au jeu-parti, et la chanson qui suit d'après l'ordre alphabétique observé dans ce ms. et que Dinaux dit être *authentiquement* du même trouvère, y est présentée sans la moindre désignation (1).

XII. JEAN DE CONDÉ (?). Le ms. 1446 de la Bibl. nat. de Paris, que j'ai largement mis à profit pour mon édition des œuvres de ce poëte, renferme entre le dit de l'*Entendement* (mon éd. I, 49-95) et la « *Defense des menestriers contre Jacobin et Frere Meneur* (dans

---

(1) Feu Brackelmann, dans sa reproduction de la copie Mouchet (Herrig's Archiv, XLIII, p. 357, note**) a déjà relevé la légèreté des affirmations de Dinaux.

mon éd. sous le titre *Dis des Jacobins et des Fremeneurs*, I, pp. 249-266), les 154 vers que j'ai placés ici dubitativement sous le nom du trouvère belge. Ce qui m'avait fait hésiter à les insérer dans mon édition, c'est l'absence de toute attribution et dans le texte et dans l'intitulé (qui d'ailleurs fait défaut ; une main moderne a mis à sa place : « ce peut estre de Jehan de Condé »), et la circonstance que je ne les ai rencontrés dans aucun autre ms. Toutefois le sujet et le style de ce dit, ainsi que la place qu'il occupe dans le ms., justifient la présomption en faveur de Jean de Condé.

XIII. Laurent Wagon, *Le Moulin à vent*. Le poëme que j'intitule ainsi paraît être inconnu, aussi bien que le nom de celui que le premier vers m'autorise à considérer comme l'auteur. Il a pour but de railler la vanité, la fanfaronnerie et la présomptueuse nullité des personnages les plus huppés de la ville d'Arras et pullule de noms Artésiens fort bien connus soit par les Congés de Jean Bodel, de Baude Fastoul et d'Adam le Bossu, ou par leurs productions littéraires (Wibert Caukesel, Jehan Bretel). Laurent Wagon, en se proposant de construire un moulin à vent sans autres matériaux que les menteurs et les truffeurs de sa ville natale, ne ménage pas même sa famille, si l'on ose prendre pour des parents Andriu Wagon (113) et Henri Wagon (125), dont il fera resp. la *rastiere* et l'*aleron* de son moulin. J'ai rencontré cette pièce satirique (elle me paraît incomplète) dans un des principaux chansonniers de la Bibl. Nat., que j'ai désigné par litt. D, et je l'ai jugée, sous plus d'un rapport, propre à captiver l'intérêt de la science littéraire.

XIV. *La prise de Neuville.* J'ai affublé de ce titre les 173 vers décasyllabiques, répartis sur 8 tirades monorimes, qui occupent les fol. 213 B à 214 D du ms. 12615 à la suite du morceau satirique que je donne sous le n° précédent. Comme ce dernier, il ne porte pas de rubrique et n'est point achevé (1). Il suffit de dire que notre fragment offre un échantillon très-remarquable de poésie heroï-comique médiévale, pour justifier l'accueil que je lui ai fait ; mais ce qui en augmente l'intérêt pour notre pays, c'est qu'il est écrit dans une langue factice, parodiant le parler français des Flamands. Le poëte anonyme du 13ᵉ siècle y traite, dans les formes et avec toute la gravité et la solennité de l'épopée, d'un événement villageois, probablement contemporain, par lequel une poignée de Flamands, ameutés « pour aler sour Nuevile le castel asalir », se sont couverts de gloire ou de ridicule. Les huit tirades qui nous restent accusent chez le poëte une verve comique de bon aloi, et la langue laisse percer, à travers la

---

(1) Il est suivi d'une pièce commençant par : *Au cuer trop de duel et d'ire ai* et finissant par : *Ore est li clapoire effondrée Dont Arras est en la cendrée.*

cacologie artificielle, tous les traits caractéristiques de l'époque.

XV. Raoul de Houdeng. — Des notices plus ou moins étendues ont été consacrées à Raoul de Houdeng par A. Duval et E. Littré dans l'Histoire littéraire de France (t. XVIII, pp. 786-792 et t. XXII, pp. 868-870), par Holland dans son travail sur Chrétien de Troies (Tübingen, 1854, pp. 51 et 52, note), par Dinaux dans ses Trouvères brab., etc., p. 598 et suivantes, et en dernier lieu par Ferdinand Wolf dans son mémoire académique : *Ueber Raoul de Houdenc und insbesondere seinen Roman Meraugis de Portlesguez* (Vienne, 1865) ; j'y renvoie le lecteur. Cependant je tiens à déclarer que, pour l'avoir accueilli dans cette collection, je ne partage pas l'avis de ceux qui placent le Houdeng d'après lequel il se nomme, dans notre province de Hainaut. Le passage d'Hugues de Mery qu'ils allèguent en faveur de leur opinion n'a plus aucune valeur ; il est reconnu que le mot *hennier*, qui d'ailleurs n'a jamais été vu ou lu que par Pasquier, y est fautif et qu'il repose sur une mauvaise lecture ou sur une inintelligente interprétation de *hasnier* ou *ahanier*. Laissons donc Raoul à la Picardie ; lui-même y a tenu : dame Peneance, qu'il a visitée en cheminant vers le Paradis, lui ayant demandé son domicile, il répondit sérieusement (« *sans folie* ») :

Dame, je suis de Picardie.

Quatre poëmes seuls peuvent, avec la certitude possible en ces matières, être attribués à Raoul ; ce sont :

1° Le *Songe d'Enfer*, publié par Jubinal, à la suite de ses *Mystères inédits du XVe siècle* (t. II, pp. 384-403) et en partie reproduit par Tarbé à la suite du *Tournoiement Antechrist* (p. 135).

2° Le *Songe* ou la *Voie de Paradis*, publié par Jubinal, parmi les notes et éclaircissements du t. II des *Œuvres de Rutebeuf* (pp. 227-260), comme le précédent, d'après le n° 7218 (837 nouveau) de la Bibliothèque nationale de Paris.

3° Le *Roman des Ailes*, publié par moi en 1868, dans le t. XXIV (2e série, t. IV) des *Annales de l'Académie d'archéologie de Belgique*.

4° Le *Roman de Meraugis de Portlesguez*, vaste composition qui n'était connue que par le fragment inséré par Ad. Keller dans sa *Romvart* d'après un manuscrit du Vatican, quand feu le professeur Wolf, dans le mémoire cité ci-dessus, en donna une analyse très-détaillée d'après un manuscrit de Vienne. Quatre ans après le travail de Wolf, en 1869, le roman de Meraugis fut publié à Paris par les soins de M. Michelant d'après les mss. de Vienne et de Paris.

A en croire Fauchet, Raoul serait aussi l'auteur du roman de Guillaume de Dole; mais cette assertion est reconnue fautive. Dinaux, sans alléguer aucune preuve, affirme que notre trouvère a composé le fameux fabliau « le *Chevalier à l'Espée* » (Méon, Fabliaux, I, p. 127 et suiv.). Van Hasselt, avant lui, s'était prononcé dans le même sens, mais avec moins d'assurance ; et il avait raison, car la critique a, depuis, rejeté cette attribution. Par contre, le prof. Mussafia, suivi par Michelant, est disposé à reconnaître dans le Raoul qui a fait, en tout ou en partie, le roman de « *Gauvain* ou la *Vengeance Raguidel* » (publié par Hippeau en 1862), le même trouvère que celui qui nous occupe.

Des quatre poëmes de Raoul, je n'ai recueilli que les trois premiers, qui jusqu'ici se trouvaient perdus dans trois recueils différents et qu'il était utile de soumettre à une nouvelle révision. Le quatrième, Meraugis de Portlesguez, ayant fait l'objet d'une publication séparée il n'y a qu'une dizaine d'années, j'ai cru devoir l'exclure de mon cadre, bien que l'édition de Michelant, malgré tout son mérite, soit susceptible de nombreuses émendations et s'améliorerait considérablement par la mise à profit des variantes des mss. du Vatican et de Berlin. — Je regrette de ne pas avoir pu, pour le Songe d'Enfer et celui du Paradis, collationner le ms. de Turin L. V. 32 ; j'en avais pris, dès 1866, les variantes, mais elles se sont égarées. D'autres circonstances m'ont empêché d'utiliser le ms. de Berne 354, qui, d'après Dinaux, doit renfermer le Songe d'Enfer. Je doute que ces textes eussent contribué beaucoup à l'éclaircissement de ceux dont je me suis servi et qui ne présentent guère de difficultés.

Tous les trouvères représentés dans ce volume et énumérés ci-dessus appartiennent au XIIIe siècle, à l'exception de Raoul de Houdenc, dont l'activité littéraire doit avoir commencé dès le siècle précédent.

Il me reste à donner un aperçu des manuscrits dont j'ai fait usage soit pour servir de base aux textes que je publie, soit pour le travail de collationnement ; ils sont au nombre de 18, savoir :

A = Berne 389. Copié pour *G. de Soignies* 3, 17, 26 ; *Cisoing* 9 ; *Gér. de Valenciennes* 1 ; collationné pour *Cisoing* 4.

B = Paris, Bibl. Nat. (B. N.) 20050. Col. *Cisoing* 4, 7, 8, 9 et *Pierre le Borgne* 1.

C = B. N. 844. Cop. *G. Soign.* 7, 29 ; *Cis.* 1, 2, 3, 5, 6, 10 ; *Carasaus* 1, 2 ; *Caupain*, 1, 3 ; *Fremaus* 1, 2, 3 ; *Trésorier de Lille* 2, 3 ; *Pierre le B.* 1 ; *Lambert l'aveugle* 1. — Coll. *G. Soign.* 24 ; *Cis.* 7, *Caup.* 5.

D = B. N. 12615. Cop. *G. Soign.* 1, 4, 5, 8, 10-16, 18, 19, 23, 25, 27, 28, 30, 31 ; *Caup.*, 2. — Coll. *G. Soign.* 7, 24, 29 ; *Cis.* 4, 7, 8 ; *Caup.* 1, 3, 4, 5 ; *Frem.* 1 ; *Trésorier*, 2 ; *Pierre le B.* 1 ; *Gerart de Valenc.* 1. — J'ai en outre emprunté à ce ms. le *Moulin à vent* et la *Prise de Neuville*.

E = B. N. 845. Cop. *G. Soign.* 2, 6, 9, 20, 21, 24 ;

Cis. 8 ; *Caras.* 5 ; *Trésor.* 1. — Coll. *G. Soign.* 1 ; *Cis.* 1, 4, 7, 9 ; *Frem.* 2 ; *Trésor.* 2.

F = Paris Arsenal, Belles-lettres franc. 63. Coll. *G. Soign.* 2, 6, 9, 21, 24, 26 ; *Cis.* 4, 9 ; *Caras.* 5.

G = B. N. 847. Copié *G. Soign.* 22 ; — Coll. *G. Soign.* 21 ; *Cis.* 1, 4, 7, 8, 9 ; *Trésor.* 1, 2 ; *Pierre le B.* 1.

H = B. N. 846. Coll. *G. Soign.* 1, 20, 24, 26 ; *Cis.* 4, 7 ; *Caras.* 5.

L = B. N. Ms. Clairembaut (coté actuellement Nouv. acquis. franç. 1050). Coll. *G. Soign.* 2, 6, 9, 21 ; *Cis.* 7, 9 ; *Caras.* 2, 5 ; *Frem.* 2 ; *Trésor.* 1, 2.

M = B. N. 1591. Cop. *Caras.* 4 ; *Jacques d'Estruen* 1, 2, 3, 4 ; *Dampierre* 1, 2.—Coll. *G. Soign.* 6 ; *Cisoing* 9 ; *Carasaus* 3.

N = Rome, Vaticane n° 1490. Cop. *Cis.* 7 ; *Caras.* 3. — Coll. *Cis.* 2 ; *Caras.* 1 ; *Frem.* 1.

A ces 11 mss., qui ont déjà servi pour mon premier recueil de Trouvères belges et auxquels j'ai conservé la même désignation littérale, il faut joindre les 7 suivants :

Paris B. N. Ms. franç. 837. A fourni le texte du *Songe d'Enfer*, et les variantes pour le *Songe de Paradis* et le *Roman des Eles*.

Paris B. N. 1446. Texte de la pièce que j'ai placée sous le nom de *Jean de Condé*.

Paris B. N. 1593. Variantes du *Songe d'Enfer*.

Paris B. N. 19152. Variantes du *Roman des Eles*.

Bruxelles 9411-26. — Texte du *Songe de Paradis*.

Turin L. V. 32. Texte du *Roman des Eles*.

Berlin, mss. franç. in-4°, n° 48. Collationné pour le *Roman des Eles*.

Aug. Scheler.

Bruxelles, en avril 1879.

ERRATA.

P. 19, v. 52, mettez un point-virgule.

P. 19, v. 59, effacez le point.

P. 24, v. 71, une virgule à la fin.

P. 28, v. 17, l. *mechine*.

P. 30, v. 4, effacez la virgule.

P. 31, v. 44, une virgule après *mener*.

P. 37, v. 14, ôtez la virgule.

P. 48. En tête de la chanson 22, j'ai négligé de remarquer que Dinaux a imprimé cette chanson, sous le nom de Gautier d'Argies, d'après E, à la p. 193 de ses *Trouv. Artés.*

P. 49, v. 26. Le vers est complété ainsi dans E : *Qu'el mont n'a pas tant à prisier.*

P. 72, v. 1, ôtez la virgule.

P. 81, v. 8, l. *vueil*.

P. 85, v. 47, l. *tost* p. *tant*.

P. 86, 1e ligne, l. GH p. GHL.

P. 87, v. 21, l. *ou* p. *au*.

P. 94, Notes, mettez N après le chiffre 9.

P. 97, v. 12, une virgule à la fin.

P. 100, v. 22, une virgule au lieu du point-virgule.

P. 100, v. 23, un point au lieu de la virgule.

P. 100, v. 25, un point au lieu de la virgule.

P. 104, v. 13, effacez la virgule.

P. 109, v. 2, changez le point en virgule.

P. 117, v. 59, l. *traï* p. *trai*.

ERRATA.

P. 118, vv. 89-92, voy. pour la rectification de la ponctuation, les Notes explicatives.

P. 120. Cette chanson est reproduite par Dinaux, *Trouv. Artés.*, p. 429.

P. 122, v. 38, ôtez la virgule.

P. 128, v. 44, mettez un point-virgule au lieu de la virgule.

P. 128, Note, l. 8, ôtez *y*.

P. 168, v. 209, une virgule à la fin.

P. 170, v. 12, changez le point en virgule.

P. 171, v. 20, l. *barbier* p. *larbier*.

P. 172, v. 53, l. *Lisse* p. *Eisse*.

P. 174, v. 118, l. *à* p. *a*.

P. 175, v. 170, l. *tuletant*.

P. 177, Notes, 3ᵉ v., l. *conneü*.

P. 183, v. 183, un guillemet devant *Et*.

P. 183, v. 194, un guillemet à la fin.

P. 184, v. 204, l. *de ci*.

P. 184, v. 213, l. *toutes* p. *tuites*.

P. 185, v. 248, une virgule à la fin.

P. 185, v. 250, un point à la fin.

P. 193, v. 484, l. *li* p. *lor*.

P. 200, v. 669, un point d'interrogation à la fin.

P. 204, v. 94, ôtez la virgule.

P. 239, v. 1114, l. *n'i* p. *ni*.

P. 249, v. 29, l. *apertenist*.

P. 250, v. 48, l. *apertient*.

P. 265, v. 480, l. *Uns*.

P. 270, v. 636, l. *l'amer*.

I.

CHANSONS DE GONTHIER DE SOIGNIES.

1.

Ms. D, 110 v°, collationné avec E, 176 v°, et H, 5.

A la joie des oiseaus,
Ke refraignent li buisson,
Me croist joies et reveaus ;
A l'entrant de la saison,
5 Dieus, tant m'est li pensers beaus
Dont je n'os dire le non,
Et li jors tos tans nouveaus
Ke de s'amor me fist don.
Peu la voi, si sui adès
10 Des ieus loins et del cuer près.

1 E *A la douçor.* — 2 E *Dont refraignent.* — 6 E *Dont ja ne lirai;* H *Dont ja n'en aurai.* — 10 EH *Du cors loins.*

Je soloie assés savoir
Pour autre amor maintenir,
Mais or quic moult peu valoir
Pour ceste amor sostenir ;
15 Tant m'a mis en boin espoir
Nus ne le porroit merir,
Nepourquant, à mon pooir,
Sui del tot à son plaisir.
Peu la voi, si sui adès
20 Des ieus loins et del cuer près.

De la riens dont plus m'esmai
Voil ma dame moult proier ;
Se jou tant de sens n'en ai
K'à li me saice acointier,
25 Et jou son voloir ne sai,
Bien le me doit ensegnier,
Et jou certes le ferai
De bon cuer et sans dangier.
Peu la voi, si sui adès
30 Des ieus loins et del cuer près.

Se tant n'i puis demorer
Com chascuns de nos vauroit,
Merchi li vaurai crier ;
Ne blasmer l'en ne m'en doit,
35 Car por nostre amor celer

---

12 EH *autres gens*. — 13 H *peu savoir*. — 14 EH *Por si haute amor servir*. — 15 E *en son espoir*. — 16 EH *Nus ne li* ; *nus* est omis dans D. — 17 EH *au mien p*. — 18 H *Sui jou tout à son voloir*. — 23 H *ne ai*. — 28 EH *et volentiers*. — 31-40 Cette strophe manque dans E. — 31 H *mi puis*. — 34 *l'en* omis dans D.

Le faic plus qu'en autre endroit,
Car tant i porroie ester
K'ele blasmée en seroit.
Peu la voi, si sui adès
40 Des ieus loins et del cuer près.

En tous les lieus où je sui
Mes coraiges est à li ;
Ligement, sans part d'autrui,
Sui del tout à sa merchi ;
45 Por çou, se li cors sont dui,
Li coraige sont oni,
Ne de joie ne d'anui
N'avons entre nos parti.
Peu la voi, si sui adès
50 Des ieus loins et del cuer près.

Ki k'ait les mos ajostés,
Gontiers les mist en escrit,
Si sera li briés portés
A ma dame à cort respit.
55 Dieus, de boine eure fui nés
S'ele mon message lit,
Et teus soit sa volentés
K'en cest present se delit.
Peu la voi, si sui adès
60 Des ieus loins et del cuer près.

43 EH se part. — 44 EH Tosjors sui en sa m. — 45 EH Por quant. — 46 E Li cuer sont du tout o.; H Li coraige sont an un (contraire à la rime). — 52 H les met. — 53 H Si seront li brief porté. — 54 H Ma dame au cors de r. — 55 H D. com de bone hore nez fui. — 56 H rit (p. lit). — 57 H Ou tex soit la v.

Onques mais ne fui sospris
De nule amors ne destrois,
Mès or m'a del tot conquis
Ses sens et sa boine fois ;
65 Cors a gent et cler le vis,
Blances mains et lons les dois,
Douc semblant et simple vis,
Bien est faite en tos endrois.
Peu la voi, si sui adès
70 Des ieus loins et del cuer près.

61-70 Au lieu de cette strophe, H a les deux vers-ci :

*Pour Deu, me lait venir si près
Que un soul jor la voie adès.*

61 E *Onques me ne.* — 64 E *ses bonc foi* (!). — 66 E *Blanches et lòngues doiz* (sic). *Longues* pourrait valoir *longués* (diminutif).

2.

Ms. E, 212, coll. avec F, p. 220, et L, 151 v° (partie intercalée et écrite d'une main moderne).

Au tens gent que raverdoie
Toute riens à sa color,
Que tout oisel mainent joie
Contre la feuille et la flor,
5 Lors di que grant tort auroie
Se ne m'i resbaudisoie
    Por amor,
A qui li miens cuers s'otroie
    Nuit et jor.

10 Moult est bele et bien aprise
   Cele dont je chanterai,
   Servir la vueil sanz faintise,
   Siens sui et siens esserai ;
   En li a tant de franchise
15 Que, se la serf, mon servise
      Raverai ;
   Du cuer, qui mon cors justise,
      L'amerai.

   Qui chiet en desesperance
20 Por les maus d'amour sousfrir,
   Moult a mauvaise creance,
   Car n'en puet nus maus venir :
   Cele serf sans repentance
   Qui m'a doné esperance
25   De servir ;
   E, Deus, donez li vueillance
      De merir !

   Moult fist Deus par grant devise
   Cele qui j'otroi m'amor,
30 Toute sa paine i a mise,
   Qu'il en veut avoir honor ;
   Moult ai bien m'amor assise,
   Car trestoz li mons la prise
      De valor ;
35 Ce me resprent et atise
      Ma dolor.

16 EL *Reverrai* ; j'ai corrigé d'après F. La leçon *reverrai* pourrait, toutefois, se justifier. — 22 F *puet maus avenir*. — 26 E *vuoillance*.

3.

Ms. A. — Cette pièce, qui ne se trouve que dans le ms. de Berne, est imprimée dans les Comptes rendus de l'Académie royale de Munich (communication de M. Conrad Hofman), année 1868, et reproduite par Brackelmann dans son recueil, *Herrig's Archiv*, t. XLII, p. 242. — J'ai ici, comme précédemment, abondonné le système orthographique propre au ms. de Berne.

Bels m'est l'ans en mai, quant voi
    Le tens florir ;
Oisel chantent doucement
    A l'enserir.
5 Toute nuit veil et tressail,
    Ne puis dormir,
Car à ce m'estuet penser
    Ke plus desir.
    Moult hai ma vie,
10 S'à tel tort me fait morir
    Ma douce amie.

Las ! por coi me fait la belle
    Tel mal sentir,
Quant del tout sui atornés
15   A li servir ?
Je ne veuil ne je ne puis
    De li partir,
Car ne puis de mes dolors

---

4 *alenseri*. — 5. *tressaul*. — 13 *Tel* omis. — 16 *ne senc puis*.

Sans li garir.
20   Moult hai ma vie
S'à tel tort me fait morir
Ma douce amie.

Nus ne sait à quel dolor
Je m'en consir,
25 Ainc ne li osai mon cuer
Del tout gehir ;
Siens sui et fui et serai
Sans repentir ;
Tousjours veuil le sien servise
30   Maintenir.
Moult hai ma vie
S'à tel tort me fait morir
Ma douce amie.

Deus ! com sont en grant doutance
35   De faillir
Cil qui aiment de bon cuer
Et sans traïr ;
Losengier, qui por noient
Suelent mentir,
40 Font bone amour remanoir
Et departir.
Moult hai ma vie
S'à tel tort me fait morir
Ma douce amie.

45 Nus ne puet de fausse amor
A bien venir,
Car chascuns vuet pou amer
Et bien joïr ;

36 *qui aimme*. — 38 *losenior*.

Li malvais font les cortois
50   Avilenir;
Nus ne sait mais cui amer
    Ne cui servir.
    Moult hai ma vie
S'à tel tort me fait morir
55   Ma douce amie.

Tres or veuil ma retrouvenge
    Defenir,
Gontier prî moult k'il la chant
    Et face oïr;
60 Ou pascor, quant on verra
    Le bruel florir,
Chevalier la chanteront
    Por esbaudir.
    Or aim ma vie
65 Car del tout m'a afié
    Ma douce amie.

57 *defineir*. — 63 Après ce vers, le scribe a intercalé par erreur : *Moult heit* (sic) *ma vie*.

4.

Ms. D, 113 v°.

Bel m'est quant voi naistre le fruit,
Ke tos li mons de douçor bruit;
Ki perdu a joie et deduit,
Ne puet muer ne lui anuit.

5 Jel di por moi qui amors fuit :
   Ne puis garir ne jor ne nuit ;
   Pens et sospir et voil et di :
   « Hé ! aurai jou ja merchi ? »

   Mort m'a la belle dont me plaing,
10 Ki est lie de mon mahaing ;
   De li amer pas ne me faing
   Et des autres mon cuer desdaing ;
   S'el m'a guerpi par son engaing,
   En grant dolor mon cuer empaing.
15 Pens et sospir et voil et di
   « Hé ! aurai jou ja merchi ? »

   Se jou sospir, c'est à boin droit,
   Puis que la belle me mescroit.
   Ja Dieu ne plaice, ki loins voit,
20 Ke li miens cuers desloiaus soit ;
   Tant m'a la belle en son destroit
   Ke de son tort li ferai droit.
   Pens et sospir et voil et di :
   « Hé ! aurai jou ja merchi ? »

25 Cil ki sevent mon couvenant,
   Me dient bien mes ieus voiant
   Ke je languis et vois morant,
   Et si n'em puis faire samblant.
   Parmi tot çou si l'aim je tant
30 Ke ses hom sui à remanant.
   Pens et sospir et voil et di :
   « Hé ! aurai jou ja merchi ? »

10 *lics.* — 13 *Sele ma.* — 27 *et* omis.

A une ocoison dont me hai
Ne puis venir à escondit :
35 Par consence de mauvais cri
A li uns l'autre malbailli,
Mais teus s'en quide faire fi
Ki se tenra à escarni.
Pens et sospir et voil et di :
40 « Hé ! aurai jou ja merchi ? »

Or me dient tote la gent
Ke je foli moult malement :
Por cele muir qui ne s'en sent,
Et mes coraiges vers li tent ;
45 Mais tant conois son vrai talent,
S'ele a meffait, or s'en repent.
Pens et sospir et voil et di :
« Hé ! aurai jou ja merchi ? »

La felonie des pluisors
50 Nos deffendent joie d'amors ;
Li maus k'en trai et les dolors
M'ont si conquis tos sui desos.
Vrais Dieus, quant venra li secors
Que chil chaitis atent tous jors ?
55 Pens et sospir et voil et di :
« Hé ! aurai jou ja merchi ? »

33-34 Vers suspects et obscurs ; il faut des rimes en *i*. — 52 *desous*.

5.

Ms. D, 115.

Chanter m'estuet de recomens
Quant l'ore est doche et clers li vens,
Et nonpourquant si sui dolens,
    Oiés pour quoi,
5 Quant cele à qui sui atendans
Ne velt avoir merchi de moi.

Molt aim ma dame et voil et pri,
Mais d'une cose m'a traï :
Quant li paroil, si m'entrobli ;
10   Oiés pour quoi :
Tant par desir l'amor de li
Ke tous sui fous quant je la voi.

Ne puis mon coraige covrir
De çou ke plus voil et desir ;
15 Bien m'en devroie repentir,
    Oiés pour quoi :
Car moult voi à noient venir
Çou dont on fait plus grant effroi.

Se ma dame seüst le voir
20 Com je sui siens à mon pooir,

---

2 Je soupçonne qu'il faut *tens* p. *vens*. — 9 *i paroill*. — 14 *De co*. — 18 *grant desir* ; j'ai corrigé selon l'exigence de la rime.

A qui je me sui celés
Por cele gent mauparliere
Qui ja les cuers n'auront las
30   De dire mal en derriere,
Car pleüst saint Nicolas
Qu'il geüssent tout en biere

Hé, doce riens, ne m'ociés,
Ne soiés crueus ne fiere
35   Vers moi, qui plus vos aim assés
D'amor loial droituriere,
Et se vos por tant m'ociés,
Las, trop l'acheterai chiere
L'amor dont tant serai grevés,
40   Mès or m'est doce et legiere.

27 Le vers se présente ainsi, trop court d'une syllabe, dans tous les mss. sauf M ; ce dernier remplace nos vv. 27-32 par les suivants :

A qui je me sui tout donnez,
Si ne m'en puis retraire arriere ;
Moult longuement me sui celez
Pour celle gent malparliere
Qui ja leur cuers n'auront lassez
De dire mal en deriere

En corrigeant, dans le 2e, *Si n'en puis*, nous aurons rétabli la strophe dans le système de rime et de mètre qui est propre à la pièce, et qu'ont abandonné les autres mss. — 31-32 Omis dans G. — 32 FL *touz*. — 34 GL *Ne ne soiés*. — M *crucusse*. — 35 G *qu'assez* (leçon préférable). — 36 M *loial et entiere*. — 39 Tous les mss., sauf M, ont *samor* p. *lamor*, qui seul est acceptable.

7.

Ms. C. 169, coll. avec D, 111 v°. — Imprimée d'après C dans Dinaux l. c., p. 276.

Dolereusement comence
Qui chanter veut de dolor ;
Las ! de ce qui plus m'agence
Ainc n'en eu joie sanz plor ;
5 Folz en faz ma penitence,
Car ainc ne li quis s'amor ;
En moi fait une grant tence
Volentez contre cremor.
Moult aim et has dire et taisir,
10 Car des deus puis vivre ou morir.

D'amor fait moult mal li dires,
Qui primes n'en set le voir,
Car plus grieve uns escondires
Que lons tans en bon espoir ;
15 Encor sunt li celer pire,
Qu'al daerrain l'estuet dire
Et le cuer de li savoir ;
En ansdeus gist grans martire,
Deus m'en doint force et pooir !
20 Moult aim et has dire et taisir,
Car des deus puis vivre ou morir.

6 Din. a lu *quis savior !* — 10 D *Car d'ans .ij. p. v. et m.* — 14 Ms. *lonc.*

Amors est et fole et vaine
Qui trop est mise à bandon,
Mais quant après la grant paine
25 Vient la joie par raison,
Lors est ele plus certaine
Et s'en sont li porfit bon :
De bon jour bone semaine,
Selon l'uevre guerredon.
30 Moult aim et has dire et taisir,
Car des deus puis vivre ou morir.

Perius est de teus afaires
Dont on n'est auques certains,
Car teus li samble contraires
35 Où joies est moult prochains ;
Mieus vaut servirs et atraires
Et metre por plus le mains ;
Cuer failli ne pris je gaires,
Car trop est fols et vilains.
40 Moult aim et has dire et taisir,
Car des deus puis vivre ou morir.

Je fas, ce croi, tele atente
Com li Breton font d'Artus ;
Amors m'ocit et tormente,
45 Et si nel saura ja nus ;
Mieus me vient de li l'atente,
Si que je n'i face plus,
Que de la cortoise gente
Torner tote joie ensus.
50 Moult aim et has dire et taisir,
Car des deus puis vivre ou morir.

27 Din. imprime *s'ensuit*. — 35 D *on est*. — 39 D *faus* (forme picarde de *fous*). — 48 D *cortoissie*.

Mainte fois, dont plus m'argüe
La dolors dont je vos di,
M'est la volontez venue
55 . . . .
. . . .
Quant je sui dejouste li,
Tote est ma raison perdue,
Si m'a s'amors esbahi.
60 Moult aim et has dire et taisir
Car des deus puis vivre ou morir.

52 D *quant plus*. — 55-56. Ces deux vers manquent dans les deux mss. — 57 D *Là où jou siec joste li*. — 58 D *Tote ai*. Si *est* est la leçon de l'auteur, il faudra corriger *raisons*.

8.

Ms. D, 112^b.

Douce amors ki m'atalente,
Quant voi le termine gent,
Me remaine el cuer la gente
Ki lumine mon talent.
5 Tant desir k'ele consente
L'amor ki si me vient lent,
Trop me samble dure et lente,
S'ele tost ne me consent.
Ne quier mais nule autre atente,

3 Ms. *remaigne*. — 5 *Ke consente*.

CHANSONS

10 Puis k'amors à li m'asent,
    Et, por Dieu, ke ele sente
    Le penser où jou entent ;
    Car tant i faic longe atente
    Ke trop sui en grant torment ;
15 Dieus ! si m'alonge et tourmente
    La douçors k'encor atent.
    Grant dolor puet consirer
    Ki ja ne cuide recovrer.

    De s'amor par grant proiere
20 L'envi sovent et requier ;
    Drois est qu'ensi la requière
    De doçor et de proier,
    Car n'ai soing d'amor dobliere,
    Ki vient et va de legier.
25 Belle est et saige parliere
    Et set tenir son cors chier,
    Et à tous fait belle chiere
    Sans cremor de fol parlier,
    C'ainc ne vi dame mains fiere
30 Vers home de sens manier,
    Mais ele est d'autre maniere
    Vers felon mauvais et fier.
    Grant dolor puet consirer
    Ki ja ne quide recovrer.

35 Molt est ma paine anoiouse,
    Del tout sui jou soffraitous,
    Car ma dame est si entouse
    Et je ne sui si entous,

---

29 *maint*. — 35 *anoieuse*. — 37 *enteuse*.

Amer devroie une touse ;
40 Quant je sui si sos et fous,
N'em puis mais, k'amors joiouse
Me fait de li covoitous.
S'el de moi n'est covoitouse,
Jamais ne serai joious,
45 Car quant est plus orguellouse,
Et je sui plus angoissous ;
Vers amors si angoissouse
Ne puet nus estre orguellous.
Grant dolor puet consirer
50 Ki ja ne quide recovrer.

Mes cuers se plaint et sospire
Por la riens ke plus desir,
Se ele moi ne desire,
N'est mervelles se sospir,
55 Gontiers, ki set mon martire,
Com griefment à li m'aïr,
Mais se je muir en ceste ire,
Je m'en tenrai pour martir.
E, Dieus, oserai li dire,
60 Que de fin cuer la remir,
Com mal me font li consire
K'à li puis si pau venir ?
Grant dolor puet consirer
Ki ja ne quide recovrer.

47 sui (p. si).

9.

Ms. E, 138, coll. avec F, p. 222, et L, 183 v°.

El mois d'esté que li tens rassouage,
Chantent oisel et feuillissent boscage,
Amor desir fine et loial et sage,
Mès moult la truis dangereuse et sauvage.
5   E ! Deus li dont vers moi meillor corage !
De nul grant bien ne m'aseür
En biau servise sans eür.

Je serf toz jorz et sui de bone atente,
Si con cil hons qui sa joie vient lente,
10 Car li ne plest que nul bien me consente,
Et nuit et jor me destraint et tormente,
Et neporquant sor toutes m'atalente.
De nul grant bien ne m'aseür
En biau servise sans eür.

15 Cil est dolenz qui pert son bon servise,
Qui sert de cuer et aime sans faintise ;
Il n'afiert pas à sa grant gentillise
Qu'ele vers moi mefface en nule guise,
Mès or me met du tout en sa franchise.
20 De nul grant bien ne m'aseür
En biau servise sans eür.

5 L *li doit* (lisez *doint*). — 8 L *en bone atente*. — 9 L *sa voie*. — 17 L *sa* omis.

Moult me merveil qu'à moi seul fait contraire,
As autres est cortoise et debonaire ;
Au douz semblant et au simple viaire
25 M'est il avis que ne sache mal faire,
Mès mes eürs, espoir, la fait retraire.
  De nul grant bien ne m'aseür
  En biau servise sans eür.

Salemons dit que ja por noureture
30 Ne changera nule riens sa nature ;
Se ele est teus con mostre sa faiture,
Ja longuement ne me sera si dure,
Qu'el monde n'a si douce criature.
  De nul grant bien ne m'aseür
35   En biau servise sans eür.

26 L *me fait contraire*. — 31 L *sa nature* (lapsus).

10.

Ms. D, 116 r°.

Je n'em puis mon cuer blasmer
  Quant il sospire,
 Car je vif à grant dolor
  Et à martire.
5 Grans dolors est de penser,
  Ki n'ose dire,

CHANSONS

Et plus grief est de proier
Por escondire.
De legier me puet la belle
10   Desconfire;
Quant li pains de son païs
Me samble chire;
Car mieus aim de li songier
Belle mençoigne,
15 K'avoec une autre couchier
Sans soigne.

Je tenroie volentiers
L'obedience,
K'il n'a nule si vaillant
20   Dusk'en Provence.
Certes jou aim mieus assés
Qu'ele me mence,
C'une autre me desist voir,
Ki mains m'agence;
25 Bien fust m'ame en paradis
Tot em presence,
Se je soffrisse por Deu
Tel penitence;
Car mieus aim de li songier
30   Belle mençoigne,
K'avoec une autre couchier
Sans soigne.

Je ne puis entroblier
Mon grant damage,
35 Dont je sospir nuit et jor
En mon corage,

---

7 *est* omis. — 15 *Kavoc.* — 16 *songe.* — 56 *Ens mon*.

Mais tant ai de reconfort
　　Ki m'asouage,
Ke ne li sui riens fourfais
40　　Par mon folage ;
Ses homs serai à tos jors,
　　Ja n'iert salvage ;
Bien venroie d'outremer
　　Par son message ;
45 Car mieus aim de li songier
　　Belle mençoigne,
K'avoec une autre couchier
　　Sans soigne.

　A mon cuer n'avoit pas fait
50　　Si grant outrage,
Tant par est mieudre de moi
　　Sans signourage ;
Ne por tant si humelie
　　Mon courage,
55 K'ainc n'oï k'amors vausist
　　Gaigier parage.
Bien sace, pour li irai
　　En hermitage,
Et si li ferai conter
60　　Par mon message.
Car mieus aim de li songier
　　Belle mençoigne,
K'avoec une autre couchier
　　Sans soigne.

65 Se jou l'ain de tout mon cuer,
　　Drois est ke face,

---

49 *fait* omis. — 50. Le scribe varie entre la rime *age* et *aige*, entre *aice* et *ace*. — 59 *Et se*.

Car moult doit grant joie avoir
       Qui ele embrace.
Ele me fist l'autre soir
70   Une manace,
Pour qui il m'estuet canter ;
       Si m'en solace.
Las, se çou avient jamais
       K'ele me bache,
75 Pis arai que forsenés
       Ki porte mache.
Car mieus aim de li songier
       Belle mençoigne,
K'avoec une autre couchier
80   Sans soigne.

Mes chanters n'est pas soshais,
       Quoi que on die,
Mais si voil mon duel mener
       Ke on en rie.
85 Bien vous di et puis jurer
       Tel cortoisie,
K'amors se velt bien garder
       Sans villonie :
En tel lieu velt asambler
90   Sa compaignie,
Ki ne li consent à faire
       Villonie.
Car mieus aim de li songier
       Belle mençoigne,
95 K'avoec une autre couchier
       Sans soigne.

82 *Quoi con dic.*

Rotruenge, si t'envoi
  En Bourgoigne,
Au conte ke je moult aim,
100   Qu'il le despoigne,
Car ne sai trover som per
  Dusqu'en Gascoigne.
A lui voil plaindre mon duel
  Et ma besoigne,
105 Par amor li voil proier
  C'un don me doigne :
Qu'en chantant le laist savoir
  Et le tiesmoigne.
Car mieus aim de li songier
110   Belle mençoigne,
K'avoec une autre couchier
  Sans soigne.

11.

Ms. D, 110.

La flors novelle ki resplant
Me fait renoveler mon chant,
Mais coment ferai bel samblant
Poureuc, se je n'en ai talant ?
5 Tel duel me font li mesdisant.
Trop lons services sans esploit
Me fait sovent estre en destroit.

Nus ne set mais coment il aint,
Car s'il ne set celer son plaint

10 Et s'il fait çou ke l'amor vaint,
    Li cris del siecle le destraint;
    Ensi voit on k'amors remaint.
    Trop lons services sans esploit
    Me fait sovent estre en destroit.

15 Las, ne sai mais que devenir,
    Moi ne loist amer ne haïr,
    K'à veüe ne l'os servir
    Et ne m'en puis del tot partir;
    Itel dolor m'estuet soffrir.
20 Trop lons services sans esploit
    Me fait sovent estre en destroit.

    Çou ke je fis por bien de li
    Et pour son blasme ke g'i vi,
    M'est, las, à tel dolor verti
25 Qu'el m'a del tot mis en oubli;
    Mieus m'en venist soffrir le cri.
    Trop lons services sans esploit
    Me fait sovent estre en destroit.

    Molt a grant mescreance el mont,
30 Nules amors loiaus ne sont,
    Car tout destorbent et deffont
    Li mal parlier ki entr'aus vont;
    Leur villonie me confont.
    Trop lons services sans esploit
35 Me fait sovent estre en destroit.

    S'ele onques debonaire fu,
    Fu quant ele aura percheü
    Que par son tort m'a confondu;

37 *apercheu.*

Lors ne seront ja mais creü
40 Cil par qui l'ai à tort perdu.
Trop lons services sans esploit
Me fait sovent estre en destroit.

Sa rotruenge li envoi
Que par Dieu ait merchi de moi ;
45 S'ele n'en prent autre conroi,
Moult truis en li mauvaise foi ;
Las, che n'iert ja, ne sai pour quoi.
Trop lons services sans esploit
Me fait sovent estre en destroit.

46 *en lui.* — Après la dernière strophe, le ms. donne encore les vers suivants, ajoutés sans doute par quelque scribe :

> C'est li nouaus (*le pire*) ki d'amors soit,
> Trop sui pour li en grant destroit,
> Cil me consaut [qui] par tout voit !
> Trop, *etc.*

12.

Ms. D, 114 v°.

L'an ke la froidors s'esloigne,
Que li tens soés s'areste,
Que par Franche et par Borgoigne
Croist la flors en la genestre,
5 Gontiers velt que on respoigne
Ne mie à chançon de geste;

Mais d'une plus grant besoigne,
Si ke ja n'i ait contreste.
J'en dirai le jugement
10   Le mieus au mien escient.

Je demande verté fine,
Mais ne sai coment le die :
Liquele, ou dame ou meschine,
Vaille mieus pour estre amie?
15   Car cele où mes cuers s'acline,
Espoir, bien aucun deffie,
Et mes maus velt tel meschine
Dont autres ne garroit mie.
J'en dirai mon jugement
20   Le mieus au mien escient.

Amors est loiaus et droite
Envers toute gent comune ;
Cil aime et chil plus covoite
Mains la blance et plus la brune ;
25   Lonc cou que chascuns esploite,
Trait chascuns à sa chascune,
K'amors est large et estroite,
Chi se tient et chà s'aüne.
J'en dirai mon jugement
30   Le mieus au mien escient.

Je voil bien que la gens oie
Coment fine amors se maine :
Chil qui de dame atent joie,

---

9 *Je dirai*. — 26 *chàscun*.

Fols est se d'autre se paine,
35 Qu'autre amors est paile et bloie,
Mais ceste est de boine estraine ;
A tesmoing tous ceus de Troie,
Qui tant fisent pour Elaine.
J'en dirai le jugement
40 Le mieus au mien escient.

Amer dame est haute chose,
Mais toute autre amors est basse.
Pucele est con flors de rose,
Qui tost vient et tost trespasse ;
45 Crient sa mere ne le cose,
Bien comenche et tost se lasse,
Mais dame a sa court si close
Que tous biens en li s'amasse.
J'en dirai le jugement
50 Le mieus au mien escient.

Moi que caut se tous aoure,
Quant celui qui l'aime escille !
Poi l'en est se il laboure,
Puis qu'à li amer s'atille ;
55 Ne li caut ki le secoure,
Et li dolereus perille ;
Por che ne pris une moure
Fausse amor ne volatille.
Dit en ai tel jugement
60 Le mieus au mien escient.

45 et 47 la forme picarde *se* p. *sa*.

13.

Ms. D, 117 r°.

L'an ke la saisons s'agence,
Ke voi florir les ramiers,
Et li dous cans recomence,
D'oisellons par les vergiers,
5 Dieus, en si grant penitence
Ai esté deus ans entiers ;
Là je plantai la semence
K'uns autres keudra premiers.
Cil se travaille sans esploit,
10 Ki ce desert k'autres rechoit.

Douce est d'amors la consence
Des dames as chevaliers,
Se ne fust la malvuellance,
Ki moet les grans encombriers ;
15 Plus sui en grant astinence
Ke peneans pautonniers ;
Dieus, ki por nos prist naissance,
Confonde les losengiers !
Cil se travaille sans esploit,
20 Ki ce desert k'autres rechoit.

L'on a veü desconfire
Maint prodome par agait,
Et s'engiens d'autrui m'empire,
Certes ne l'ai pas meffait ;

24 *ne l'a.*

25 Je l'ai sovent oï dire,
   « Rices hom fait riche plait. »
   Damedieus les puist maldire
   Qui m'ont à cest duel atrait !
   Cil se travaille sans esploit,
30 Ki ce desert k'autres rechoit.

   Encoir me puet nostres Sire
   Consellier, ki ke m'esmait,
   Qu'il m'ont mis en grant martire
   Par la parole et sans fait ;
35 Mais se m'en loist escondire,
   Mieus m'ira c'or ne mi vait,
   Car ne puis estre sans ire
   Tant k'ele merchi n'en ait.
   Cil se travaille sans esploit,
40 Qui ce desert k'autres rechoit.

   De çou ne me douc je mie,
   S'à li me loisoit parler
   Et ele entendroit la vie
   Ke por li m'estuet mener ;
45 Tant a sens et cortoisie
   Ja nel porroit endurer,
   C'on voit sovent par envie
   Loial amor destorber.
   Cil se travaille sans esploit,
50 Qui ce desert k'autres rechoit.

   Las, con fait mais felonie
   Tot le mont entremeller !
   Ki plus sevent de boisdie,
   Ceaus voit on mieus recovrer ;

31 *Encoire*. — 33 *mis* omis.

55   Ki chascun jor font amie,
     Et si n'ont cure d'amer,
     Il en ont la signorie,
     Si font les loiaus gaber.
     Cil se travaille sans esploit,
60   Ki ce desert k'autres rechoit.

14.

Ms. D, 116 v°.

L'an ke li buisson
Sechent en la haie,
Pour le tans felon
Ki foillir nel laie,
5   A maint oisellon
Ki del tans s'esmaie ;
Ki dont a amor,
Sans ocoison
Ne doute noif qui chaie.

10   Ki sert boine amor,
Ne crient la froidure.
Or proi la gensor
Ke de moi ait cure,
Merchi nuit et jor ;
15   Mais trop la truis dure,
N'a soing de ma dolor,
Dont je souspir et plor,
S'ele ne s'amesure.

2 ens la. — 5 Sont maint. — 15 le. — 17 plour.

Soffrir me couvient
20　　Et estre en atente ;
Ki boine amour crient,
De poi s'espauente ;
Grans joies me vient
De servir la gente.
25　　Dieus, ne li sosvient
De çou ki m'avient,
Ke tant plor et gaimente ?

Je ne sai coment
Covrir mon coraige ;
30　　Sui en grant torment,
Trop la truis sauvaige,
Si l'ain durement
Ke tos vis m'esraige ;
Si mar vi son cors gent,
35　Se pitiés ne l'en prent,
K'ele me rasouaige.

N'ain pas à delit,
Ains sui en martire ;
Si oil m'ont traï
40　Ki me solent rire.
Dieus, de si petit
Porroie estre sire.
Se la belle a voir dit,
Encore aura merchi
45　Li las qui tant sospire.

29 *Couir.* — 30 *En gr. t. sui.*

Tous li siecles voit
Mon duel et ma vie,
Mais nus n'aperçoit
Laquele est m'amie;
50 Si m'a en destroit
Ke tous m'entroblie,
Car s'ele m'ochioit,
Tant la voil et covoit,
M'ame seroit garie.

55 Amie, el defin,
Quant plus n'em puis faire,
Sieurai mon traïn
Vers la deboinaire
Tot droit mon chemin,
60 Et sel doi bien faire,
Car bien pens et devin,
Puis ke vers li m'aclin,
Ne perdrai mon afaire.

56 *faure.*

15.

Ms. D, 110 v°.

L'an ke li dous chans retentist
D'oiseaus et li tans resclarchist,
Dont tressaut mes cuers et fremist
Pour la douçor qui m'envaïst.

3 *Tresaut.*

5   A petit d'assaut me conquist
    La belle quant ele me rist.
    Esperance ai, qui me sostient,
    De joie avoir, mais tart me vient.

    Voirs est çou ke li villains dist :
10 « De bel samblant frans s'eshardist. »
    En mervilleus travail me mist
    Li dous regars qu'ele me fist,
    Dont li miens cuers seche et languist ;
    Pechié fera s'el me traïst.
15 Esperance ai, qui me sostient,
    De joie avoir, mais tart me vient.

    Mi grant torment viegnent et vont,
    Mais nus n'aperchoit quant il sont,
    Fors de moi à qui grant mal font ;
20 Sovent em plor des ieus del front.
    Je n'atenc plus de joie el mont,
    Fors tant k'ele s'amor me dont.
    Esperance ai, qui me sostient,
    De joie avoir, mais tart me vient.

25 Ele, qu'en puet s'el me confont,
    Quant si doucement me respont ?
    Et jou sui chil ki mot n'en cont
    De quanques ele mi semont,
    Ains li demant ke chil feront
30 Ki aiment et amé ne sont.
    Esperance ai, qui me sostient,
    De joie avoir, mais tart me vient.

Quant je m'en parc, si m'en repent
Ke ne parlai hardiement,
35 Mais sa grans biautés me sosprent,
Ki tot me taut mon ensient,
Ke je n'os dire mon talent :
« Ma dame douce, à vous me rent. »
Esperance ai, qui me soustient,
40 De joie avoir, mais tart me vient.

Gontiers, ki fist les mos en chant,
Dit ke ja nus n'aura garant
Dès qu'il est batus del vergant
Dont li amors bat son amant.
45 Esperance ai, qui me sostient,
De joie avoir, mais tart me vient.

33 *repenc.* — 38 *renc.* — 42 *Dist.* — 43 *sont batus.*

16.

Ms. D, 115 v°.

L'an quant voi esclarcir
Le tens et raverdir,
Ne me puis esbaudir,
Car d'un grant duel m'aïr ;
5   Hé, amer !
Assai fas de chanter
Pour moi reconforter,

Car là m'estuet penser
Où ne puis recovrer.
10   D'amors chascun jor
Crois et doble ma dolor.

Celi doit on haïr
Et de s'amor partir,
Moult est griés à soffrir,
15   Grans amors sans joïr.
Las, por quoi m'en consir,
Quant tot faic som plaisir?
Hé, amer !
Dieus, ki porroit tant endurer
20   Que tant couvient pener ?
Bien puet l'on afoler
Longement consirrer.
D'amors chascun jor
Crois et doble ma dolor.

25   Tant la voi et desir
K'ailleurs ne puis guencir,
Mais ce me fait faillir
Ke ne m'en sai covrir.
Hé, amer !
30   Bien me doi trespenser,
Car hom ne set penser
Si belle ne sa per,
N'ainc ne li vic fauser.
D'amors chascun jor
35   Crois et doble ma dolor.

8 *Car le* — 25 *Kant la.* — 28 *nen men.*

Meus aim ensi languir
Entre vivre et morir,
Ke une autre acoillir
Ki m'aint sans repentir.
40   Hé, amer !
Por grant bien esperer
Doit on moult endurer ;
Las, ne m'en puis torner
Ne mon duel oublier.
45   D'amors chascun jor
Crois et doble ma dolor.

Onques ne seuc mentir
Vers amors ne traïr ;
Quoi qu'en doie avenir
50   Ne puis sans li garir.
    Hé, amer !
Ne puis par el passer,
Mais mon grant duel mener,
Et en merchi ester,
55   Soffrir et sospirer.
    D'amors chascun jor
Crois et doble ma dolor.

Gontiers au defenir,
S'à plus n'em puet venir,
60   De tos maus velt issir
Et cest siecle guerpir.
    Hé, amer !
Pour Dieu passerai mer
Au Temple converser,

---

44 *men* (forme picarde). — 47 *nen seuc*. — 59 *em puet*.

65 Car là m'en voill aler
   Où je n'oie parler.
      D'amors chascun jor
   Crois et doble ma dolor.

17.

Ms. A. — Imprimée, avec l'orthographe du ms., par Wackernagel, *Altfr. Lieder*, p. 59.

Li sors comence sordement :
Sors est li siecles devenus
Et sort en sont toute la gent,
Sors est li siecles et perdus ;
5 Ki de l'autrui veut mais noient,
Moult sordement est respondus,
Et malvestiés le mont porprent,
Ki les barons fait sors et mus.
Chantés, vos ki venés de cort,
10 La sorderie por le sort !

Duel ai del clergiet tout avant,
Ki nos devroient chastoier,
Ki en lor sen se fient tant
Ke il veulent Deu engingnier ;
15 Prendre veulent et mentir tant.
. . . .

3 *toutes les gent.* — 7. *porcaint.* — 15 Il manque 2 vv. après celui-ci.

. . . .
Et adès avoir faus loier.
Chantés, vos ki venés de cort,
20 La sorderie por le sort !

Duel ai des dames qui meffont
Et à tort laissent lor maris,
Ke signors bons et loiaus ont,
Et sor ceaus aiment les faillis.
25 Las, ces dolentes ke feront
Quant venra au jor del juïs ?
Ke li martir i trambleront !
Lors les consaut sains Esperis !
Chantés, vos ki venés de cort,
30 La sorderie por le sort !

Duel ai des povres chevaliers
Dont si haus suet estre li nons,
Car on les soloit tenir chiers
Et faire signors des barons.
35 Or est grans chose li mangiers
Et en tout l'an uns petis dons,
Et s'un pou monte li dongiers,
Encor en est li respis lons.
Chantés, vos ki venés de cort,
40 La sorderie por le sort !

Amors soloit faire jadis
Plus de miracle que li saint,
Mais or est tous perdus ses pris,
Et li bruis des tornois remaint.

---

23 Peut-être faut-il *K'à signors*. — 24 *sors ceaus*.

45 Je ne sai dis en nul païs
   Dont nus de bien faire se paint.
   Gontiers deproie ses amis
   Et lor loe que chascuns aint.
   Chantés, vos ki venés de cort,
   La sorderie por le sort!

18.

Ms. D., 113 v°.

Li tans ki foille et flor destruit,
   Taut as oiseaus joie et deduit;
   Ne puet muer ne li anuit
   Cui boine amors eskieue et fuit;
5 De moi le sai, d'autre le cuit.
   Por Dieu li pri, se j'ai meffait,
   Selon l'uevre merchi en ait.

   La plus gente, ce m'est avis,
   Ki onques portast flor de lis,
10 M'a ci mandé dont sui pensis;
   S'il est ainsi con j'ai apris,
   Mieus vauroie estre mors ke vis.
   Por Dieu li pri, se j'ai meffait,
   Selon l'uevre merchi en ait.

5 *quic.*

15 Molt a lonc tans que je n'i fui,
    Tant aie plus sovent anui,
    Si voil tramettre ne sai qui,
    Certes, ne m'en croi en nullui ;
    Som plaisir faice, que siens sui.
20 Por Dieu li pri, se j'ai meffait,
    Selon l'uevre merchi en ait.

    En dormant la suel embrachier,
    Mais quant ce vient au resvellier,
    Si ne m'en sai où conseillier ;
25 Porquant j'en ai boin recovrier,
    Puis ke je tieng son orellier.
    Por Dieu li pri, se j'ai meffait,
    Selon l'uevre merchi en ait.

    La belle a droit et jou ai tort,
30 Par moi ne puis avoir confort ;
    Dieu proi del chiel qu'à li m'acort,
    Ou, se çou non, près sui de mort,
    Ne n'ai fiance en autre sort.
    Por Dieu li pri, se j'ai meffait,
35 Selon l'uevre merchi en ait.

    Belle, quant mi per vont chantant,
    Le chief enclin vois sospirant ;
    Joie et duel sont en moi tenchant,
    Jou en sospir et plor et chant ;
40 Del tot me met en vo comant.
    Por Dieu li pri, se j'ai meffait,
    Selon l'uevre merchi en ait.

22 *le*. — 23 *revellier*. — 26 *tieg*. — 33 *autre sot*.

19.

D, 113. — Dinaux a imprimé cette chanson l. c., p. 273, mais en omettant la troisième strophe.

L i tans noveaus et la douçors,
Qui nos retrait herbes et flors,
Me fait estre pensieu d'amors
Et renovelle mes dolors.
5 Ce dont me plaing sor tote rien,
Tenroit uns autres à grant bien.

Vers une dame de haut pris
Avoie mon corage mis ;
Trop legierement la conquis,
10 Autrui fust boin et moi est pis.
Ce dont me plaing sor tote rien,
Tenroit uns autres à grant bien.

Savés por quoi je me deshait ?
Ele estoit moult de riche fait ;
15 Or croi ke mains de bien i ait,
Quant jou si tost i trouvai plait.
Ce dont me plaing sor tote rien,
Tenroit uns autres à grant bien.

2 Din., contr., je pense, au ms., *retraist*. — 9 *le*.

Un grant termine li celai,
20 C'onques gehir ne li osai,
Et tantost que jou li proiai,
Tout quanques je quis i trovai.
Ce dont me plaing sor tote rien,
Tenroit uns autres à grant bien.

25 Moult li seüsse meillor gré,
S'un petit m'eüst refusé,
Ou tart ou à envis doné
Çou que jou avoie rové.
Ce dont me plaing sor tote rien,
30 Tenroit uns autres à grant bien.

Or proi Gauthier que chant en haut
Et si li die que poi vaut
Chasteaus qu'on prent par un assaut,
Ki se rent où autrui n'en chaut.
35 Ce dont me plaing sor tote rien,
Tenroit uns autres à grant bien.

31 Din. *chante* (contre la grammaire).— 34 Le ms. porte *Ki se tient ou il autrui n'en chaut*; Dinaux en a fait : *Et se tient vers cil cui n'en chaut*. Cette correction fait commettre une lourde faute grammaticale à l'auteur : *cil* p. *celui*; celle que je me suis permise n'encourra pas ce reproche : je substitue *rent* à *tient* et supprime *il* qui fausse la mesure.

20.

Ms. E, 138, coll. avec H, 75 (attribuée dans ce dernier à Auboin de Sezan). Imprimée par Dinaux, p. 274.

Lonc tens ai esté
En ire sans joie ;
Et si ai chanté,
Mès je m'efforçoie.
5 Or me vient à gré
Que j'envoisiés soie,
Qu'amors m'a mandé
Que servir la doie
    A volenté.

10 Deus, tant bor sont né
Cil qu'amors mestroie,
Que, quant sont grevé,
Tant bel les ravoie ;
Tout m'i sui doné,
15 Se morir devoie,
N'ai pas en pensé
Que partir m'en doie
    A mon aé.

Variantes de H : 3 *Assez ai.* — 6 *Que renvoisiez.* — 7 *m'a moustrey.* — 8 *Que je la servoie.* — 10 Ms. E *bon fu nez* ; H *buer fu nez.* — 11 *Cui amors.* — 12 *s'il est grevez.* — 13 *De legier rapaie* (lisez *rapoie*). — 14 *Toz mi.* — 17 *en doie.*

Dame, à vos me rent,
20 Franche debonaire :
Par un biau semblant
Me poés lié faire ;
Quant vois remirant
Vostre cler viaire,
25 Joie en ai si grant
Que ne m'en puis taire :
    Et por ce chant.

Gascoz en chantant
Dit cil n'aime gaire
30 Qui por mal qu'il sent
Se cuide retraire.
Moi n'est à noient
De toz les maus traire,
Se à mon vivant
35 Povoie rien faire
    A son talent.

Fine amor, merci !
En vos est ma vie

19 *Bele à vos m'aten.* — 22 *poés atraire.* — 26 *ne mi puis.* — Din. *traire.* — 27 EH *Et* omis. — 29 E *ne vit q.* ; H *Dit que n'aimme gaire.* — 31 *S'en bée à r.* — 32 *n'est il n.* — 33 *Se ja par mal tr.* — 34 *Se je à m. v.* — 37 5ᵉ strophe, d'après H :

Dame, por soffrir
Ne porroie mie,
Rien tant ne desir
Ne plus n'ai d'envie ;
J'ai cuer de servir (ms. *soir*)
Vos cui pas n'oblie ;
Je n'en quier partir,
Ainz voudrai ma vie
    En ire fenir.

Bien m'avez traï
40 Se n'ai vostre aïe.
  A tos sains le di :
  Se je pert m'amie
  En Deu ne me fi,
  Ne siens ne sui mie ;
45   Ensi l'affi.

21.

Ms. E, p. 214, coll. avec F, p. 221, G, 76, et L, 152. Imprimée par Dinaux, p. 273.

Merci, amors, or ai mestier,
Certes, de vostre guerredon ;
Lonc tens m'avez fet traveillier,
Mès or sui mors sans guerison,
5 Car tout autre mal sont legier
Fors celui qui par mesprison
    M'a ocis.
Gente de cors, simple de vis,
Por vos morrai loiaus amis.

10 Je doi bien estre prisonnier
A cele qui je sui prison,
Si ne m'en doi pas mesprisier ;
Trop sui de bele souprison,

1 F ore. — 10 L prisonniers. — 12 E m'en poi. — 13 G mesprison.

Moult m'en pris et m'en doi prisier,
15 Car moult m'est bele tel prison
Con sui pris.
Gente de cors, simple de vis,
Por vos morrai, loiaus amis.

14 G m'en puis et. — 15 F moult est. — 16 L Con fui.

22.

Ms. G, 76 v°.

Quant il ne pert feuille ne flors,
Fors pluie, noif et gelée,
Pensis d'atendre lonc secors,
Ai chançon dite et chantée,
5 Si m'est mestiers qu'ele agrée
A la plus bele des meillors,
Où tote biautés et valors
Et joie s'est asamblée ;
Avec l'a Deus atornée
10 A estre loial d'amors.

Souvent mi livre grans estors
Desmesurée pensée,
Que por cele qui je sui tos
Ce sache la droit loée,

1 flor. — 12 Demesurée. — 11-20 Cette strophe est dérangée et se comprend difficilement.

15 Que je ne l'ai mie osée
Regarder, car trop fusse estos
Du requerre — sui covoitos
Del servir, car trop m'agrée,
Car en ce m'est destinée
20 Haute joie et grans honors.

Je la dot tant à corocier
Que proïer ne l'ose mie,
Grief fais a en enchargier,
N'à tel ne me sent je mie
25 Que face tel estoutie,
Qu'el mont n'a pas à prisier
Que on deüst mie otroier
Amor de si haute amie,
Mais, por Dieu, ne li poist mie
30 Se je la serf sans trichier.

Je l'aim tant de fin cuer entier
Que je ne voudroie mie
Por rien de mon bon abessier
Sa très haute seignorie,
35 Mès ce ne vos di je mie,
S'il li plesoit à conseillier
Son serf, qui siens est à jugier,
Que je cest bien escondie,
Car ce senbleroit folie,
40 Si m'en auroie mains chier.

16 *estous*. — 23 Vers trop court ; peut-être faut-il *a il*. — 26 Vers trop court et peu clair.

Bien amée et pou priée,
Car fust mes guerredons teus
Que voire fust l'avisons
Qu'en sonjant vos oi besiée ;
45 Quant je vos ting embraciée,
Bien estoie en floroisons.

45 La forme *avisons* est insolite ; l'auteur se l'est permise pour satisfaire à la mesure. — 46 *floroison*.

23.

Ms. D, 111 v°.

Quant j'oi el bruel,
Desous le fuel,
La douce retentie,
Et voi es flors
5   Plaisans colors,
Moi membre de m'amie.
Simple a le vis
Et douc le ris ;
Desi que à Pavie
10   N'a son pareil ;
Par son conseil
Me mis en sa baillie.
Or me doinst Dieus
La soie amor,
15 Et li otroit joie et baudor !

Tant ai amé
Et tant pené
K'ele conoist ma paine,
S'aura merchi
20   De son ami,
Car s'ele ne m'est saine,
Saice pour voir,
Ne main ne soir
N'est ma joie certaine.
25   Belle, secors !
Aidiés, la flors
De tote doçor plaine !
Or me doinst Dieus
La soie amor
30 Et li otroit joie et baudor !

Dieu, ke ferai !
Coment arai
La riens ke tant ai chiere
Ce m'est avis
35   K'en paradis
Soie ensamble od saint Piere ?
Tant la remir
Ke par desir
Et aim sa simple chiere ;
40   Près sui de mort
Sans nul confort,
S'ele me met ariere.
Or me doinst Dieus
La soie amor
45 Et li otroit joie et baudor !

---

36 Après ce vers et avant 37, le scribe a mis *Quant la remir* et puis répété les vv. 35 et 36.

Je n'en criem pas,
Mais pour quoi, las,
Ai en li tel fiance ?
Par droit m'i fi,
50   Ke sai de fi
K'ele est de cuer si france,
Ki de s'amor
Pramet la flor,
N'en doit estre en dotance ;
55   Moi la pramist,
Seür m'en fist
Par le don de sa mance.
Or me doinst Dieus
La soie amor
60 Et li otroit joie et baudor !

N'ai nul deduit
Ne jor ne nuit,
Ains travail ma pensée,
Et nuit et jor
65   Pens por s'amor ;
Teus est ma destinée
Ne m'esmerveil
Se por li veil,
Car plus bele est ke fée ;
70   Mieus vaut ses cors
Que tos li ors
Dusqu'en la mer betée.
Or me doinst Dieus
La soie amor
75 Et li otroit joie et baudor !

48 *ens li*. — 49 *droi*. — 56 *Seür l'en fist*.

Qui sa valor
Et sa doçor
Tote vauroit descrire,
Mar finast mais
80   Sans entrelais,
Car trop aroit à dire
De sa bonté,
De sa biauté,
Ke onques riens n'empire.
85   Cil li doinst bien
Sor tote rien,
Ki de tous biens est sire !
Or me doinst Dieus
La soie amor,
90 Et li otroit joie et baudor !

81 *Aroit* manque au ms.

24.

Ms. E, 176. Coll. avec F, p. 383, C, 169 v° (à partir du v. 12), D, 111 et H, 114.

Quant oi tentir, et bas et haut,
Le rosignol par mi le gaut,
Je l'escout las, mès moi n'en chaut,
Car la joie du cuer me faut ;

1 D *j'oi.* — 3 DH *et moi qu'en.* — 4 D *quant la.* — H *de cuer.*

5   Chascun jor ai nouvel assaut
    D'amors, ne sai se riens me vaut.
        Granz dolors et grief paine
        Tret l'on d'amors loingtaine.

    Ja plaindroie mon grant ennui,
10 Dolenz ! mès je ne sai à cui.
    Onques la bele ne conui,
    Ne ses privés onques ne fui ;
    Ce que j'en sai, c'est par autrui,
    Si m'à conquis que ses homs sui.
15   Granz dolors et grief paine
        Tret l'on d'amors loingtaine.

    Que foux ai dit, or m'en repent,
    Trop en paroil certainement,
    Car ainc n'oi son acointement,
20 Si vueil qu'ele m'aint loiaument,
    Mès on devine plus souvent
    Ce dont on a graignor talent.
        Granz dolors et grief paine
        Tret l'on d'amors loingtaine.

25 Ne quier pas desloial amor,
    Mès conpaignie sans folor,

6 D s'eurs mi vaut. — 7 Ms. Granz dolors est et grant p. ; F Grant dolor est et grief p.— DH grief paine.— 8 Ms. et F loigtaigne.— 9 D plainderai. — 11 Ms. labe ne. — C Car ainc la, D N'ainc ains la. — 12 Vers sauté dans mon ms. — 13-14 CD Mes ce que j'en sai par a., M'a si conquis.. — 17 FH Con fox ai dit, si m'en r. — C folz, D faus. — 18 CD Trop ai parlé hardiement. — 19 Vers sauté dans CD. — 20 C Qui veul, D Qui voel. — 22 CD De ce c'on a meillor t. — 25 CD Je ne quier d. a. — 26 Ms. Me conpaignie.

Son bien parler et sa doçor
Et l'un pour l'autre face honor ;
Qui d'amors quiert plus grant laissor,
30 Touz jors enpire au chief de tor.
Granz dolors et grief paine
Tret l'on d'amors loingtaine.

Trop veut avoir d'amors conquis
Qui plus en quiert d'honor et pris,
35 Mès aint desduit et joie et ris
Et soit cortois et mieuz apris ;
Assez conquiert, ce m'est avis,
Qui bons devient pour estre amis.
Granz dolors et grief paine
40 Tret l'on d'amors loingtaine.

28 CD *Li uns por* (D *à*) *l'autre faire h.* — 29 H *loisour.* — 30 CD *Toz en est pire.* — 33 D *d'amors avoir.* — 34 Ms. *quiert honor.* — 35 Ms. *Et en d. et j. et pris* (je corrige d'après CD). — 36 Ms. *Et plus c.* — CD *Et soit cortois et bien apris.* — 57 CD *Car mout c.*

Les strophes sont ainsi rangées dans CD : 1, 2, 4, 5, 3, mais entre 5 et 3 s'interpose la suivante qui occupe ainsi le 5ᵉ rang :

Ne quier plus, ne faire nel doi,
Ma dame à cui del tot m'otroi,
Mès qu'en li truisse bone foi
Et autres n'en soit mieuz de moi,
Et se je tant i sai et croi,
Mais n'en cuiderai avoir poi.
Grant dolor...

Variantes : 1 H *Je quier plus et faire non doi.* — D *ne doi.* — 4 D *Ke autres.* — H *Ne autres n'i soit.* — 6 D *Jamais.* — H *Jamès n'en puis avoir trop poi.*

Le ms. H a 8 strophes qui se suivent ainsi : Nos strophes 1, 2, 3, puis le n° 5 de CD (ci-dessus transcrit), puis nos n°s 4 et 5, et enfin les 2 suivantes, dont la première est dans la mesure du refrain :

>   Goutiers mout trait grief painne (ms. *poinne*)
>   De ceste amor lointainne ;
>   Damedex mi ramainne (ms. *ramoinne*)
>   Douçour et bone estrainne (ms. *estroinne*)
>   De perdre amor vilainne,
>   Et touz ces qui s'en painnent (ms *poinnent*).
>   Grant...
>
>   Ainz tel mervoille mais n'oï,
>   Quant de ce m'uir c'onques ne vi,
>   Et s'ele n'a de moi merci,
>   N'a soing d'amie ne d'ami,
>   Tant par desir l'amor de li
>   Que toutes autres en obli.
>   Grant...

25.

Ms. D, 115 v°.

Quant li biaus tans à nous repaire,
D'amors me voil forment pener ;
De ma vie voil present faire
Celi qui je voil moult amer,
5   Mais je criem moult ke ne me faille ;
Pour çou me voil auques haster,
Et se de moi se velt retraire,
Tot entresait m'estuet finer.
    Celi doi par tot servir
10   Par qui puis vivre et morir.

9 *Tos.*

Qu'ele est moult france et debonaire,
Qui nuit et jor me fait penser !
Nule n'en sai de tel afaire
Pour son ami bel aparler ;
15 Certes, tous li cuers m'en esclaire,
Quant je la voi rire et juer ;
Moult emporte riche douaire
Cui del tout velt s'amor doner.
 Celi doi par tot servir
20 Par qui puis vivre et morir.

En mon cuer a un mot escrit
Que li oï dire l'autrier :
Ele me dist qu'un seul petit
Me tenoit ele en son cuer chier.
25 Liez en doi estre de son dit,
Car ele fait moult à proisier ;
S'or puis faire ke ne m'oblit,
Moult m'en doi faire baut et fier.
 Celi doi par tot servir
30 Par qui puis vivre et morir.

Ne voil avoir mais nul respit,
Mon cuer i voil tot otroier,
Amer la voil de cuer parfit,
Car ne sai riens de losengier.
35 Puis que je ai moult bien ellit,
Pener me doi et traveillier,
Car ki ne painne, à painnes vit,
Ç'ai oï dire en reprovier.
 Celi doi par tot servir
40 Par qui puis vivre et morir.

---

15 *tele.* — 21 *Ens.* — 24 *ens mon cuer.*

Certes, se ele me consent,
Je nel lairai por nule en vie,
Ains l'amerai tot coiement,
Ke on n'en gabe ne n'en rie.
45   Belle, mes cuers pas ne desment,
Car nuit et jour ne vous oublie,
Et si vous di certainement,
Sans vostre amor pris poi ma vie.
     Celi doi par tot servir
50   Par qui puis vivre et morir.

26.

Ms. A. Copiée d'après le texte imprimé de Brackelmann (*Herrig's Archiv*, XLII, p. 359), et coll. avec F, p. 389, et H, 113 v°.

Quant li tens torne à verdure
  Au comencement d'esté,
  Cil aient bone aventure
  Ki aiment et sont amé.
5 Las, et j'ain en tel mesure
  K'à tart aurai recovré,
  Car la franche creature
  Ne sait pas ma volenté.
  D'amors n'ai, las ! autre desduit
10 Fors penser et veillier la nuit.

3 FH *Mout ont cil*. — 4 A *et ont* (leçon fausse). — 5 FH *Mais j'aing las en*. — 6 H *Car tart*. — 9 FH *las* omis. — 10 H *Fors songier et penser*.

Deus, com est de joie sire
Ki tous jors la puet veoir,
Et cil plus ki li puet dire
Partie de son voloir ;
15 N'en sai le millor eslire,
Chascuns face son pooir ;
S'ain mieus soffrir cest martire
Ke d'une autre joie avoir.
D'amors n'ai, las ! autre desduit
20 Fors penser et veillier la nuit.

Tant est prous et haute chose
La belle dont je vos di,
Ke nus querre ne li ose
Ne d'amors parler à li.
25 A la flor et à la rose
M'en desdui au tens seri ;
Mes cuers ne dort ne repose,
Mais tous jors proie merci.
D'amors n'ai, las ! autre desduit
30 Fors penser et veillier la nuit.

Moult aime les chevaliers
D'onor faire et de parole,
Mais ja tant nes aura chiers
Ke de riens la truissent fole,

---

12 FH *Ki sovent.*— 15 FH *Mais je ne puis pas e.*— 16 A porte *Ch. l'aime en bone foy* ; le sens et la rime m'ont fait suivre la leçon de FH. — 17 FH *Mieus veul estre en c. m.* — 18 F *d'un autre.* — 24 FH *Ne parler d'amors.* — 25 FH *Au lis, à la flor de r.* — 26 FH *M'en d. et m'en obli.* — 27 FH *Car mes cuers point ne r.* — 28 FH *Si n'en os* (H *Si ne ose*) *crier m.* — 31-40 Cette strophe est particulière au ms. A, mais les vers 37 et 38 y ont été sautés par le scribe ; sa structure, d'ailleurs, la fait reconnaître comme une interpolation.

35   Elas ! ses dous acointiers
     Me garist et si m'afole
     . . . .
     . . . .
     D'amors n'ai, las ! autre desduit
40   Fors penser et veillier la nuit.

     Grant honor li a donée
     Damedeus par tout cest mont,
     Ke tuit cil de sa contrée
     L'aiment et plus fier s'en font ;
45   Ne ja n'en iert aparlée,
     Ja tant hardi ne seront,
     Car tant est d'iaus redoutée
     Ke ja ne li gehiront.
     D'amors n'ai, las ! autre desduit
50   Fors penser et songier la nuit.

42 H *tot le mont.* — 43 H *Quant li moillor de sa c.* (vers trop long). — 44 H *S'en poinnent et proesce en font* (vers trop long). — 45 H *Mais ainz n'en fu aparlée.* — 46 H *si hardi.* — 47 H *A toz est si r.* — 48 H *Ja semblant ne l'en feront.*

Le ms. H a 6 str. et 2 vers de conclusion, dans l'ordre suivant : d'abord nos str. 1 et 3, puis celle-ci :

     Mout ai longuement coverte
     Ceste volenté d'amors,
     Mais se par nule deserte
     M'en peüst (F *pooit*) venir secors,
     Ne plaindroie (ms. *plaindre*) pas le perte
     De l'atente de deus (F *toz*) jors,
     Car l'ire que j'ai sofferte
     M'aligeroit ma dolour (lisez *mes dolors*).
     D'amors n'ai las...

A cette strophe succèdent au 4ᵉ et 5ᵉ rang nos deuxième et cinquième, suivies de celle-ci :

Mander li vuel mon servise
Et saluz par mon escrit,
Et prier par sa franchise
Que (F *Qu'à*) la joie ne m'oblit,
Mais aucun preu en eslise
Cui ele d'amor affit,
C'on ne puet en nule guise
Avoir joie sans delit.
D'amors n'ai las...

Ensi m'esloigne amors et fuit,
En po de terme m'aura destruit.

Le ms. H n'a donc pas notre str. 4. Le ms. F est conforme à H, si ce n'est qu'il n'a ni notre str. 5, ni les deux vers surajoutés, dont la mauvaise facture indique d'ailleurs une interpolation.

27.

Ms. D, 112.

Se li oisiel baissent lor chans
Por la froidour qui lor deffent,
Et je sui las, mas et pensans
Por celi dont au cuer me sent,
5 Juers est boins à tos amans,
Car mains en vont entre la gent,
Si sont les nuis longhes et grans,
Si i loist penser plus souvent.
Doce dame, pour Dieu merchi,
10 Aiés pitié de vostre ami !

1 *chant*.

Je me delit em boin penser,
Quant je n'em puis à plus venir ;
Grans dolors est de trop amer,
Qui ne s'en puet auques joïr.
15 On me soloit saige apeler,
Or me puet on pour fol tenir ;
Ensi m'estovra endurer
Tant qu'il li venra à plaisir.
Doce dame, pour Dieu merchi,
20 Aiés pitié de vostre ami !

L'uns amans fait l'autre confort,
S'aucune enfretés le destraint,
Mais cestui mal tieng à plus fort,
Por tant se uns hons ne me plaint.
25 Dieus ! com vaut poi mains de la mort
Amors qui por cremor remaint,
Dont on aroit joie et deport,
Mais ke li lieus leur en soffraint.
Doce dame, por Dieu merchi,
30 Aiés pitié de vostre ami !

Je ne sai mie son voloir,
Ne ne m'i asseür de rien,
Fors seul itant que jou espoir
Qu'el me vauroit auques de bien ;
35 Mais chil qui l'ont en lor pooir
Sont assés plus felon ke kien.
Dieus, je n'em puis conseill avoir,
Mieus mi feroient li paien.
Doce dame, por Dieu merchi,
40 Aiés pitié de vostre ami !

13 *est omis.* — 16 *foll.* — 22 *destrainst.* — 23 *tieg.*

Ne sai mais ke dire de moi,
De toutes pars sospris en sui,
Car en cels nule amor ne voi,
Ne n'i puis venir par autrui.
45 Moult me het Dieus, ne sai por quoi,
Quant il me fait si grant anui.
La belle em penst à cui m'otroi,
Ou, se çou non, mar le conui.
Doce dame, por Dieu merchi,
50 Aiés pitié de vostre ami !

Que je rie et jue et chant,
Bien sai là où li maus me tient,
Et si m'estuet faire samblant
Autre ke del cuer ne me vient ;
55 Auques doit covrir son talant
Cil ki loial amor maintient.

56 La strophe se borne à ces six vers dans le ms.

28.

Ms. D, 114.

Soffers me sui de chanter
En iver par la froidure,
Or m'estuet renouveler
Au beau tens ki m'aseüre.

5   A cels que je voi amer
    Lairai et rire et juer.
        Ahi, souvent sospir,
            Quant je n'ai
        Amor fine ; où le querrai ?

10 Or ne m'em puis mais celer,
    Près sui de boine aventure ;
    Ceaus ki servent par giller
    Et aiment par covreture,
    Ceaus lairai outrepasser,
15 Leur villain mestier mener.
        Ahi, souvent sospir,
            Quant je n'ai
        Amor fine ; où le querrai ?

    Se Dieus me face pardon,
20 Moult par me torne à grevance
    Kant cele aime se moi non,
    K'ai servie dès m'enfance ;
    Teus en a pris le baston
    Ke je tieng à compaignon.
25   Ahi, souvent sospir,
            Quant je n'ai
        Amor fine ; où le querrai ?

    A sa grant maleïçon
    Aie jou de lui doutance ;
30 Faus li cauce l'esperon ;
    Sel consieuc devant ma lance,

22 *servi a menfance*.

Metrai lui mon gonfanon
Parmi le cors à bandon.
Ahi, souvent sospir,
35 Quant je n'ai
Amor fine ; où le querrai ?

Ne puis boine amor trouver
En France n'en Normandie ;
Outre mer vaurai passer,
40 . . . .
Par tout ferai demander
Amors fine por amer.
Ahi, souvent sospir,
Quant je n'ai
45 Amor fine ; où le querrai ?

Celui doit on avourer
Ki les prisonniers deslie ;
Jhesucris nos puist sauver
Et moi et vos, doce amie,
50 Et si nostre amor garder
Ke nus ne nous puist meller.
Ahi, souvent sospir,
Quant je n'ai
Amor fine ; où le querrai ?

55 Losengier vilain jalous
Quident boine amor sosduire ;
Felon sont et envious,
Bien les devroit on destruire.

---

40 Vers sauté. — 45 *Amors fines.*

Belle, amés moi, et je vous,
60 Si aurons joie ambedous.
Ahi, souvent sospir,
Quant je n'ai
Amor fine ; où le querrai ?

29.

Ms. C, 169, coll. avec D, 109 v°.

Tant ai mon chant entrelaissié
Qu'à grant anui le recomens.
Maiz qui ore m'ont traveillié ?
Amors et joies et jovens ;
5 Je me fac baut et envoisié,
Mès li cuers sueffre granz tormens,
Se cele n'a de moi pitié
Por qui je sui sovent dolens.
N'est pas d'amors en grant destroit
10 Qui por mal traire s'en recroit.

Coment qu'ele me face irié,
D'autre amer ne me prent talens ;
Mon cuer i ai si afichié
Que del partir est ce noiens ;
15 Mès de moi fait mout grant pechié,
Qui bien sauroit les erremens,

2 D grant dolor.— 10 D se recroit.— 11 D Coment ele.— 12 D me omis.
— 14 D Que departir.

  Qu'ele m'a toz jors eslongié,
  Et je serf por li totes gens.
  N'est pas d'amors en grant destroit
20 Qui por mal traire s'en recroit.

  Malement est li gieus partis,
  Qu'ele me het et je l'aim si.
  Deus, à quel tort i sui faillis,
  Quant je me met en sa merci,
25 Qui ne sui pas d'autre faintis,
  Maiz de fin cuer li quier et pri.
  Par li serai mors ou gueris,
  Car en nule autre ne m'afi.
  N'est pas d'amors en grant destroit
30 Qui por mal traire s'en recroit.

  En losenges et en biaus dis
  M'en a cortoisement blandi ;
  Onques de s'amor ne fui fis
  Ne del tot ne m'en escondi.
35 Ou volentiers ou à envis
  Le me couvient soufrir einsi,
  Qu'à tart m'en sui mais repentis,
  Trop m'a estroitement saisi.
  N'est pas d'amors en grant destroit
40 Qui por mal traire s'en recroit.

  Maintes foïes ai pensé,
  Quant je devoie à li venir,
  Que je li auroie moustré
  Coment ele me lait morir ;

---

26 D *de boin cuer*. — 32 D *cortoisie noient* (!) — 34 D *escondis*. — 41 D *ai pens*. — 43 Mss. C et D *li voudroie moustrer* (contraire à la rime). — 44 D *laist*.

45 Et quant nous somes assamblé,
S'amors me fait si esbahir
Tot le parler ai oublié,
Ne li di mot,ançois sospir.
N'est pas d'amors en grant destroit
50 Qui por mal traire s'en recroit.

Au cuer et à la volenté
Que j'ai toz jors de li servir,
Puet ele bien avoir prové
A quel doleur je m'en consir ;
55 Et s'el le set de verité,
Coment le puet ses cuers sofrir
Qu'ele me face tel durté,
Quant por pou me porroit guerir ?
N'est pas d'amors en grant destroit
60 Qui por mal traire s'en recroit.

45 D sosmes — 51 D A l'uevre et. — 55 D Et s'ele set.

30.

Ms. D, 109 v°.

Uns maus k'ainc mais ne senti
Me vient d'amors aprochant ;
S'ele n'a de moi merchi,
Je mourrai sans nul garant ;
5 Et quant moi membre de li
Et de son simple semblant,
Ne le quier metre en oubli
A nul jor de mon vivant.

Quant de France me parti,
10 Me vint il' sans atarguant,
Ainc puis del cuer ne m'issi ;
Bien m'en vois aparchevant
Dont çou me vient ne à qui ;
Las, trop la vois eslongant !
15 Quant ne puis parler à li,
Dieus doint k'ele oie mon chant.

Je ne m'en puis deporter,
Si sui douchement plaiés ;
Bien mi puet guerredoner
20 Sa beautés et s'amistiés ;
Quant onques osai penser
En si haut lieu, mout sui liés ;
Je ne m'en doi pas blasmer
Quant si bel sui engigniés.

10 *vint sains*. — 20 Peut-être faudrait-il corriger *bontes*.

31.

Ms. D, 114 v°.

Yvers aproisme et la saisons
Ke chiet la fueille des buissons,
Et li oisiel laissent lor tons
Por la froideur del tans felons ;
5 Las, trop m'est dure ma prisons !
Longe pramesse en lonc respit
Me taut grant part de mon delit.

D'une pramesse que li fis
Me memberra mais à tos dis ;
10 Las, si lonc termine m'a mis
Del bien ki là m'estoit pramis,
C'est à grant tort, ainc nel forfis.
Longe pramesse en lonc respit
Me taut grant part de mon delit.

15 Cil ki bien aime et trop atent,
Saichiés qu'il est destrois sovent ;
Mais, belle dame, à vous m'atent,
Merchi vous proi tant durement
Grant pechié fait qui se desment.
20 Longe pramesse en lonc respit
Me taut grant part de mon delit.

Ne sai coment li vait de moi,
Mais por li sui en grant effroi ;
Et s'à autrui pramet sa foi,
25 Dieus, com m'a mort ne sai por quoi !
Certes, je l'aim et voil et croi.
Longe pramesse en lonc respit
Me taut grant part de mon delit.

Maint home voit on conforter
30 Par bel prametre sans doner,
Et s'or m'estuet mal endurer,
Bien puet li maus à bien torner ;
Ensi doit on amors finer.
Longe pramesse en lonc respit
35 Me taut grant part de mon delit.

11 *Promis* (je corrige pour l'uniformité). — 24 *promet*.

Belle, por la douçor de vous
Sui je destrois et angoissous,
Por Dieu, car me faites joious
Del couvent ki fu entre nous ;
40 Por vous me muir tot à estrous.
Longe pramesse en lonc respit
Me taut grant part de mon delit.

Ma rotroenge finerai,
Chant i couvient doucet et gai ;
45 A Gontier chanter le ferai,
Et ma dame l'envoierai ;
Sans li de moi conseil n'arai.
Longe pramesse en lonc respit
Me taut grant part de mon delit.

39 Ms. *vous.*

II.

JAQUES DE CISOING.

1.

Ms. C, 15, coll. avec E, 48 (sous la rubrique Perrin d'Angecort), et G, 155 v°.

  Contre la froidor.
  M'est talent repris
  De chanter joliement,
  Por très bone amor,
5 Qui si m'a soupris
  Que je sai à escient
  Que ja n'en iere partis

4 EG *De tres.* — 5 G *conquis.* — 6 EG *Que siens sui à enciant* (G *escient*). — 7 EG *Ne ja.*

JAQUES DE CISOING.

>   Nul jor tant con soie vis,
>   Ainz servirai loiaument,
> 10   Ligement,
>   Bone amor à son devis.
>
>
>   Ja n'iere à nul jor
>   Louseignolz faillis
>   Qui à femele se prent,
> 15   Qui pert sa baudor,
>   Sa joie et ses cris,
>   Quant vivre doit liement.
>   Se mes chanters m'est meris,
>   N'en doi estre mains jolis,
> 20   Mais plus envoisiement
>   Et souvent
>   Doi chanter, ce m'est avis.
>
>
>   Dame de valor
>   Qui maintient bon pris,
> 25   Tient fin ami en jouvent,
>   S'en bée à honor
>   Cuers qui est assis
>   En tel lieu veraiement,
>   Se guerredons en est pris.
> 30   Cil n'est mie fins amis,
>   Qui n'en a amendement,
>   Quant il prent
>   Don de si haut lieu tramis.

8 EG *que je soie*. — 10 EG *Et souvent*. — 12 EG *n'iert*. — 13 EG *jolis* (faussè le sens). — 15 E *Il pert*, G *Qu'il p.* — 16 EG *et* omis. — 17 EG *Quant doit v. loiaument*. — 20 EG *renvoisiement*. — 25 EG *Qui a fins amis en j.* — 28 EG *En tele amor vraiement*. — 30 Ms. *amans*. — 31 G *alegement*.

2.

Ms. C, 14. Coll. avec N, 28 v° (d'après la copie de Sainte-Palaye conservée à l'Arsenal); j'ai emprunté à ce dernier la première strophe, dont on ne découvre plus, dans C, que le dernier vers et la fin de l'avant-dernier.

L i nouviaus tans que je voi repairier
M'eüst doné voloir de cançon faire,
Mais jou voi si tout le mont enpirier
Qu'à chascun doit anuier et desplaire;
5 Car courtois cuers, jolis et debonaire
Ne veut nus ber à li servir huchier,
Par les mauvais qui des bons n'ont mestier,
Car à son per chascuns oisiaus s'aaire.

Nus n'est sages se il ne set plaidier,
10 Ou s'il ne set larons le lor fortraire ;
Celui tienent li fol bon consellier
Qui son seignor dit ce qui lui puet plaire ;
Las, au besoing nes priseroit ou gaire ;
Maiz preudome ne doit nus blastengier,
15 Non fais je, voir, ja mot soner n'en quier,
Ne de mauvaiz ne puet nus bien retraire.

Une merveille oï dire l'autrier,
Dont tuit li preu doivent crier et braire,
Que no juene baron font esprisier
20 Les chevaliers mainz coustans, maiz qu'il paire ;

9 N *ne veut pl.* — 12 C *dist.*

Teus les vuelent à lor service atraire,
Maiz ce lor font li malvaiz fauconier,
Qui si durs gés lor metent au loirrier
Qu'il lor en font ongles es piés retraire.

25 Il n'i a roi ne prince si guerrier,
S'il veut parler d'aucun bien grant afaire,
Ainçois n'en croie un vilain pautonier,
Por tant qu'il ait tresor en son aumaire,
Que le meillor qui soit trusque à Cesaire,
30 Tant le sache preu et bon chevalier,
Maiz en la fin s'en set Deus bien vengier,
Encor parut l'autre fois au Cahaire.

Princes avers ne se puet avancier,
Car bien doners toute valor esclaire,
35 Ne lor valt riens sanblanz de tornoier
S'il n'a en eus de largece essamplaire,
Maiz quant amors en loial cuer repaire,
Tel l'atire qu'il n'i a qu'enseignier ;
Por ce la fait bien servir sanz trichier,
40 Car on en puet de toz biens à chief traire.

Quens de Flandres, por qu'il vos doive plaire,
Mon serventois vueill à vous envoier,
Maiz n'en tenez nul mot en reprovier,
Car vos feriez à vostre honor contraire.

23 C *li metent*. — 25 C *si gruier*. — 31 N *set bien Deus v*. — 38 N *ki n'i a*. — 41-44 L'envoi manque dans N.

3.

Ms. C, 14 v°. — Imprimée par Dinaux, *Trouv. flam.*, p. 255.

Li tans d'esté ne la bele saisons
Ne font or pas ma chançon envoisie,
Mais dous pensés et jolies raisons,
Et bone amors qui m'a en sa baillie,
5 Qui de joie mon fin cuer resemont,
Me fait penser à la meillor del mont,
S'en doit estre mes chans mout plus jolis,
Car orendroit chant je com fins amis.

Et puis qu'amors est ma droite ochoisons,
10 Je me doi bien tenir à sa maistrie,
Qu'ele m'aprent et les chans et les sons,
Et par li est ma pensée jolie,
Quar quant recort les biaus eus de son front
Et les regars amorous qui ens sont,
15 Lors me confort, qu'en pensant m'est avis
Que d'eus me naist en sousriant mercis.

14 *regart*. — 16 *nu naist*. — Il y a après ce vers, un espace vide pour au moins trois strophes, ce qui fait supposer que la pièce est incomplète.

4.

Ms. E, 105 v°. Coll. avec A (d'après la copie de Brackelmann, *Herrig's Archiv*, t. XLIII, p. 269, sous la rubrique Messires *Jaikes de Soixons*; ordre des strophes 1, 3, 2, 4, 5); B, 124 (3 strophes seulement : nos str. 1, 3, 2) ; D, 52 (sous la rubrique *A lars de Chans*) ; F, p. 217 ; G, 123 v° ; H, 88 v° ; L, 150 ; M, 157. — La pièce figure aussi dans la table de C, mais ne se trouve plus dans le corps du volume.

Nouvele amors qui m'est el cuer entrée
D'une dame ki m'alume et esprent,
Mi fait chanter ; c'est folie provée,
C'à moi n'afiert d'amer si hautement ;
5 Si en merci amors, ki me consent
Ke par li met en tel leu ma pensée
Dont ma joie devroit estre doublée
Et la valors du cuer, qui si haut tent.

Douce dame, haute chose honorée,
10 A cui tous biens et toute honors apent,
Ne cuidiés pas que je die à volée
Que je vos aim de cuer entirement ;

2 B *et m'esprent*. — 3 B *Mi fait penser... esprovée*. — 5 B *S'an ait mercit*. — 6 H *mete*, B *Par coi ja mis*, M *Car elle a mis*. — 7 A *la joie*. — 8 DH *Que la*, M *Et la v. d. c. durer si hautement*. ABH *De cuer*. B *ke ci atant*. — 9 B *Mersit, mersit, franche dame h*. — 10 M *En cui*. — G *et tote joie*. — B *An cui ja mis tout mon antendement*. — 12 AD *J'ain chascune*. — B *Car je vos ains de fin cuer loaument*.

Si me dont Deus d'amors confortement,
C'onques nul jor ne fu par moi faussée,
15 Mais on ne set qui aime ne qui hée,
Car chascuns dit qu'il aime loiaument.

Tantost con vi la belle, la senée,
G'i mis mon cuer tant amorousement
Ke ne l'en tres ne soir ne matinée ;
20 S'ai ochoison de chanter liement,
Car bone amors me l'enseigne et aprent ;
Si ne connois ma dure destinée,
C'onques d'amors ne pensai à riens née
Dont je par droit eüsse aligement.

25 Cil faus amant ki vont par la contrée,
Ki font semblant et chiere de noient
Et des dames ne quièrent fors la bée,
Font as fins cuers maint grant anui sovent,
Mais je me ri et duel, ne sai coment,
30 Car uné amors m'a joie ramenée :
Toz jors i pens, ne riens tant ne m'agrée,
Mais je me duel de penser folement.

13 AD *Car si me face amors c.* — 14 ABD *C'onkes de riens par moi ne fu f.* — B *C'onkes vers vos ne oi fole pensée.* — M *C. n. j. par moi ne fu pensée.* — F *vers moi.* — 16 M *Mais ch.* — 17 A *la semée.* — B *Ci tost con vi la blonde, la s.* — M *la france, la s.* — 18 ABD *I mis,* M *Si mis.* — BH *si amoreusement.* — 19 AD *Ke ne m'en pairt,* B *Ke ne s'an pairt,* HM *Ke ne le* (M *la*) *truis.* — 20 B *C'est volenteit de,* M *C'a och.* — 22 M *Si n'i c.* ; AD *Mais or voi bien ;* B *Et je seus* (= sui) *de d. d.* — G *quenois.* — 23-24 B répète ici par étourderie les vv. 7 et 8 de la première strophe en altérant ainsi le dernier : *A la valor dou cuer ke si apent.* — 25 D *Cist f. a.,* M *fol amant.* — 28 M *Fet* (p. *font*). — GHM *as amans.* — 29 M *Mais je muer si à duel.* — 30 M *Mais une.* — A *ramonée* (o = oi). — 31 AD *Ke kanke pens ke riens.* — M *mais riens.* — 32 G *m'en duel.*

Amer m'estuet sor toutes l'esmerée,
Car mes fous cuers s'i attise et entent,
35 S'est ma joie creüe et amontée
De ma dolor et de mon grief torment.
Or primes sai ke cuers amoreus sent,
Si en aurai une dure soudée,
Car je voi bien, la mors m'en ert donée
40 De cest service, autre loier n'atent.

33 A *l'amerée* (*a* = *es* + cons., comme souvent), M *honnerée*.— 34 M *Et mes*. — AM *fins cuers*. — A *atent*, E *estent*, L *ens tent*; M *si atire et asent*. J'ai mis *entent* d'après DGHF. — 35 H *S'en est ma j*. — 38 D *pesme soudée*. — 39 ADFHM *est donée*. Le vers 38 est omis dans M, chez lequel les 3 derniers vers sont notre vers 39 et les 2 suivants :

As mesdisans doinst Diex dure soudée,
Qui me grièvent par lor faus genglement.

5.

Ms. C, 15.

Quant foille vers et flors naist sor la branche,
Que toute riens doit en joie manoir,
Amors en qui ai eü ma fiance,
Sans nul penser de li à decevoir,
5 Me fait chanter encontre mon voloir,
Car de li n'ai fors anui et pesance,
Si net en ai perdue l'esperance
Que ja nul jor n'en cuit mais joie avoir.

Souferte en ai mainte plaisant grevance,
10 Qui mainte fois m'a fait rire et doloir.

Dieus, tant me plot sa très douce acointance,
Dont cortois sens li dona le voloir,
Non mie amors qu'à moi deüst avoir,
Car tant conois son sens et sa vaillance,
15 Desqu'ele eüst de nului entendance,
Que loials cuers ne l'en laissast movoir.

Mout m'abelist la crueus ramembrance
Que bone amors me fait de li avoir,
De son gent cors, de sa simple samblance,
20 Dont j'ai perdu le savereus espoir.
Hé, Deus, quels cuers li dona ce savoir
Que de celui qui li a fait ligance
Et à toz jors iert suens sanz repentance,
C'ainc ne li volt laissier merci avoir.

25 Mout ai apris dur mestier en m'enfance,
C'ainc à nul jor ne me peu percevoir
Qu'amors eüst sor ma dame poissance,
Par quoi de moi deignast merci avoir ;
Por qu'à son vis ne pooit pas paroir
30 Qu'en li eüst cruauté ne muance,
S'or font amors et pitiez aloiance,
Bien me porront à son gré recevoir.

De pou puet bien venir montepliance
Et de bien haut puet l'en mout bas cheoir ;
35 Mieus vaut pener de venir à vaillance
Que por neent avoir fait son pooir.
Or gardez donc s'on doit prisier avoir
Contre fin cuer de loial acointance ;
Lonc vo voloir en ovrez come franche,
40 Car je ne puis mon cuer de vous movoir.

6.

Ms. C, 15 v°.

Quant la saisons del douz tans se repaire,
Que biaus estez se depart et decline,
Chanter me fait folie debonaire
Et bone amors qui fin cuer enlumine,
5 Car la folors dont j'ai mon chant reté,
Me fait penser par debonaireté
En si haut lieu que je ne me doi taire
Ne ne me vueille tenir de chançon faire.

Loiaus amors, qui dous cuers donte et maire
10 A le mien mis en si douce saisine
Que ne l'en quier departir ne retraire,
Car lonc tans l'a eü en sa doctrine,
Et or m'en a si net deshireté
Qu'à riens ne pens fors à une biauté
15 Par qui folors me fait quidier et traire
De toz les biens qu'amors m'en puet atraire.

Amors, bien voi, trop estes costumiere
De moi grever, mais je pens et devise
Qu'aurai merci en aucune maniere,
20 Ou par eür, ou par vostre franchise,

5 *folor*.

Quar je vous serf de bonne volenté ;
Mais mon servir ne vos ai reprové
Fors que por ce que ne soiez trop fiere
Vers fin ami qui ainc ne fu trichiere.

25 Mout me samblast ceste dolors legiere
Dont bone amors me destraint et atise,
Mais que je voi fausse gent losengiere
Monteploier, si que chascuns la prise,
Car il en a par tot trop grant plenté.
30 Or verriez un fin cuer honoré,
Se bone amors connoissoit fausse chiere
Ne faus soupirs ne faintice proiere.

7.

Ms. N, 28 (copié d'après le texte de Keller, *Romvart*, p. 261); collationné avec B, 123 v° (qui n'a que 2 strophes) ; C, 16 (où les 8 premiers vers seuls ont échappé à la lacération) ; D, 52 v° ; E, 105 ; G, 123 ; H, 126 ; L, 147 v°. — Outre la *Romvart*, la chanson se trouve imprimée, d'après Keller, dans le recueil de Mätzner, p. 16 ; Dinaux, *Trouv. flam.*, p. 254, n'en a reproduit, d'après C et E, que e premier et dernier couplet (corrigez v. 2 *belle* en *bel*).

Quant la saisons est passée
D'esté et yvers revient,
Pour la meillour ki soit née
Chançon faire me couvient,

2 BDGHL *que yvers.* — Ms. *yver.* — 4 Ms. *Chacon.*

5   K'à li servir me retient
    Amours et loiaus pensée,
    Si qu'adès m'en resouvient
    Sans voloir que j'en recroie ;
    De li où mes cuers s'atent
10   Me vient ma JOIE.

JOIE ne riens ne m'agrée
Fors tant qu'amours me soustient,
S'est ma volentés doublée
A faire quanqu'il couvient
15 En cuer d'ami ki soustient
Amours et loial pensée,
Mais li miens pas ne se crient
K'il ne la serve tous jours ;
Cil doit bien merci trouver
20 Ki loiaument sert AMOURS.

AMOURS et boine esperance
Me font à celi penser
Où je n'ai nule creance
D'aucune merci trouver,

---

5 Ms. *me te tient.* — 6 Ms. *loial.* — C *Fins cuers et loiaus p.* — 7 C *que adès m'en souvient.* — 8 Ms. *je recroie*, B *m'en recroie.* — H *retraic.* — B *Sai* (p. *sans*). — 9 EGH *se tient.* — 13 GH *S'ai* (L *S'a*) *ma volenté.* — 14 D *En faire quanqu'il avient.* — 15-16 EGHL *Au cuer qui d'amors maintient Loial amor* (H *Loiaus amors*) *bien gardée* ; D *En fin ami ki maintient Loial amor b. g.* — 17 D *Mais mes cuers.* — HL *se tient.* — 18 Ms. *Ki ne.* — 22 CH *Me fet.* — *Font* sauté dans EL. — 23 D *nule fiance*, EGH *point de fiance.* — 24 DEGHL *Que merci puisse* (D *puisse merci*) *trouver.*

25 K'en son dous viaire cler
Ne voi nule asseürance,
S'aim mieus tot à endurer
K'à perdre ma paine ;
D'amour vient
30 Li maus qui ainsi nous MAINE.

MAINE : c'est drois sans doutance
K'ainsi nous doie mener,
Kar fins cuers pour meskeance
Ne se doit d'amours sevrer,
35 Ains li doit merci crier,
Tant a en li de vaillance.
Pour ce la veul honorer,
Toujours douter sa manace.
Di je dont, fai je dont chose
40   Qu'autres ne FACE ?

FACE de moi sa voellance,
Car tous me sui en li mis ;
Je n'en querrai desevrance,
Dont soie de li partis ;
45 Si n'en sui pas esbahis
Pour un peu de meskeance,

---

25 DEGHL *En son.* — L *viaire cler* sauté. — 26 Ms. *Ne vois.* — EGHL *Ne truis.* — 27 D *Mais j'aim mieus à c.* — 28 Mätzner, pour sauver la régularité du mètre, insère, par conjecture et contrairement à tous les mss., l'adjectif *douce* devant *paine*. — 28 H *Que perdre.* — 31 Ms. *Dame c'est.* — 32 Ms. *doivent* (je corrige d'après D, et en concordance avec le singulier *d'amour*, v. 29). — 38 Ms. et D *Et tous jours.* — 40 Ms. *K'autre.* — 43 Mätzner corrige inutilement *n'enquerrai* (en un mot). — Ms. *de seurance.* — 44 D *Que soie.* — 45 D *Si ne sui.*

Car tant me sera meris
Mes servirs, tant est senée.
Aurés vous merci de moi?
50   Dites, douce savourée.

Hamin d'Arras envoier
Veuil ma chançon sans beubance,
Ki bien le sara noncier.

50 D *Douce douce s.* — 51-53. Cet envoi se trouve uniquement dans le ms. D. — A la place de nos str. 4 et 5, les mss. EGHL offrent les deux suivantes :

    MAINE tout à sa voellance,
    Car moult bien me set mener
    Et tel leu avoir baance
    Qui mon cuer fet souspirer ;
35   Amors m'a fait assener
    A la plus bele de France,
    Si l'en doi bien mercier,
     Et di sans favele
     Serai amés ; j'ai
40 Choisi du mont la plus BELE.

    BELE et blonde et savorée,
    Cortoise et de bel maintien,
    De tout bien enluminée,
    En li ne faut nule rien.
45   Amors m'a fet moult de bien
    Quant en li mist ma pensée,
    Bien me puet tenir por sien
    A fere sa volenté ;
     J'ai à ma dame doné
     Cuer et cors et quanque j'é.

J'ai suivi, dans ces deux couplets, sauf deux modifications, la leçon de E ; voici les varr. des trois autres mss. : 31 EL *Dame tout* ; l'artifice métrique qui caractérise la pièce, m'a fait corriger par *Maine tout,* qu'ont

GHL (H *moinne*). — 55 H *En tel*. — 55 H *me fait*. — 57 GH *moult m*. — 59 E *Serai amerai*, L *Serai ame j'ai*, GH *Se j'ai ami, j'ai*. — 40 H *Choisi d'amors*. — 46 H *mis*. — 49 H *dame* sauté.

Le ms. B n'a que deux strophes ; la première reproduit notre première ; la seconde, que je transcris ici avec son orthographe particulière, correspond partie à notre seconde, partie à la cinquième des rédactions EGHL :

> Dame, sor toutes amée,
> De vos me vient toz li biens ;
> Belle et blonde et asemée (l. *acesmée*),
> Au vos ne fat (= faut) nulle riens.
> Si de vos n'ai acun bien,
> Je croi ma vie est outrée ;
> Si de moi n'aveiz mersit,
> Sont fait mi oil par folour ;
> Cil doit bien mersit trouver
> Ki loaument sert amour.

Le 7ᵉ vers pèche contre la rime ; il faut une finale en *ien*.

8.

Ms. E, 106, coll. avec B, 112, D, 52 v°, et G, 182. — Le ms. B n'a que les deux premiers, D les trois premiers couplets.

> Quant l'aube espine florist
> Contre la douce saison,
> Bone amours m'enseigne et dist
> Ke lors par droite raison
> 5 Chascuns fins cuer s'esjoïst ;
> Mais cil qui en sa prison

4 B *Kar tout*, D *C'adont*, G *Qu'adès*. — 5 B *S'ajoïst*.

Prent et destraint et sesist,
Ne querroit se par mort non
Qu'il eschaper en poïst,
10 Si m'en esmerveilleroie
Coment poroit doner joie
Ne de chanter acheson.

Ne seit pas qu'en amours gist
Cil qui n'en a fors le non,
15 Mais cil ki por li languist
Et vit de merci sans don,
Ne crerroit de li poïst
Riens venir se dolour non.
Deus, tant doucement me prist
20 Quant par mon fol abandon
L'estancele au cuer me mist,
Si qu'eschaper n'en porroie,
Si me destraint et mestroie
L'atente du guerredon.

25 L'en devroit amors nommer
Pensée de cuer joli :
En li n'a riens fors penser,
Adès atendre merci ;

7 D *Est et destrains et saisis.* — 8 B *Ne cui pais saus* (sic) *lamort non,* D *Ne quic pas que sans mort non.* — 9 EG *Nus eschaper.* — BD *De lei (li) eschapeir peüst.* — G *peüst.* — 10 Ms. *merveilleroie.* — 12 B *De de ch. ochoison.* — 14 B *Ke de lei n'ait* (= n'a) *fors le don.* — Ms. *men a.* — 15 D *qui plus li.* — 16 B *Et dist de.* — 17 B *Ne cui pais c'an lei eüst.* — EG *peüst.* — 18 B *Nule rien si d. n.* — 19 B *Tant seus* (= suis) *dou comant sospris.* — 20 B *Ke par.* — 21 B *m'ait mis.* — 22 B *Si c'achapeir,* D *Dont eschaper.* — 23 B *Tant mi destrant et garroie.* — E *metroie.* — 24 B *de gueridon.* — 27 D *n'a fors que.* — 28 D *Et adès estre en m.*

Et qui porroit esprouver
30 Les biens qui vienent de li,
Vers li ne se puet tenser ;
Tant l'a doucement sesi
Qu'il li covient endurer,
Au main et à la vesprée,
35 Joie de duel destemprée :
C'est li dons au fin ami.

Moult feroit bien à loer
Cele amors que je vos di,
S'ele savoit esprouver
40 Le cuer du loial failli
Et vousist joie doner
A ceus qui bien l'ont servi
Et ceus de dolor combler
Qui son sens ont mal bailli
45 En mesdire et en guiller,
Lors seroit à droit loée
Et servie et honorée,
En espoir d'avoir merci.

Un poi vueil amors blasmer,
50 Car je ai souvent choisi
Ceus grant joie recouvrer
Qui fesoient gas de li,
Et ceus de dolor plorer
Qui estoient fin ami ;
55 Por ce ne m'i puis fier.
Ne porquant je m'umili

---

29 D *Mais qui porroit esperer*. — 35 Vers sauté dans E. — 36 D *à fin*.
— 40 G *Le loial cuer du f*. — 42 Ms. *sesi*. — 44 Ms. *sent*.

A li servir sanz fauser,
Car iteus est ma pensée
Que cil qui l'ont honorée
60 N'ont pas à joie failli.

9.

Ms. A (sous la rubrique *messires Jaikes de Chozon*), copiée d'après Brackelmann, *Herrig's Archiv* XLIII, p. 312); collationnée avec B, 118 v° (str. 1, 2, 5, 3); E, 49 (attribuée à *Perrin d'Angecort*); F, p. 155 (ordre des str. 1, 2, 3, 5, 4); G, 83 v°; I, 70 (str. 1, 2, 3, 5, 4); L, 106 (*Perrin d'Angecort*); M, 156 v° (str. 1, 2, 5, 3, 4). — La chanson se trouve en outre dans N, 96, et dans le ms. de Siena, fol. 18.

Quant li rossignos s'escrie,
Ke mais se va definant,
Et l'aloëte jolie
Va contremont l'air montant,
5 Lors est bien drois que je chant,
Quant cele cui j'ain m'en prie.
Puis que j'ai si douce aïe,
S'en chanterai de cuer gai;
Amereusement me tient
10   Li maus que j'ai.

1 EFGILM *li cincevis*; les mêmes mss. ont en même temps, au v. suivant, *Ke fevrier vet* (ou *va*). Brackelmann a lu erronément (voy. la note de son texte) soit *cincenis*, soit *cincejuz*. Il nous apprend que les mss. de Rome (notre N) et de Siena portent *cincepuer*. — 5 EFGILM *est raisons que*. — 6 L *Quant ce que*. — 7 B *De cui ja* (= j'ai) *ci douce aïde*, FIL *Et puis qu'ai*. — 8 FGIL *Je chanterai*. — B *de cuer vrai*.

J'ai servi toute ma vie,
K'onques n'en eu biau semblant
Fors c'un seul coup d'escremie
Ke me fist en regardant ;
15 De ses vairs eus en riant
M'est amors el cors saillie ;
Lors cuidai avoir amie,
Mais, certes, g'i ai failli :
Li eul ma dame et li mien
20   M'ont traï.

Je comparrai ma folie,
Si morrai en atendant
Mercit, que trop me detrie.
Las, tous jours me met devant
25 Amors son cors l'avenant,
Sa belle gorge polie.
Puis c'amors s'est aatie
De moi grever, s'en morrai ;
J'amerai ceu que m'ocist,
30   Et bien le sai.

11 I *J'aing et serf.* — 12 BEFGILM *K'onques* (I *Onques*, M *N'onques*) *n'oi un* (M *nul*) *b. s.* — 13 EFGI *Qu'un tout seul*, L *Qu'un trestout seul.* — 14 FI *Qu'el me.* — FIM *en retraiant.* — 15 Sauté dans L. — B *biaz eus.* — EFGI *maintenant* (p. *en riant*). — M *Amours son dous vis plesans.* — 16 BEFGIL *L'ont* (I *Ont*) *amours de moi saisie.* — 16-20 M *Ce qu'elle est si bien taillie Puis c'amors s'est aatie De moi grever, je morrai, J'amerai ce qui m'ocist Que bien le sai.* Ce sont les vv. 26-30 de la 3ᵉ str. ; ils reviennent à leur place avec de légères variantes. — 18 EFGL *Mès, c'est noient, j'ai failli*, I *Mès bien voi j'i ai f.* — 21-23 Omis dans M. — 23-24 B *Et ceu ke trop me d., Chacun jor mi vient devant* ; I *Car cele que j'ai amée, Me moustre mavès samblant.* — 25 EFGILM *Am. son douz vis plaisant.* — 26 EFGILM *Ce qu'elle est si bien taillie.* — 27 A *est aatie.* — 28 M *A moi gr.* — BG *ja morrai*, FL *g'en m.* — 29 M *Ja n'aurai.* — 29-30 G répète ici les vv. 7-8. — 30 EL *Car bien*, I *Et* omis.

Mout est fols qui por haschie
De bien amer se repent,
Car amors n'oublie mie
Ceus qui aiment loiaument ;
35 A cent mil doubles lor rent
Joie quant l'ont deservie ;
Je sui cil qui pas n'oblie
La belle où j'ai mon cuer mis ;
Hé, Deus, verrai je ja le jor
40   Que soie amis ?

Dame, en cui s'est herbegie
Biautés plus k'en autres cent,
Je met en vostre baillie
Moi et mon cuer ligement,
45 Et puis c'amors me consent
De faire tele estoutie,
Drois est que je le vous die,
En chantant, non autrement :
De vous vient li maus, amie,
50   Que je sent.

33 AF *n'oblient.* — 54 CFL *qui servent.* — 35 EFGILM *A cent doubles leur en rent.* — 39-40 Mon ms. A porte contrairement à la rime et à tous les mss. : *E deus vairai je jai kelle, Mapelle ami.* — 41 M *bien s'est.* — 42 M *Loiautez* (contre la mesure). — A *autre.*—44 M *licment*, B *Cuer et cors antierement*, EFGIL *Cuer et cors tout ligement.* — 46 EFGIL *A faire.* — 47 M *la vous.* — B *Bien est drois que jol v. d.* — 48 B *ne* (p. *non*). — 48-50 Les mss. EFGIL terminent la strophe de la façon suivante (non admissible) : *En chantant le vous dirai* (I *Et en ch. le voudrai*) *Biaus très douz cuers sans faindre* (L *faindrai !*) *Tous jors vos servirai.*

10.

Ms. C, 14. — Imprimée dans Auguis, *Poëtes fr.*, II, 28 et dans Dinaux, *Trouv. flam.*, p. 255.

Quant recomence et revient biaus estés,
Que foille et flors resplendist par boschage,
Que li frois tanz de l'yver est passés
Et cist oisel chantent en lor langage,
5   Lors chanterai
         Et envoisiés serai
         De cuer verai ;
         Ja por riens nel lairai,
Car ma dame, qui tant est bone et sage,
10 M'a comandé à tenir mon usage
         D'avoir cuer gai.

Cil qui dient que mes chans est remez
Par mauvaistié et par faintis corage,
Et que perdue est ma jolivetés
15 Par ma langor et par mon mariage,
         N'ont pas, bien sai,
         Si amoros assai
         Comme je ai,

2 *flor*. — 12 Dinaux, qui paraît ne pas avoir compris le sens de *remez* (cessé), s'est permis de le changer, sans l'indiquer, en *rimés*.

Qui joie maintendrai
20   Tot mon vivant, ne ja por nul malage,
Coment qu'il griet, ne coment qu'assoage,
Ne recrerai.

22 Le ms. laisse ici un espace vide, destiné, paraît-il, à recevoir trois strophes ultérieures.

III.

CARASAUS.

1.

Ms. C, 184 v°, coll. avec N, 103 (sur la copie de Sainte-Palaye à la bibl. de l'Arsenal). — Imprimée, d'après C, dans Dinaux, *Trouv. Artésiens*, p. 127.

C om amans en desperance
Chant, com si desesperez,
Que j'ai mout pou d'esperance
D'amie ne d'estre amez,
5 Quar mes cuers s'est atornez
A penser à ma grevance,
Et si n'ai je pas doutance
Que por mal en soit tornez
D'amer en loial soufrance.

8 N *pour mals* ; Din. *pas mal* (!). — 9 *D'amer*, Din. *Dam*.

10 Pou d'espoirs en sorcuidance
Me fait dolor plus qu'assez :
Amors prent sor moi venjance,
Ses voloirs est et mes grez,
Car por li servir fui nez,
15 Ja n'en aurai repentance
Ne ma dame malvueillance ;
Mieuz en veuill estre grevez
Et morir en atendance.

La bele vermeille et blanche,
20 Bone de très granz biautez,
En vostre douce samblance
Ne doit manoir cruautez ;
A vos est si mes pensez
Que je n'ai de moi poissance,
25 Ains sui de mort en balance,
Car n'en puis estre eschapez,
Se pitiez ne m'en avance.

De m'amorouse folie
Ne me poroit nus oster.
30 Hé las ! folors n'est ce mie,
Qu'aillors ne me puis doner
Ne ne quier neïs penser,
Qu'amors a tel seignorie
Qu'ele me destraint et lie,
35 N'onques ne m'en seu guarder ;
Or doint Deus qu'el ne m'oublie !

12 Din. *ventance*. — 15 Din. *Je n'en*. — 18 Din. *en atendant*. — 36 N *que ne*.

Deus, com est amors hardie
Quant ele me fait oser
A penser, par sa maistrie,
40 Là où ne puis achiever ;
N'en puis ma dame blasmer,
Quar ja ne li iert gehie
Ma très amorouse vie ;
J'aim mieus sanz proier chanter
45 Qu'ele m'en fust anemie.

Berengier, de bien amer
Vient honors et cortoisie ;
Valors est en vous norrie,
Ne l'en laissiez eschaper
50 Por chose que nus en die.

49 Din. *laissier*.

2.

Ms. C, 184, coll. avec L, 183 v°. — Imprimée, d'après C, dans Dinaux, *Trouv. Art.*, p. 129.

F ine amors m'envoie
Talent de chanter,
Quar mis m'a en voie
De si haut amer

3 Din. *nus m'a*. — 4 L *haut penser*.

5 Que ja n'i quit achiever,
  Car grant folie feroie,
  Nis s'à ma dame disoie,
  Dont me vient li maus d'amer.

    Se la simple et coie
10   Daignast amender
    Que je fusse en joie,
    Por moi conforter ;
  Plus ne li quier demander,
  Car liez et joianz seroie
15 Et plus bien conquis auroie
  Qu'autre ne poroit doner.

    Bele douce amée,
    Chantant merci quier,
    Bele à droit nomée,
20   Qu'autre messagier
  N'i os por moi envoier,
  Car raisons le me devée ;
  Por ce n'est pas oubliée
  L'amors dont je n'os proier.

25   Biauté honorée
    Qui fait à prisier
    A Deus assenée
    Et fin cuer entier
  A celi en qui dangier
30 M'a mis ma fole pensée,
  Qui tant est desmesurée
  Qu'à merci me fait cuidier.

5 L *ne quit*. — 7 Din. *Vis* suivi d'un (?). — 15 L *biens*. — 16 L *autres*. — 17 D *amie*. — 22 L *Que r. le desvee*.

Dame, vostre aïe
En chantant vous pri,
35 Mes cuers por ma vie
Desirre merci.
Hé las, mais g'i ai failli ;
Amors iert si mal baillie
Que ja mais si bien servie
40 N'iert de nului com de mi.

Amans sans amie
Sui, dès que la vi,
Raisons me deffie,
En amors me fi ;
45 Tant loiaument l'ai servi
Faus cuers ne le creroit mie,
Por ce a tort s'ele m'oublie,
C'onques ne m'en repenti.

Jehan de Dompierre di
50 Qu'il ait de bien faire envie,
Car valors en multeplie ;
Amors le tesmoigne ensi.

---

41 L *Amis sans*. — 45 Din. *servic*. — 47 L *cele* (avec cette leçon il faut écrire *à tort*). — 49 L'envoi manque dans L.

3.

Ms. N, 104 (d'après le texte de Keller, *Romvart*, p. 301), coll. avec M, 56 v°. — Reproduite, avec quelques corrections, par Mätzner, *Altfranzösische Lieder*, p. 59.

N'est pas sages ki me tourne à folie
Ce k'amours fait de moi sa volenté :
Languir me fait, vrai amant sans amie,
N'encor ne m'a de riens guerredonné.
5 Quant li plaira, tost seront amendé
Mi grief tourment, ma paine et ma hascie,
Qu'ele me fait : si ne m'en plain ge mie,
K'à la meillour del mont m'a assené,
S'en li avoit tant pité con biauté.

10 Bien tenroie ma paine à emploïe,
Se ma dame le deignoit prendre en gré,
Car pour avoir tout le mont en baillie,
N'en vauroie mon cuer avoir osté.
Dieus, dont feroit amours grant cruauté,
15 Se n'en avoie aucun bien en ma vie.
Jou ne di pas grant outrecuiderie,
Car malades, coi que soit de santé,
Prent volentiers çou qu'il a desiré.

9 M *aüst*. — 10 M *tenrai*; *à* omis. — 13 M *avoir geté*. — 17 M *que qu'il soit*.

Onkes ne fu à ma dame jehie
20 L'aspre dolours ki tant m'a tourmenté ;
Dieus, quel mestier ore auroie d'aïe,
Mais je cuit bien qu'amours m'ait oublié ;
Fors seul de tant que j'ai pour li chanté,
Nus ne porroit avoir trop courtesie ;
25 A li servir tant a grant signourie,
De tant me vaut qu'à droite loiauté
La servirai, qu'ensi m'est destiné.

Molt a amours seur tous grant signourage,
La ù li plaist à moustrer son pooir,
30 Ele n'i garde ne riçour ne parage,
Ki qu'ele veut demaine à son voloir ;
Si doucement set fin cuer decevoir
K'il ne doute ne anui ne damage.
Elas, et j'oi adès en mon corage,
35 C'onques n'en seuc un tout seul bien avoir,
S'est merveilles que ne m'en desespoir.

N'iert mie ensi, or ai je dit outrage,
Amours convient aveuc moi remanoir,
K'el mont ne truis tant bele ne si sage
40 Com est cele pour ki me fait doloir.

20 Ms. *dolour*. — 21 N et Mtz. *mestrier*. — M *auroi ore*. — 22 M *Mais bien cuit*. — 23 M *de li hanté*. — Mtz. lie ce vers au précédent, et 24 à 25 ; cela ne me paraît pas heureux. — 24 M *grant courtesie*. — 25 M *Pour li*. — 26 M *que diroie loiauté* (n'a pas de sens). — 27 N *que si* ; j'adopte la correction de Mätzner. — 28 M *tout*. — N *grans*. — 29 N *Lan* (peut-être une faute de lecture de Keller). — M (par négligence) *son signorage*. — 30 M *Point n'i*. — 31 M *Ce qu'ele veut demener*. — 34 Mtzn. prenant *joi* = je jouis, a supprimé *et*. — 35 M *n'en poi un seul jor bien avoir*. — 39 M *Que elle mont* (!) *n. tr. si belle*. — 40 Ms. *Commest*.

Se fine amours me faisoit percevoir
K'ele pour moi receüst son houmage,
Plus m'aroit fait hounour et avantage
Que se sires ere de tout l'avoir
45 Ne tous li mons m'en peüst eschaoir.

Droit à Louvain fais, chançon, mon message,
Dis à Henri qu'il n'ait pas cuer volage,
Mais laist amour avec li remanoir
Se il pour li ose enprendre à valoir.

41-42 M *Se tant de bien me peüst escheoir Que amours pour moi...* — 44 M *Que se jou iere sires* (leçon préférable). — Ms. *eres.* — 45 M *Se tous.* — 46-49 Cet envoi ne se trouve que dans M.

4.

Ms. M, 56.

Pour ce me sui de chanter entremis
Que bonne amours m'en a vouloir donné,
Sanz qui mes cuers ne peut estre saisis
D'honneur, de sens ne de joliveté;
5   Trop sont cil desmesuré
      Qui ne sont en son servage.
Por ce li ai fait de mon cuer hommage,
Si vueil adès en son dangier manoir
Et ma dame servir sans decevoir.

10 Qui homs je sui, et vueil estre toutdis ;
    Quant li plaira, tost m'iert guerredonné ;
    Et s'ainsi est que j'en soie onis,
    Si aing je mieus servir tout mon aé
        Bonnement sans fausseté,
15   Que d'autre amour l'avantage ;
    Ce qu'elle est tant preus et courtoise et sage,
    N'en laist mon cuer partir ne remanoir
    Pour nul tourment qui mi face doloir.

    Et ne pourquant li mal dont je languis,
20 Me plaisent tant que je n'en sent griété,
    Car loiautés et poours m'ont promis
    Qu'encor seront en grant joie torné
        Li mal qu'aurai enduré.
        Cils espoirs me rasouage
25 Et me semont de maintenir l'usage
    De bien amer, et j'en fais mon povoir ;
    Si m'en laist Dieus mon desirier veoir.

    Loer me doi d'amours, ce m'est avis,
    Quant en mon cuer a assis par son gré
30 Le bel pensé qui ja n'en iert partis.
    Se ja de li n'avoie autre bonté,
        Si ai je tant conquesté
        Mieus m'en iert tout mon eage :
    Vilonnie, fausseté et outrage
35 Me fait amours haïr pour mieus valoir ;
    Ne l'en doi ge dont mout bon gré savoir ?

13 Ms. *mieœ souvent servir*. — 19 Ms. *li maus*. — 20 Ms. *sent gere* ; j'ai corrigé en me rapprochant le plus possible de la lettre ; on pourrait aussi mettre : *que ne m'en sent grevé*. — 25 *de* omis. — 30 *Li bel*. — 36 *mout* omis.

Ja n'iere ge de bien amer faintis,
Car amours a sur moi tel poësté
Qu'en mon cuer est mais à tous jours banis
40 Tous li povoirs de fausse volenté.
    Dame de très grant biauté,
    Puis que de loial courage
Vous aing et sui vostres à heritage,
Veuillés en gré ma chançon recevoir
45 Et consentir que vous serve en espoir.

37 *ge* omis.

5.

Ms. E, 137, coll. avec F, p. 277, H, 102 (*Car Ausaus*), et L, 182 v°. — Imprimée par Dinaux, d'après E, *Trouv. Art.*, p. 126.

P uisque j'ai chançon meüe
Por la très meillor du mont,
Ja ne m'iert l'amors tolue
Que tant ai el cuer parfont,
5 Assés plus qu'autre gent n'ont,
Car se ma paine est perdue,
Sachent bien tuit cil qui sont,
N'est ja l'amors descreüe.

3 L *Ja nen iert.* — Din. *volue* (suivi d'un ?). — 4 Din. *Querant* (!) *ai.* — 5 Ms. *Mez plus.* — Din. a mis à la place de *gent* quelques points suivis de *mont.* — 6 F *ma dame.*

Deus, coument seroit creüe
10 Ceste amors qui me confont,
Quant ja ne sera seüe
Se par mort ne la despont.
Mi oil et amors me font,
Dont ma mort ai coneüe,
15 Se douz espoir ne deffont
Desperance qui m'argüe.

Je n'ain pas d'amor doubliere,
Car adès me va croissant
La moie, si m'est si fiere
20 Que por el ne pleur ne chant,
Mès je me confort de tant
Qu'amors est bien droituriere
Por fere les siens joians,
Mès poi en est coustumiere.

25 La fine biautez entiere,
Dont Damedeus dona tant
A celi que plus ai chiere,
Tient mon cuer très fin amant
Tout adès, nis en dormant,
30 Et mes cuers m'est si trichiere
Qu'il me fet chanter plorant,
Tant a diverse maniere.

Las, je n'os fere proiere
Se ne la faz en chantant,

---

15 L *se dont a espoir ne d.* — F *nes deffont.* — 19 FL *et si m'est.* — Din. *L'amoie* (!). — 22 Din. *Quant mors.* — H *m'est.* — 27 Din. *celui.* — 29 FL *nes* ; H *uif*, Din. *vis.* — 33-34 Din. imprime : *Las je n'os faire sene La faz en ch..tant.* — 34 L *Se ne li fas chantant.*

35 Car trop seroie outragiere,
    Si ne sai coument ne quant
    Puisse avoir un biau senblant;
    Quant voi ma dame en la chiere,
    A paines en esgardant
40 En puis mes euz trere arriere.

    Chançon, va t'en maintenant,
    Di à Jehan de Danpierre
    C'onques n'oi fors en sonjant
    Joie de ma dame chiere.

35 FL *seroit.*— 36 L *sai* omis. — 40 Din. *Et puis.*— 41-44 L'envoi manque dans FHI.

IV.

ERNAUS CAUPAINS.

1.

Ms. C, 172, coll. avec D, 44. — Imprimée, d'après D, dans Dinaux, *Trouv. brab.*, p. 251.

De l'amor celi sui espris
  Qui plus bele est que rose
Et plus blanche que flors de lis
  Et que nule autre chose.
5 A son voloir m'otroi touz dis.;
  Mout est folz qui n'est ses amis,
   Car s'amors n'iert ja close
   Vers nul qui proier l'ose :
  C'est la pucele de haut pris,

2 Ms. *plus est belc.* — 3 D *plus bele.* — 6 D *faus* (= fous).

10 Qui par sa bonté a conquis
　　　Que toz li mons l'alose.
　Or proi la flor de paradis,
　En qui se mist Sains Esperis,
　　　Que ele nous arose
15　　Del bien qu'en li repose.

　Haute pucele, à vos se rent
　　　Mes cuers, qui se cointoie
　Quant il à vostre amor entent,
　　　Qui estes droite voie
20 Et de bien et de sauvement.
　Faites à Deu de moi present,
　　　Que il ma proiere oie
　　　Et que s'amor m'otroie,
　Et si guart bien toute sa gent
25 Que nus par nul assentement
　　　En s'amor ne recroie ;
　As mauvès doint amendement
　Et mete hors de mautalent,
　　　Les desvoiez ravoie
30　　Et nos en bien raloie.

13 D *s'est mis.* — 26 D in. *retroie*. — 28 D *fors*. — 30 Ms. *ranoie ;* ce pourrait être une forme picarde de *renoue ;* cependant j'ai préféré la leçon *raloie* de D, que Dinaux a défigurée en *valoie,* qui n'a pas de sens.

2.

Ms. D, 45. — Imprimée dans Dinaux, *Trouv. brab.*, p. 252.

Hé las ! k'ai fourfait à la gent
Quant celi lour oi tant loer
Pour cui sui en si grief torment,
Et si n'i puis merchi trouver ;
5 Ne oublier, certes, ne le puis mie,
Tant a en li valour et courtoisie
Que je ne puis en autre liu penser.

  Mout me fu au comencement
  Et bone et douce de parler
10   Ma dame que j'aim loialment,
  Ki m'a tolu rire et juer ;
A moi grever a tornée sa vie ;
Las, j'ai amie là ù mes cuers se fie
Si loiaument com amours puet grever.

15   Avoir ne la quier ne laissier,
  Bien est en li mors et mercis
  Quant cele sot mon desirrier ;
  A cui sui fins loiaus amis,
Serai toudis de cuer, sans repentance.
20 Gens cors, clers vis, jetez moi de pesance,
Car ainc, certes, noient ne vos meffis.

2 Din. *l'our* (!). — 7 Din. *autre lui*. — 11 Din. *iver*. — 12 Ms. *samie*, Din. *saivie*. — 13 Din. *j'ai amé*. — 18 Din. *fui*. — 19 Ms. a deux fois *serai toudis*. — 21 Din. *mes fis*.

Bone dame, ki tant amés
Toute rien qui tent à honour,
Merveillé m'ai que vos creés
25 Nouvele de losengeour,
Qu'à grant dolor ont lor vie atornée
Cil jangleour, ki n'ont autre pensée
Fors à blasmer et de honir amours.

27 Din. *jaugleor.*

3.

Ms. C, 172 v°, coll. avec D, 78. — Imprimée, d'après D, dans Dinaux, *Trouv. brab.*, p. 253.

Quant j'oi chanter ces oisellons
Por le douz tanz qui repaire.
Qui de bone amors est semons,
Bien est drois que il apaire.
5 Douce dame debonaire,
Vaillanz, de toz biens enseignie,
Gens cors, clers vis, gorge polie,
La nonpers de tot le monde,
Et cuer et cors à vos otroi.
10 Dame j'ai mis en vos amer
Mon cuer loial, guardez le moi.

3 D et Din. *Qui* omis. — 4 D *il i paire.* — 10 D *ens vos.*

Nos gens qui loiaument amons,
    Dame, ne savons que faire,
Se le voir en rejehissons,
15   Des maus qu'amors nos fait traire.
    Por les felons de mal aire,
Cuidiez que tot soit tricherie ;
Mès por ce ne lairai je mie
    Que tot le voir n'en desponde
20 Des maus qui m'ont mis en effroi.
Dame, j'ai mis en vos amer
Mon cuer loial, guardez le moi.

Soufrir couvient, si souferrons
    Por ceus qui mauvaistiez maire,
25 Tant que d'amors secors aions,
    Qu'ele est et marrastre et maire
    De toz biens, en eus s'aaire
Fine amors, qui het vilenie ;
Je sui de sa conestablie :
30   Les suens de mauvaistié monde,
Por ce me tieng à son otroi.
Dame, j'ai mis en vos amer
Mon cuer loial, guardés le moi.

16 D *Por les faus plains*. — 25 Din. *S'offrir*. — 25 Ms. *d'amer*. — 27 Din. *sa aire*.

4.

Ms. D, 70 v°. — Pastourelle ; imprimée dans Monmerqué, *Théâtre français au moyen âge*, p. 45, Bartsch, *Romances et pastourelles*, pp. 176-178, et dans Dinaux, *Trouv. brab.*, p. 254. On la trouve aussi, mais à l'état mutilé, dans N, après fol. 108.

Entre Godefroi et Robin
Gardoient bestes un chemin
 Dejoste une riviere ;
Delà l'aige, près d'un sapin,
5 Desos l'ombre d'un aube espin
 Gardoit une bregiere
 Aigneaus en la bruiere ;
 De joins et de feuchiere
Estoit coverte sa chahute ;
10 A la clokete et à la muse
Aloit chantant une cançon.
Robins a entendu le son,
Si l'a dit à son compaignon
Et le bote del coute :
15 « Escoute, fols, escoute,
 « J'oi m'amie là outre ;
 « Or la voi, la voi,
 « Por Dieu salués le moi,
 « N'i puis merchi trover
20 « En la belle cui j'aim. »

7 et 20 *Ens* (p. *en*). — 18 Din. *salvés*.

112 CHANSONS

— « Beaus dos compains », dist Godefrois,
« Por Ermenjon sui si destrois
  « Que ne sai que je faice ;
« La grans jelée ne li frois
25 « Ke j'ai enduré maintes fois,
  « Ne la nois ne la glaice
  « N'ont pas tainte me faice,
  « Mais cele qui me laice.
« Mes oltraiges me doit bien nuire :
30 « Avant ier li brisai sa buire ;
« Or m'en a pris à grant desdaing.
« En non Dieu, Robins, beau compaing,
« Vos chantés et je me complaing,
« Vos amés joie et je le has,
35 « Vos ne sentés mie les maus
  « Aussi com je fas,
« Vos chantés et je muir d'amer,
« Ne vos est gaires de ma mort.
  « Ahi, mort, mort, mort,
40 « Por quoi m'ochiés à tort ? »

Quant Robins entent Emmelot
Et cele sot que Robins l'ot,
  Lors resbaudist la joie :
Cele enforce son dorenlot
45 A la clokete et au siflot,
  Por çou ke Robins l'oie.
  Tos li cors m'en effroie,
  Vers li tornai ma voie,
Devant li descent en la prée,
50 Et puis si l'ai araisonée
Et deboinairement li dis :

31-33 Les finales en *aig*. — 32 *beaus*. — 39 *mors mors mors*. — 47 *Tot*. — 49 *ens la*. — 50-51 *Et* omis.

« Tose, je sui li vostre amis,
« Mon cuer vos otroi à tos dis,
« Tenés, je vos en fas le don ;
55 « A cui donrai jou mes amors,
 « Amie, s'à vos non ?
 « En non Dieu vos estes belle,
 « On vos doit bien amer ;
« Chi a belle pastourelle,
60 « S'ele avoit ami.
« Doce amie, car m'amés,
 « Car m'amés !
« Ja ne proi je se vos non. »

— « Sire, bien soiés vos venus,
65 « De par moi estes retenus ;
 « Por vostre plaisir faire
« Ne doit lons plais estre tenus ;
« Trop est Robins povres et nus
 « Et de trop povre affaire ;
70 « Provos samblés ou maire,
 « Ki portés penne vaire.
« Tose ki haut home refuse
« Et vilain pastourel amuse,
« A encient prent le piour ;
75 « Amours n'est onques sans douçour,
« Mais cele n'a point de savour
« Dont li deduit sont tost osté !
 « Saroit dont vilains amer ?
 « Nenil ja, nenil ja !
80 « Deaubles li aprendera.

---

73 *Et* omis. — 74 Ms. *entient* ; Bartsch corrige *escient*. — Din. *pioux*. — 77 *ostés*.

« Ostés cel vilain, ostés :
« Se vilains atouche à moi
   « Nis del doi,
   « Ja morrai. »

85 A cest mot fui en tel effroi
Ke jou laissai mon palefroi
   Aler aval l'erbage ;
Robins apelle Godefroi ;
Or furent ensamble tout troi
90 . . . .
Puis dist tout son corage :
« Sire, n'est mie sage
« Poure pucelle qui s'acointe
« A haut home orgelleus et cointe.
95 « Oï l'avés dire sovent :
« Ki haut monte, de haut descent,
« Froit a le pié ki plus l'estent
« Ke ses covretors n'a de lonc.
   « Amerai je dont
100 « Se mon ami non ?
   « Naie, se Dieu plaist,
      « Autrui n'amerai.
   « Errés, errés vos,
   « N'i dormirés mie
105 « Entre mes bras jalos.
« Je n'oi onques c'un ami,
« Ne ja celui ne changerai;
« Ja n'oblierai Robin,
   « Cui j'ai m'amor donée.

82 Din. *a touché.* — 90 Le mètre et le sens indiquent ici une lacune. — 91 Din. *di.* — 98 Din. et Bartsch *couretoirs.* — 101 Din. *Noie.* — 106 Din. *Ge n'os.*

110 « Ostés vos mains d'autrui avoir,
 « Vos quidés tot le mont valoir.
 « Cil est mout faus ki ce proeve
 « Ke tot soit sien ke il troeve.
 « Remontés !
115 « Car à moi failli avés. »

113 Din. et Bartsch *kan* (Din. *kau*) *qu'il trocve*.

5.

Ms. D, 44 v°, coll. avec C, 99 (dans ce dernier, notre pastourelle est placée sous le nom de *Baudes de le Kakerie*). Imprimée dans Monmerqué, *Th. franç.*, p. 39, et dans Bartsch, *Romances et pastourelles*, pp. 303-305.

Ier main pensis chevauchai
 Lés une sauçoie,
Pastourel chantant trouvai,
 Demenant grant joie ;
5 Cors avoit gent et avenant
 Crins reluisant
 Et oel riant,
Si disoit : « O dorenlot,
 « Diva, Marot
10 « Au cors mignot,
 « Si mar t'amai !
 « Je l'arai,
 « Ou je morrai,
 « L'amour de li, mar l'acointai. »

5 Ms. *Cor*. — 6 Ms. *reluisans*. — 12 C *Je l'avrai*.

15   Si com cil chantoit ensi
         De Marot la bele,
     Par aventure l'oï
         Une damoisele.
     Ses chans li plot, vers lui torna,
20   Si l'esgarda
           Et enama,
     Si li dist : « O dorlotin,
         « Diva, Robin,
         « Mignot Robin,
25   « Tes oeus mar resgardai,
     « Se cist maus ne m'assoage,
         « Je morrai. »

     Que qu'ele vint à Robin,
         Mout est esmarie ;
30   Andeus ses mains li tendi
         Et merci li crie.
     Que qu'ele pleure, et cil sourit,
         De tout son dit
         Li est petit.
35   Cele a dit : « O que ferai ?
         « D'amer morrai,
         « Ja n'en vivrai,
         « Se toi n'en ai,
         « Que j'ain tant bien ;
40   « Trop m'ara s'amours grevé,
     « Se tout li mal en sont mien. »

15 C *com il*. — 19 Ms. *vers li*. — 22 Ms. *Se li*. Les 2 mss. introduisent après *dist* les mots *si mar t'acointai*, qui troublent à la fois le système métrique et la marche naturelle du récit. — 25 *esgardai*. — Monm. *mar t'esgardai*. — 28 C *Quant ele*. — 30 Ms. *li rendi*. — C *ses bras li tendi*. — 32 C *cil s'en rit*. — 39 C *si bien*.

Cele, ki rien ne li vaut
Chose qu'ele face,
Ses bras estent, vers lui saut,
45 Par le col l'embrace,
Vers soi l'estraint mout doucement.
Cil se deffent
Trop durement,
Si a dit : « O quel folour,
50 « Quant vostre amour
« Et vostre honour
« M'avez abandonnée ;
« L'amour qui est veée
« Est la plus desirrée. »

55 Que que cele ensi Robin
Embrace et acole,
Es vos Marot au cuer fin
Ki se tient pour fole ;
Huchant s'en vait : « Trai, traï. »
60 Robins l'oï,
Vers li sailli,
Si li dit : « O douce suer,
« Tu as mon cuer,
« Nel jeter puer !
65 « Je t'aim sans decevoir,
« Je voi ce que je desir,
« Si n'em puis joie avoir. »

Cele l'ot, ki bien l'entent,
Mais el n'en a cure ;

---

53 Ms. vee. — C qui m'est. — 54 C C'est la. — 55 Ms. Que qu'ele ensi.— C ensinc. — 62 CD Si (ou se) li a dit. Il faut un vers de sept syllabes ; Bartsch corrige si l'a dit.

 70 Et Robins vers l'autre atant
    Cort grant aleüre.
  Mais ele ne l'entendi pas :
     Enel le pas
     Li gette un gas,
 75 Si li dist : « O fols Robin,
    « Lai ton chemin
    « Par cest matin,
  « Si va tes bestes garder ;
  « Ostés ! saroit donc vilains
 80 « Amer ? nenil voir ;
  « S'il aime, ja Dieus n'i soit ! »

  Quant Robins s'ot ramprosner,
   Si respont par ire :
  « Bele, laissiés moi ester,
 85 « Vostre vente empire ;
  « Ja m'en proiastes vos avant,
    « Bien fis samblant
    « N'en oi talant,
  N'encor n'ai ; o retornés,
 90   « Et se volés,
    « M'amour arés ;
  « Cuite vo claim atant :
  « Trop s'avilonist pucele
   « Ki d'amor va proiant. »

 95 Cele respont sans targier :
   « Faus, ton gaber laisse ;
  « Folie te fist quidier
   « Que de cuer t'amaisse ;

---

72 C *Maiz cele*. — Monm. *l'atendi*. — 75 C *dit*. — 77 Le ms. donne deux fois les mots *par cest*. — 89 Les 2 mss. *N'encor n'en ai o Robin retornés*. — 90 C *Et se vos volez*. — 96 C *Folz*.

« D'amer garçon noient ne sai.
100 « Bien te gabai
« Quant t'en priai.
« Or i pert. O, ne portant
« Por ton bel chant
« En oi talant,
105 « Mais or changie m'ai :
« Vos ne mi verrés mais
« A tel abandon ;
« Couart vos trovai.

102 C *non porquant.* — 106 Ms. *Vos ni verres mais,* C *Vos ni venrez mais.* — 108 Ms. *trover.*

V.

JEHAN D'ESTRUEN.

1.

JEHAN A SANDRART.

Ms. M, 15. — Jeu parti.

« Sandrart, por ce que vous voi
Soutieu et bien entendant,
Par fine amistié vous proi
Que vous me faciez sachant
5   De ce que je ne sai mie :
  Si dites, par courtoisie,
Se bone amours est droituriere ou non,
Et s'ele fait chascun amant raison. »

5 *je* manque. — 6 *Ce dites.* — 7 *amour.*

— « Jehan, legier, com je croi :
10   En amour a de bien tant,
    D'ounour, de sens et de foi
    C'om puet, en li bien servant,
    Deserte avoir mal merie,
    Car nus cuers qui soit en vie
15 N'est souffisans d'avoir le guerredon
Que bone amours donne en son menre don. »

— « Sandrart, droit au marescoi
    Alés vers moi respondant ;
    Amours ne fait droit ne loi
20   A maint homme vrai amant,
    Car teus aime qui mendie,
    En amant, d'avoir amie,
Et s'en sont maint qu'à petit d'occoison
Ont par amours dames en abandon. »

25   — « Jehan, c'est tout par anoi
    Qu'alés ainsi devisant ;
    Amours ne fait nul desroi,
    Ains avance son servant,
    Lues qu'il est de se mainsnie,
30   D'une esperance jolie,
Et quant poins est, li fait avoir le non
D'ami, dont nus, s'il nel sert, n'a renon. »

— « Sandrart, vous dites à moi
    Droites paroles d'enfant,
35   Mais à vo dit ne m'apoi,
    Car amours fait tort moult grant

---

11 *sans*. — 12 *bien* omis. — 15 *souffisant*. — 20 *A main amant vrai*. — 32 *Damis*.

Les siens servans à le fie ;
En tant qu'espoirs senefie,
Douce merci, par li bien i faut on ;
40 Je di qu'à tort fait les siens traïson. »

— « Jehan, sachiez vous pour quoi
Douce mercis va faillant :
Tout avient por le boufoi
De le persone ventant
45 Qui à merci fait falie,
Quar amours, de se mestrie,
Perçoit moult tost se fole opinion,
Si le banist hors de se region. »

39 *par li et faut on* (je donne ma correction pour ce qu'elle vaut). — 42 *merci*. — 45 *fali*. — 47 *Persoit mlt se f. opinium*.

2.

JEHAN A COLART LE CHANGEUR.

Ms. M, 19 v°. Jeu parti. — Le premier couplet est imprimé dans Dinaux, *Trouv. Art.*, p. 148.

« Respondez, Colart li changierres,
A moi de ce que je devise :
J'ante deus dames coustumieres
De moi amer, et s'ont fait mise

3 *Jente.*

5. C'aront de moi tous leur aviaus,
   En tel point que par les caviaus
   Me doit li une hageter,
   Et li autre me doit manser
   Si la gorge que j'en tressue ;
10 Laquelle est plus de m'amour drue ? »

— « Jehan, trop sont tieus dames fieres
  Dont ci vous oi conter l'enprise ;
  Pour ço vous lo à briés prieres
  Que ne souffriez, par nulle prise,
15 Que soit mansés vo hateriaus,
  Car sur l'autre en seroit li piaus,
  S'en poroit vo chars empirier ;
  Mais laissiez vos caviaus tirer
  Celle qui s'en est esmeüe,
20 Car c'est de vous la mieus venue. »

— « Colart, nient plus que deus bergieres
  Ne pris vo sens quant je m'avise ;
  C'est drois que de mes deus lanieres
  Aiiez trois pos, je le devise,
25 Car plus bourdeur n'a jusqu'à Miaus
  De vous, quant ainsi mes reviaus
  Voulez de mon desir roster ;
  Mieus ainc mes gaves escheher
  Que je d'amer ne m'esvertue
30 Celi qui de manser m'argüe. »

5 *tout*. — 8 *Et l'autre*. — 16 *sur laute*. — 17 *char empirier*. — 18 *cheus tirer*. — 19 *que*. — 24 *pos* paraît fautif p. *cos*. — 26 *me reviaus*.

— « Jehan d'Estruen, povres lumieres
Avés es ieus, coi c'om i vise,
Quant dites que je sui boisieres
Et qu'ai science de mal prise,
35 Quant graus vo col qui est moult biaus.
Or faites dont qu'uns goheriaus
Soit mis entours pour enarmer,
Car se vo dame i puet geter
Ses graus qu'a tranchans come grue,
40 Vos aurez tost vie perdue. »

— « Colart, divers confinoieres
Iestes, tiesmoins me teste grise,
Quant voulez par pluseurs manieres
Faire men chief tel qu'il ravise
45 Un chien loqu, qui par floquiaus
Fautre son poil, mais s'uns bouriaus
M'estoit mis el col sans noer,
Ce me pourroit de mort tenser,
Et s'en seroit celle plus mue
50 Qui veult qu'aie teste loque. »

— « Jehan d'Estruen, durs comme pieres
Iestes d'engien nes c'une enprise
Quant voulez en lieu de barbieres
Chaucier bouriaus par tel devise
55 Que sans noer les coronciaus ;
Si pourran dire que labiaus
Voulez nouvellement porter ;
Ce vous peut trop pou pourfiter,
Puis que vo gorge piauchelue
60 Pert par dame fourentendue.

35 Le ms. a *graxs* (x = us). Voy. les Notes expl. — 53 *Quant voulez* écrit deux fois. — 56 *Sç.*— 60 *four estendue.*

3.

JEHAN A ROBERT.

Ms. M, 23 v°. — Jeu parti.

« Robert, j'ains dame jolie
Qui plus a de sesante ans,
Conseilliez m'ent sans boisdie :
Amer ne me veult nul tans,
5 Et bien me dit que ja s'amor n'aurai,
Se tout devant en couvent ne li ai
Que james jour, tant qu'elle soit en vie,
Mes cuers n'aura d'autre amor nulle envie. »

— « Jehan, ce seroit folie
10 D'estre à ce obeïssans
Que vous n'aurez autre amie
Tant que celle fust vivans ;
Si fait marchiet point ne vous loerai,
Car ja deduit n'aura, que je bien sai,
15 En feme qui ainsi soit fouragie ;
Si la laissiez, ou vous ferez sotie. »

— « Robert, voulentez m'agrée
Et ce que sui desirans
D'amer la dame envoisie ;
20 Trop estes mal entendans :

6 *couvenant.* — 13 *loeroie.* — 15 *fame.*

Or voi je bien en vous et perchut l'ai
Que point n'amez de fin cuer ne de vrai,
Quant vous blasmez dame d'amour nourie,
Mais ja pour vo blasmer nel lerai mie. »

4.

ANDRIU DOUCHE A JEHAN AMI.

Ms. M, 24. — Jeu parti.

« Jehan amis, par amours je vous pri,
Se il vous plest, que vous me conseilliez.
J'ains une dame plesant, de cuer joli,
Dont j'ai le don de son cuer, ce sachiez,
5 Mais onques puis qu'elle le m'otria,
Tant alasse vers li, ne çà ne là,
Ne volt à moi nes un seul mot parler :
Qu'en direz vous, le lerai je ester ? »

— « Andrieu Douce, puisque savés de fi
10 Que ses fins cuers est à vous aloiez,
Trop perderiez se le laissiez ainsi ;
Pour ce vos lo que point ne le laissiez,
Que par l'anter ses cuers adoucira,
Et fine amours qui merler s'en vaura,
15 Le vous fera en tel ploit retourner
Que bien et joie i pourriez recovrer. »

3 *plessans d. c. jolie.* — 6 *vers lui ne sa.* — 10 *ces.* — 11 *Trop par derriez.* — 13 *lauter ces.* — 14 *amour.*

— « Jehan pau vaut li consaus que j'oi ci,
Ja conseillier ne le me deüssiez,
Quant vous voulez que je serve celi
20 Qui ne deigne dire nes « bien veigniez » ;
Refroidie est, li anters poi vaura,
Ne fine amours ja ne s'en merlera,
Car telle amours ne pourroit refuser
Que ne parlast au mains au saluer. »

25 — « Andrieu, ja cuers qui d'amour a senti
Le savoreus mestier, n'est refu..,
Ains veut adès plus, et surmonte en li
Li desirriers par quoi est adreciez ;
Cils qui le sert tout dis, si aquerra
30 Les biens d'amours, où jamais ne sera
Vos cuers entrés, se voulez redoubter
Un poi d'orguel, s'elle le veut montrer. »

— « Jehan, ains mais tel conseilleur ne vi
Com vous iestes, et car vous en taisiez !
35 Petit avez des drois d'amours oï,
Si l'aprenez ançois que le jugiez,
Car dame qui nul point n'aparlera
Son ami, ja nul point n'i croistera ;
Dont nus ne doit de cuer tel dame amer,
40 Puis que si poi de chose veut veer. »

20 *neis bien veignant.*— 21 *enters.*— 22 *amour.*— 24 *a mains.*— 26 Le ms. ne laisse plus lire la syllabe finale en *iés* ; n'était la lettre *u*, je mettrais hardiment *refroidiés*, qu'indique surtout le v. 21. — 29 *dis sasquerra.* — 36 *Se.* — 38 *Sans ami.*— 39 *nul.*

— « Andrieu, n'avez point le vo cuer norri
En desirrier amours, ains le vouriez
Trouver *d'un cop*, dont je croi tout de fi
Qu'en estes mains des fins amans prisiez,
45 Puis que la dame son amour vous donna,
Sachiés desirs i montepliera
De vous amer, se le savez anter ;
Mais nichetés le vous fait esciver. »

41 *point n'avez*. — 42 *Ains desirrier*. — 43 *d'un cop* est ajouté par moi pour compléter à la fois le sens et la mesure. — 45 *li donna*. — 46 *i*, nécessaire à la mesure, est ajouté par moi ; on pourrait aussi mettre *li*. — 47 *si le s. auter*. — 48 *nichete*. — C'est au moment de préparer cette pièce pour l'impression, que je me suis aperçu que Dinaux l'a produite dans ses *Trouvères Artésiens*, p. 75, d'après le même ms. que moi ; mais aux fautes de son original (la correction *refuissi* au v. 26 n'est pas sérieuse), l'éditeur y a ajouté tant de méprises que je me félicite d'avoir accueilli dans mon recueil, une pièce qu'il avait rendue presque inintelligible. L'erreur capitale de son texte, c'est de présenter *nichete* (v. 48), comme le nom propre d'une maîtresse du poëte (notez encore dans le même vers *estuier* p. *esciver*).

VI.

JEHANS FREMAUS DE LILLE.

1.

Ms. C, 183 v°, coll. avec D, 60 v° (où la pièce est attribuée à *Jaquemes li Viniers*) et avec N, 81. — Imprimée, d'après C, dans Dinaux, *Trouv. flam.*, p. 281 ; d'après N, dans la *Romvart* de Keller, p. 287, et, d'après ce dernier texte, dans Mätzner, p. 44. Les variantes de N sont données sur la foi de Keller.

De loial amor vueill chanter
Au tans que je voi raverdir ;
Bien doi ma chançon amender
Quant de si haut lieu doit venir,
5   Qu'ainc ne seu guerpir,
    Pour soufrir

---

3 Mätzner corrige inutilement *doit*. — 5 N *Ains ne seut*.

Mal, fine amor bien à guarder,
Maiz je criem que par haut choisir
Ne mi vueille amors afoler ;
10 Mais s'onques de rien li faussai,
Ja n'i puisse je recovrer !

S'onques dame por bien amer
Fist loial dru d'amors joïr,
Donc ne doit ma dame oublier
15 Moi qui sui suens sanz repentir,
    Que le mien desir,
      Sans trahir,
Ne face en loiauté chiever,
Quar mon cuer, mon cors tot entir
20 Ai mis en li sans retorner ;
Et s'onques de riens li faussai,
Ja n'i puisse je recovrer !

Se ma dame au viaire cler,
De cui vienent tuit mi desir,
25 Ne me laisse un pou savorer
Des biens d'amors par son plaisir,
    Quant moi por servir
      Fait languir,
De la mort me doi conforter,
30 Quar je ne puis plus biau fenir,
Que au morir vueill chans' trover ;
Et s'onques de riens li faussai,
Ja n'i puisse je recovrer !

---

7 Din. *Mal finé amor.* — 10 N *Et sainkes.* — 14 N *mal dame.* — 16 N *Kele mon.* — 20 N *sans recouvrier.* — 26 N *à son.* — 29 C *doit.* — 30 N *je n'en.* — 31 N *Car.. retrouver.*

Coument puet amors endurer
35 Qu'ele voit toz les suens faillir ?
On ne les veut mie escouter,
Maiz les faus veut on ore oïr
  Par lor faus mentir,
   Mais morir
40 Aim mieus ensi en esperer
Qu'en fausseté mon grief furnir
De quanques sauroie rouver ;
Et s'onques de riens li faussai
Ja n'i puisse je recovrer !

45 Tout fin amant pueent douter
Qu'il ne les couviegne perir ;
S'amors en ma dame assambler
Ne fait pitié, merci venir,
  Que laist affeblir
50   Par soufrir,
Quar à ma dame m'os vanter,
Se loiaus drus joie sentir
Doit, qu'ele doit en moi doubler ;
Et s'onques de rien li faussai,
55 Ja n'i puisse je recovrer !

---

36 N *uis escoutes* (lisez *nis escouter*). — 42 Din. *roimer* (!). — 46 N *Qui ne*. — 49 N *afebli*. — 52 Din. *loiaus deus*. — 53 Din. *doubter*.

2.

Ms. C, 183 v°, coll. avec E, 141 v° et L, 188. Cette pièce, qui porte l'épithète « li couronnée », a été imprimée par Dinaux, *Trouv. flam.*, p. 283.

Ma bone fois et ma loiaus pensée
Me vient d'amors, jamais n'iert descreüe,
Por ce si chant sans faintise trovée,
Qu'en mon cuer n'iert ja faussetez meüe,
5 Quar ceste amors m'est de tel lieu venue
Dont ma valors en doit estre doublée,
Qu'à la meillor del mont est atornée.
Or doint amors, par sa douce puissance,
Que je serve tous jors en bone estance.

10 En moi norrist, jamais n'iert destornée,
La grans amors qui m'est el cuer creüe,
Que ma dame ne soit de moi douée
Ligement en amor vraie esleüe,
Que plus loiaus n'iert jamais voir seüe,
15 Quar qui bien sert, s'amors est amendée,
D'umilité est sa valors mueblée ;
En celui croist bontez, pris, honorance,
Qui sert amors en loial esperance.

2 Din. *descrevé* avec la traduction *descrite ! —* 4 L *Que mon. —* 6 EL *Ke ma. —* 7 EL *En la... s'est* (L *cest*) *at. —* 13 E *veraie elleuee. —* 17 Ms. *valors* (au lieu de *bontez*).

Deus ! bone amor, mais chier m'iert comperée
20 L'esperance que j'ai et ai eüe,
Se par celi de qui m'est alumée
Ceste dolors n'est un pou rabatue,
Quar je sai bien que la mors m'est rendue,
Et non porquant, se c'est ma destinée,
25 S'ele le veut, quanques j'ai m'en agrée,
Fors por ce que je has sa mescheance,
Et se je muir, vis m'est c'est sa grevance.

A moi perdre seroit deshiretée
D'un suen droit serf, s'en seroit mains cremue,
30 Mais ja por ce par moi n'i iert moustrée
Deffentions, s'en servant n'est vaincue.
Merci li proi d'un cuer qui s'est de mue
Toz nes muez ; miens fu, or a donée
Sa force à li, mès de li n'est curée ;
35 S'ensi le laist estre sans retenance,
Sechier l'estuet sans autre recovrance.

Mais, bone amors, cui j'ai del cors fievée,
Par cui li cuers en a faite l'issue,
Par vous convient ma dame soit dontée ;
40 Por ce vous pri que ele soit ferue
De vos dars tant qu'à moi soit coneüe,
Et par son gré qu'ele doint à celée
Que jel serve sans ochoison faussée ;
Ensi aura li vrais cuers alejance,
45 Qui sans conseill remaint en grant doutance.

19 Ms. *De bonc*, EL *Hé bonc*. — 20 EL *et qu'ai*. — 24 L *se* manque.—
25 E *le ueust*. — 26 L *For ce por ce*. — 27 EL *Se je i muir*. — 28 L *En moi perdre*. — 30 Din. *tu iert*. — 33 E *Touz desmuez miens fu ore a donne*. — 35 L *estre* omis. — 36 L *sans nule*. — 37 EL *Vous bonc*. — 38 L *l'oissue*. — 41 EL *vo dart*. — 43 EL *Que la*. — 44 EL *li fins*. — 45 EL *sans ostel*.

Sagement va, sans estre aperceüe,
Chançon, là où ma dame en est alée ;
Di li, por Dieu, quant tu l'as encontrée,
Jehan Frumaus est suens sans repentance
50 A tos jors mais, se la mors ne l'avance.

46-50 Cet envoi manque dans L.— 47 E *Chanconeste, où ma d. est alée.*
— 48 Din. *De li.* — 50 Ms. *ne m'avance.*

3.

Ms. C, 184. — Imprimée par Dinaux, *Trouv. flam.*, p. 285.

Onques ne chantai faintement,
Adès ai esté fins amis,
Servi ai debonairement
Bone amor et ferai tozdis ;
5 Tos jors iere à li obeïs,
Quar je sai tout certainement
C'onques ne fui si ententis
Com je sui or, ne si espris,
S'en chanterai plus liement.

10 Cil sont de trop fol escient
Qui cuident que j'aie guerpis
Mes chans et ma joie ensement :
Non ai, tot autrement sui pris,

11 Din. *j'ai.*

Quar uns messagiers mout soutis
15 Me rueve estre jolis sovent :
C'est amors, qui tout m'a conquis ;
Por ce pens que j'iere esbaudis
De ses grans biens où mes cuers tent.

Maiz trop detrient longuement
20 Si bien, si en sui toz maris ;
Je criem qu'il ne viegnent si lent
Qu'ançois soie del mont partis,
Quar j'en ai si grant fais empris
Que tout par tot le cors m'en sent.
25 Hé dame, à cui je sui amis,
Quar soufrez que vostre mercis
Descende en moi par bon talent.

Douce dame, à cui je me rent,
Où mes cuers est del tout assis —
30 Non pas li cuers tant solement,
Maiz cuers et cors i ai tot mis,
Si que de moi ne sui saisis —
Or me faites alegement
Des maus dont je sui assaillis ;
35 Se c'est vos grez, bien vos plevis
C'onques n'i pensai faintement.

Tant ai souffert cest grief torment
Que toz li cors m'en est palis ;
Dame, se j'ain si hautement,
40 N'en doi pas estre plus despis,

21 Din. *crient*. — 24 Din. *sens*. — 39 Din. *se j'ai*.

De ce soit vostre cors toz fis,
Et si sachiez bien vraiement
C'onques ne fui faus ne faillis,
Ainz aim, dame, par tel devis
45 Que por nul mal ne m'en repent.

Avoés de Bethune, Guis,
Jehanz Frumaus ou jugement
De vous s'est mis sanz contredis,
Se cil doit estre recueillis
50 Qui toz jors sert entierement.

45 Din. *ne suis*. — 46 Din. a lu *suis* (p. *guis*), qui est incorrect et ne donne pas de sens.

VII.

LI TRESORIERS DE LILLE.

1.

Ms. E, 113 ; coll. avec G, 110 et L, 158 v°. — Imprimée par Dinaux, *Trouv. flam;*, p. 351.

Haute honors d'un conmandement
Me vient avec le nouveau tens,
Quant oisel refraignent lor chans
Et flors et verdure reprent,
5   Lors vueil joians chanter,
Car cil seut amander
Que amors retient feelment.

1 *Honor*. — 6-7 G *comender Celui qui retient finement*.

En mon cuer recort bonement
La merci que sui atendans,
10 Et par tans en serai tenans,
Se ma dame ne s'en repent
    De moi guerredonner ;
    Pramettre sans doner
Est pis que mort à fin amant.

15 Ja la dolor que mes cuers sent
Ne sentira nus faus amans,
Car la douçors est si plesans
Dont la haute mercis descent,
    Qu'en faussement amer
20   Ne puet nus savorer
Les biens ne les maus qu'amors rent.

Loing de ma joie sui souvent,
Car trop redout les mesdisans,
Et nepourquant moult sui joians
25 Quant de cuer et de pensement
    Sui avec la nonper
    De gent cors, de vis cler
Et de tout bon enseignement.

---

8 L *reticng*. — 9-10 Finales en *ant*. — 10 L *par tant*. — 16 Din. a lu *sans amant*. — 20 Din. *mis* (p. *nus*). — 25 Ms. et Din. *noper*. — 26 Ms. et Din. *cor et de v. cl.*

2.

Ms. C, 177 v°. — Coll. avec D, 46 ; E, 113 ; G, 111 ; L, 159. — Imprimée, d'après E, par Dinaux, dans les *Trouvères flamands*, p. 349, et dans Holland, *Chrestien von Troies*, p. 233-4. Dans C, notre pièce est attribuée à Guiot de Dijon ; dans D, à Chrétien de Troies. Une traduction en prose en est donnée par De La Borde, *Essai sur la Musique*, II, 201-202 (reproduite par Holland, l. c.).

Joie ne guerredons d'amors
Ne vienent pas par bel servir,
Car l'on voit souvent ceus faillir
Qui servent sans changier aillors ;
5   Si m'en aïr
Quant celi serf sans repentir
Qui ne me veut faire secors.

Voirs est qu'amors est grans douçors
Quant dui cuer sont un sanz partir,
10 Maiz amors fet l'un sol languir
Et les anuis sentir toz jors ;
      Bien os gehir
Que ne puis à amors venir,
En amors gist toz mes retors.

1 EGL *guerredon*. — 3 EG *ceus sovent*. — 9 G *sans faillir*. — 10 EGL *fet les siens*. — 11 EGL *toz jors soffrir*. — 14 EGL *Et en li gist t. m. r.* J'ai substitué *retors* (on peut aussi lire *recors*) à *secors*, que porte mon ms.

15 Li granz pris et li granz valors
    De la bele que tant desir,
    Sa biautez qu'en mon cuer remir,
    Ses clers vis, sa fresche colors
        Me font chierir
20 Ma mort bonement et souffrir
    Les maus d'amer et les dolors.

    La bele, des nonpers la flors,
    Ne faites vostre pris mentir
    Par trop merci contretenir,
25 Qu'ains que vos viegne deshonors,
        Veuil melz morir,
    Si n'aura en vos qu'acomplir,
    Ne riens ne feroiz à rebors.

    Ja n'iert perie ma labors,
30 Se fins cuers doit d'amors joïr,
    Mès je criem par trop haut choisir
    Ne soit mes guerredons trop cors ;
        Par son plesir
    Li proi de merci acueillir ;
35 Aumosne li ert et honors.

---

15 EGL *Li haut pr.* — Mon ms. a *douçors* ; ce mot se trouvant déjà v. 8, j'y ai préféré *valor*, leçon des autres mss. — 19-21 EGL *croir Ma m. et bon. s. Les m. d'amors.* — 25 G *morir.* — 28 EGL *Ne n'en ferez* (G fera) *riens.* — 29 EGL *Ja voir n'ert peris mes l.* — 30 D *puet.*

3.

Ms. C, 162. — Imprimée par Dinaux, *Trouv. flam.*, p. 354. — Le premier couplet est enlevé, on n'en découvre plus que les mots *chant et die*. — L'envoi final fait douter de l'attribution au Trésorier de Lille ; la chanson pourrait bien être celle désignée dans la table avec le commencement *Quant la froidure* et placée sous le nom de *Thomas Herier*.

[Premier couplet manque]

  Bien est drois qu'amors m'ocie
  Quant j'ai si très haut pensé ;
10 Bien sai qu'à moi n'afiert mie,
  Trop a hautéce et biauté ;
  Bien m'ont mi oeil engané,
  Qui tele amor ont choisie
  Dont je quit perdre la vie.

15 Onques n'est amenuisie
  Ma dolors, tos jors doublé
  Sunt mi mal sans nule aïe ;
  Tost li seroit pardoné
  S'un petit d'umilité
20 Trovoie en li ; tost garie
  Seroit ma grant maladie.

  Mout ai s'amor covoitie
  Et son gent cors desirré ;
  Mon cuer a en sa baillie

25 A faire sa volenté,
    Et del cors qu'ele a grevé,
    Ja n'iert qui li contredie,
    Qu'ele en a la seigneurie.

    Sa très douce compagnie
30 Et son gent cors mout amé
    Aim tos jors sans trecherie
    Et en bone loiauté,
    Mès n'est mie par son gré
    Que je l'aim, ja n'iert haïe
35 De moi, mès tos jors servie.

    Tresorier, tout abouté
    Voi le siecle en vilenie,
    Mès biens en vos monteplie.

31 Ms. *Aï*. — 37 *Voit*.

VIII.

PIERES LI BORGNES DE LILLE.

1.

Ms. C, 173 v°. Coll. avec B, 139, D, 76 v°, G, 185. — Imprimée
négligemment, dans Dinaux, *Trouvères flamands*, p. 352.

Li louseignols que j'oi chanter
Sor la verdure lez la flor,
Me fait mon chant renoveler,
Et ce que j'ai en bone amor
5 Mis cuer et cors sans nul retor ;
Et cele amors me fait penser
A la plus sage, à la meillor
Qui soit, dont ja ne partirai.
Hé Deus, Deus, Deus, j'ai au cuer
10 Amoretes, s'AMERAI.

1 B *roisignors*. — 2 BDG *En* (ou *ens*) *la*. — 6 B *A cele*, D *Et tele*. —
7 G *A la pl. bele*. — B *et la m.* — 8 D *n'en p.* — 9 BG *Deus li dous deus*.

S'amerai et vueil eschiver
A mon pooir tote folor ;
Puisqu'amors veut à moi doner
Cuer de beer à tele honor,
15 Ja por painne ne por dolor
Que il me conviegne endurer,
Ne requerrai ne nuit ne jor
  De li servir, par m'ame.
Deus, ele m'a, ele m'a, ele m'a,
20 Deus, ele m'a, MA DAME.

MA DAME, cui je n'os nomer,
Mis m'avez en joie greignor,
Quant vo debonaire vis cler,
Vo regart, vo fresche color
25 Puis remirer et vostre ator,
Que se de France coroner
A roi ne tenir à seignor
Me vousist on tot à mon gré.
  Merci, merci, douce amie,
30 Je vous ai tot mon cuer DONÉ.

DONÉ loiaument, sans fausser,
Le vos ai, dame de valor,
Si me font cremir et douter
Li envieus losengeor,

---

11 Ms. *Jamerai*. — B *eschuir*. — 12 D *mon voloir*. — 13-14 B *Puis qu'a-mors m'ait* (= m'a) *à ceu meneit Con de penseir à tele dolour*. — 18 G *li partir*. — 19-20 Je m'abstiens de débrouiller ce refrain qui varie dans les mss. ; je donne la leçon de D. — 22 B *en joe en badour*. — 23 G *Que vo*. — 24 B *Mir et vos fr. c.* — 25 B *Muez ains remirer v. a.* — 26 B *K'estre de Fr. coroneis*. — Ms. *Quest sc.* — 27 B *Rois ou esleü ou s.* — 28 B *Miez me vauroit (vanroit?) asseis an greit*. — Omis dans D. — 29 BG *douce dame*. — 33 B *Mais trop me font cremir douteir*.

35 Cui Deus mete en male tristor,
Qu'à vos ne me veuillent meller ;
Mès ja n'en querrez menteor,
Bele, se Dieu plaist, cui j'en proi.
Sanz cuer sui, deus en a ma dame,
40 Sanz cuer sui, deus en a od soi.

Od soi est mes cuers, que sevrer
Ne s'en porroit por nule error,
Car tot si con m'oez conter
De Fortune qui à son tor
45 Met l'un bas et l'autre en richor,
Puet ma dame de moi joer ;
S'aurai à son plaisir langor
Ou santé, s'en li est pités ;
Douce [dame] saverousete,
50 Vos m'ocirez se vos volez.

35 B *Deus les peust metre à grant dolour.* — 36 B *Ki moi et vos veulent m.* — G *me puissent.* — 37 B *Ne ja ne croira m.* — D *ne querrez,* G *n'en crerés.* — 38 BG *Se D. plaist, dame.* — 41 B *O soi mes cuers qui retorner.* — G *mes cuers, desevrer.* — 42 B *por nul lasour.* — 43 B *Car ja (= j'ai) sovent oït sonteir.* — G *Tot ensi con m'oez c.* — 44 B *Ke f. ki fait s. t.* — 45 B *L'un met an ris, l'autre an tristour.* — 48 B *Ou mersit s'an li a piteit.* — 49 B *Hé douce baiselete,* G *Hé douce damoisele.* Pour parfaire le vers de huit syllabes, qui me paraît convenir ici, j'intercale le mot *dame*.

IX.

JAQUES DE DAMPIERRE.

1.

Ms. M, 13 v°. Imprimée dans Dinaux, *Trouv. brab.*, p. 387.

  Cors de si gentil faiture
   Que par regarder
  Fait tel c'onques n'en ot cure
   Par amours amer,
5   Me fait si penser
  A sa très douce figure,
  Que de riens n'ai tel envie
  Com d'avoir sifaite amie.

5 Dinaux a sauté le mot *fait*.

Pieça qu'à cuer n'oi pointure
10   Qui maus endurer
Me feïst tieus com j'endure,
    N'en amours entrer.
    Or ne puis muer
Que je n'aimme en aventure
15' D'atendre à si douce vie
Com d'avoir sifaite amie.

Je n'en puis mais s'en ardure
    Sui de desirrer
Si faitisse creature,
20   Que nus rien noter
    N'i puet ne trouver
Qui torner puist à laidure.
Pour ce rien tant n'estudie
Com d'avoir sifaite amie.

16 Din. *Comme*. — 18 Ms. *desirrier.*

2.

Ms. M, 14. Imprimée, les 3 premiers couplets et l'envoi, dans Dinaux, l. c. p. 388.

D'amours naist fruis vertueus,
Plains de grace et de delis,
Secours as cuers besongneus,
Très honnorables proufis,

2 Ms. *graces*. — 3 Din. *a cuers*.

5 Vouloirs de tout visce eschis,
   Cause de parfaite joie,
   De bonne esperance avis ;
   Et quant de tout ce sui fis,
   Pourquoi donque n'ameroie ?

10 Se très dous fruit gracieus
   Est venus desirs acomplis
   Entre les cuers amoureus,
   Quant l'uns s'est en l'autre asis ;
   De ce vient douce mercis
15 Dont fins amis se cointoie ;
   Moult est à droit point cueillis
   Quant nulle fois n'est blesmis,
   Mais en droite honneur verdoie.

   C'est biaus secors et grans preus
20 A tous fins loiaus amis,
   N'il n'est nus tant pereceus,
   Puis qu'est d'amors acueillis,
   Qui ne soit gais ne jolis
   Plus que dire ne sauroie ;
25 Tous visces het et mesdis,
   D'amour est ainsi nourris ;
   Qui bien n'aime, trop foloie.

   D'amour m'est u cuer li neus
   En loial desir confis,
30 Qui me conforte en tous leus,
   Par espoir dont sui saisis ;

5 Din. *esclus.* — 9 Din. *donc.* — 10-11 Ces vers sont altérés et le second trop long ; peut-être l'auteur a-t-il écrit : *Si très dous fruis gr. Est venus* (devenu) *desirs complis,* ou bien, car le verbe *complir* est insolite : *De si pous fruit gr. Est li desirs acomplis.* — 15 Din. *fine amis,* — 19 Ms. *biau s. et grant.* — 25 Din. *vistes.* — 30 Ms. *lieus.*

Et se s'est haut mes cuers pris,
Où par raison n'avenroie,
Tout ce fu sus amors mis,
35 Et s'il m'en estoit de pis,
Humblement le soufferroie.

Mès, très dous cuers savoureus,
D'exellent noblece eslis,
Peuture aus vrais familleus,
40 Fine biautés, cuers rasis,
Regars amoureus soutis,
A qui li miens cuers s'apoie,
De vo vouloir sui souffis ;
Ainçois soie je fenis
45 Que vous truissiez qu'autre soie !

Par amours mon chant envoie,
Si voil que il soit oïs
De la belle à qui ravis
Est mes cuers où que je soie.

34 Ms. *Mais tout ce.* — 38 Ms. *Diexellent.* — 47 Ms. *Se mot quil ;* Din. *Se met.*

X.

LAMBERS LI AVULES.

Pastourelle. Ms. C, 100 v° (dans la table, la pièce se trouve indiquée sous le nom de Jean Erart). — Imprimée dans Bartsch, *Rom. et Past.*, p. 246.

L'autrier quant jors fu esclarchis,
Au repairier de Saint Omer,
Oï delés un plaisseïs
Une pastorele chanter,
5   Qui les berbis ot à guarder.
Deus ! tant li plot....

5 *Oï lés*; Bartsch, pour suppléer à l'insuffisance de la mesure, met *les une pl.*, ce qui me semble inadmissible. — 5 *Et berbis*; Bartsch corrige *Ele berbis*. — 6 Les quatre syllabes finales manquent.

« Perrin », ce a dit Beatris,
« Trop mi laissiez vos seule ester. »
Perrin quant soi regreté,
10 Sachiez, mout en fui esjoïs.

Vers la pastorele guenchis
Por acointier et por parler ;
Ele ne prisa tant mes dis
Qu'ele me deignast esguarder,
15 Maiz tant dist pour moi ramprosner :
« Fuiés de ci, laissiez m'ester,
« Ja por vous ne sera guerpis
« Perrins, que je doi tant amer,
« Ja nul jor de vostre aé ;
20 « Musart vos voi et abaubi. »

— « Bele, la gelée et la nois
« N'est pas santez ne garison,
« Je vos donrai chapel d'orfrois
« Et bone cote et peliçon. »
25 — « Sire, j'aim' mieuz pain de tremois,
« Que ja chevalier ne borgois
« N'amerai se mon bregier non,
« Trop mi faites le Champenois,
« Voir dit, si dit verité,
30 « Qui dit : male gent sunt François. »

---

8 *Vos* manque. — 9 *Perrins*. — J'ai copié sur le ms. *sot regreter ;* Bartsch y a lu *sot reter ;* je ne puis, pour le moment, vérifier lequel de nous est dans le vrai ; en tout cas, j'ai cru devoir préférer ma correction à la sienne qui porte : *Perrins, quant s'oï rete*, S., m. en FU esj. Ce sont, selon moi, les reproches adressés à Perrin qui ont enhardi le narrateur à aborder la pastourelle. — 11 *guenchi*.

— « Bele, dont vendra li defois ?
« Je n'i voi bregier ne garçon,
« Jel vo ferai sor vostre pois,
« Ja n'i aura deffention,
35 « Ne ja adonc gré n'en auroiz. »
— « Biaus sire, ce n'iert pas des mois,
« Ne sui pas en vostre prison.
« Or demorez, quar je m'en vois ?
« Perrot, Guiot et Hardré !
40 « Or çà ! où sunt vo compaignon ? »

Perrins en a oï la vois,
Quatis ert delés un buisson.
Adonc en ist, sailli trois sois
Et deus fossez à un baston.
45 Qui donc veïst par ces marois
Bregiers venir, çà deus, çà trois,
Chascuns en sa main un baston ;
A Beatris vienent tot droit.
Atant es m'en vos torné,
50 N'i vosisse estre por Mascon.

41 *Puis en ai oi*; j'adopte la correction de Bartsch. — 42 *ert les*; B corrige *ere les*. — 43 *en sailli*; B corrige *en sailli a tr. s.* — 44 Baston revenant au v. 47, il faut peut-être corriger *randon*.

XI.

GERARS DE VALENCIENNES.

Jeu-parti copié d'après A, texte de Brackelmann (*Herrig's Archiv*, XLIII, 357), sous la rubrique *Gerairs de Valaisiene*; coll. avec D, fol. 86, où il ne porte pas de nom d'auteur. — Imprimé dans Dinaux, *Trouv. Brab.*, p. 310.

Sire Michiés, respondés,
Un jeu parti vos demant,
Et par raison me moustrés
Que vaut mieus à fin amant :
5   Ou savoir le cuer s'amie
K'il aime sans tricherie,
Ou elle seüst de voir
Tout son cuer et son voloir ?

4 D *Ki vaut*. — 7 A *seux* (p. *seust*).

— Gerars, tous sui porpensés
10 De respondre maintenant.
Moult seroit bien eürés
Qui sauroit lor covenant
Et lor cuers, n'en doutés mie ;
Por ce est tote sa vie
15 Fins amans en desespoir,
Ke lor cuers ne puet savoir.

— Sire Michiés, bien savés,
Teus aime tout son vivant
Ki ja ne sera amés ;
20 De sa mort savoir avant
Est ce très fole aatie,
Puis k'esperance est faillie ;
Ke sans fin se doit doloir
Ki sert sans atente avoir.

25 — Gerars, bien est verités
K'à tort faillent li auquant ;
Por c'est fins amans grevés
Ke toutes font lor talant,
K'il n'est nule, coi c'on die,
30 Ke femme est de tel baillie
C'à envis fait percevoir
Ce que plus vodroit veoir.

11 Din. a mis *euriés*; le texte, selon son orthographe particulière, a *eureis*. — Le ms. D., d'après un idiotisme de syntaxe bien connu, donne *boins eürés*. — 15 A *deespoir*. — 16 D *le cuer n'em*. — 19 A *Ki jai ne serait*; Dinaux, ne comprenant rien aux particularités orthographiques du ms. de Berne, commet le non-sens : *Ke j'ai ne seroit*. — 20 D *De samor*. — 21 D *trop fole*. — Din. *a aitie* (!). — 23 D *Car sans*. — 24 Din., contrairement au ms. et au sens, *sers*. — D *sans merchi*. — 27 D *mains amans*. — 28 D *Ki covers ont lor t*. — 29 D. *ki les die*. — 30 D *Car femme*. — 32 D *Cele que*.

— Sire Michiés, entendés
Ma raison et mon guarant :
35 S'ele set ses volentés
Et li cuers n'en va doutant,
Puis ke n'i voit fausserie,
Plus tost vers li s'umelie ;
Loiautés puet mout valoir
40 Et dur cuer faire amolloir.

— Gerars, s'à ce vos tenés,
Un peril i a mout grant :
Cuers de femme est tost tornés ;
Quant elle va percevant
45 Qu'elle est finement chierie,
Lors moustre sa signeurie
Et plus sovent fait paroir
Son dongier et son pooir.

— Sire Michiés, par boidie
50 Maintenés ceste folie,
Car tost voriés remanoir
Se biens n'en devoit cheoir.
— Gerars, la vostre partie
Iert par raison forjugie,
55 Car tost ont et blanc et noir
Lor cuers mis en decevoir.

34 A *guerant*, Din. en a fait *gaerant*. — 35 D *Set ele ses*. — 36-37 D *Et son cuer et son talant Puis ke n'i voit fausetés* (contraire à la rime). — 37 A *Pues kelle ni*. — 40 A *cuer* omis; au lieu du terme *amolloir*, qui est en effet suspect, D donne *esmovoir*. — 45 A *amée* (contraire à la rime); j'ai corrigé d'après le ms. D. — 48 D *dangier*. — 50 D *ceste arramie*. — 51 A *voreis*, D *vauries*. — 52 A *bien*, D *riens*. — 55 D *tot ont*.

XII.

PIÈCE ANONYME.

(JEAN DE CONDÉ ?)

Bibl. Nation. de Paris, mss. franç. 1446, fol. 206-v° 207.

    Je me sui longuement teüs
    Que par moi n'est ramenteüs
    Biaus mos. Savez par quel raison ?
    Pour ce c'uns hom pert sa raison
5   En biaus mos conter et reprendre,
    C'on ne voit nului tant aprendre
    Que le bien en son cuer atraie
    Et de mal faire se retraie,
    S'est li siecles teus devenus
10 Que nus n'iert ja mès bien venus
    S'il ne set fauvain estrillier.
    Pour ce me voel appareillier

Pour savoir se faire le sai,
Car onques n'en fui en l'assai,
15 Mès tout li dit que j'ai repris
Ont les malvès leur maus repris,
Sans grant ne petit deporter,
Car je lor cuidoie enorter
Le bien faire et le mal laissier,
20 Mès je n'en voi nului plessier
Son cuer pour conte ne pour dit,
S'ai tout perdu quanque j'ai dit
Pour yaus remetre en boine voie ;
Ne voi nul qui volentiers voie
25 Celui qui son mal li reprent;
Car li dyables si esprent
Lor cuers et fait si obscurcir
Que de plus plus fet endurchir,
Pechié en yaus et amonter,
30 Car qui lor voelt biaus dis conter
Pour donner de bien faire exemple,
Bien puet dire qu'il sert au Temple.
D'autre part, s'aucun biel dit conte
En hostel de roi et de conte,
35 Où de plusours gens a grant masse,
Chascuns s'i assamble et amasse,
Quant j'ai commenchiet à conter,
Car il me voellent escouter.
Se je parole de proëche,
40 Li couart, li plain de pereche
En orront envis la parole ;
Se de courtoisie parole,
Au vilain cuer, qui n'en a cure,
Samblera la parole obscure ;
45 Se je parole de larguece,
Li aver plain de grant riquece
D'autre part les chiés tourneront,

S'il osent, si destourneront
Mon dit, qui leur desplaist forment,
50 Et au cuer en ont grant tourment ;
Se je voel blastengier envie,
Li malvez dont elle est servie,
Li mesdisant de pute orine,
En aront vers moi grant corine ;
55 Se losenge voel blastengier,
Si me harront li losengier ;
Se je di bien d'aucun prodoume,
Li mesdisant, ce est la soume,
Ne seront pas de mon acort,
60 Ains mesdiront de mon recort
Et y vorront mettre du sel,
C'on ne puet en yaus trouver el
Que ce qui leur vient de nature ;
Se je parole de droiture,
65 Baillieu, prevost et tele gent
Qui maintes fois prennent l'argent
As povres gens par desraison,
En orront envis la raison.
Ensi ne veut oïr retraire
70 Nus chose qui li soit contraire,
Mais qui voelt grace recouvrer,
A placebo l'estuet ouvrer,
Ensi commencent les vegilles.
Se je ne vous di evangilles,
75 Je ne vous puis dire plus voir :
Qui voelt au jour d'ui grasce avoir,
Serve chascun à son plaisir,
Ou il li venroit mieus taisir.

78 Ms. *le* p. *li*.

Car verités ne vaut mès rien,
80 On n'uevre pas de tel mairien.
Verités est toute affolée,
Car losenge l'a si foulée,
Et faussetés, c'est vraie chose,
Que ja mais demoustrer ne s'ose ;
85 Tournée est à desconfiture.
Encore dont dist l'escriture
Que verités ne quiert nul angle,
Mès losenge au jour d'ui l'estrangle
Et li tient le piet sous la geule.
90 Grant seigneur sont près tout aveule
Du cuer, ce di tout en apert,
Car par lor deffaute se pert
Verités, bien est apparant ;
Bien en trouveroie garant,
95 Se plus avant dire en voloie.
Je me tairai, car cil foloie
Qui seus vuet tenir un usage ;
Ne voi si vaillant ne si sage
Qui les losengiers trop ne croie ;
100 Poi voi nului qui s'en recroie ;
Ce est au jour d'ui la maniere
Qui plus est par le mont pleniere ;
Coment dont le porroie abatre ?
Souvent me convenroit combatre
105 Et as plusors avoir descort.
Je devenrai de leur acort
Et muerai mon viés usage,
Si arai souvent avantage,
Et bien croi teus me fera fieste
110 Qui d'autre part tourne sa tieste
Maintenant quant devant lui vieng.
Voires, se losengiers devieng,
Estre puet qu'au siecle en ferai

PIÈCE ANONYME.

   Mon pourfit, mès je mefferai
115 Envers Dieu, ce conois je bien.
   Mieus vaut que j'anonce le bien
   Ensement que je l'ai empris,
   Et des malvès soie repris,
   Que à leur volenté feïsse
120 Et encontre Dieu meffeïsse ;
   Pour ce, qui a aucun penser,
   Boin y fét après repenser
   Et tous jours le meillour tenir.
   Pour ce me vaut mieus maintenir
125 Mon pourpos de verité dire.
   Se plain en sont d'anui et d'ire
   Li mauvais, n'i doi force faire,
   Car je n'i cuic de riens meffaire ;
   Et bon gré savoir m'en deüssent,
130 Se il d'iaus volenté eüssent
   D'amender ; mès n'en ont talent
   Et pour ce en sont il dolent.
   Mès li bon, pour exemple prendre,
   Sont liet quant il oient reprendre
135 Le bien, et pour yaus m'en vorrai
   Pener de quanque je sarai.
   Se li malvez aucune fois
   En font lor gas et lor buffois,
   Encor puet bien estre que tés
140 En ert de mal pourpos jetés,
   Si arai moult bien employé
   Mon sens, que j'arai desployé
   A lui enseignier et estruire :
   Qui en un seul porroit destruire
145 Le mal, s'il s'i ert atachiés,
   Je tesmoing, et bien le sachiés,
   Qu'il aroit fet boine journée
   Puisque il aroit destournée

Sa volenté de mal à faire.
150 Or me laist Dieus si mon affaire
Mener qu'autres à moi apreingne
Le bien et à tel fin me preingne,
Quant m'ame ert de mon cors partie,
Qu'il le retiegne à sa partie.

XIII.

LAURENT WAGON.

LE MOULIN A VENT.

Ms. 12615, fol. 211, col. D.

L eurens Wagons a en couvent
Qu'il fera un molin de vent
En la rue dame Sarain,
Mais n'i aura bauke ne rain
5 Ne soit faite d'un menteeur
Plain de truffe ; fors menteeur
Ja n'i aura autre mairien.
Saciés que jou n'en ment de rien
Ains vos di pure verité ;
10 Nus ki ait foi ne loiauté
Ne viegne maure à cel molin,
Mais li cuivert faus de put lin

6 Ms. *fort*.

Ki le siecle vont decevant,
Cil aront l'avantage avant :
15 D'aus ert li molins soustenus
Por çou que foi n'i trueve nus.
Onques de çou nus ne se douce
Ke sire Uistasses Travelouce,
Par foi, ne soit moult bone estake ;
20 En lui puet on faire une atake
Ausi bien k'en une buhote :
Il a tous jors plaine la hote
D'une fausse parole vaine ;
Ja n'ert pris en si bone vaine
25 C'on le puist croire par raison
C'un peu n'i ait de traïson ;
Encore ait il pance farcie,
Poise il moult mains d'une vessie.
Or nos covient faire une suele
30 Ki bien puist soustenir le muele ;
Je croi que Wibers Caukeseus,
Par foi, la soutenra tous seus ;
A l'eslire n'ai pas failli :
Encore voist il à Wailli,
35 Set il le voie à Mentenai,
Les noveles oï en ai.
Or me couvient faire une arcure
De celui qui a mis se cure
En mentir très çou qu'il fu nés ;
40 Je cuit je sui bien assenés :
Çou est Estevenes de Monchi ;
Hé, Deu, j'ai ja de sen vent chi,
Quant près de lui sui acostés,
Je muir de froit en mes costés :

18 Ms. *sires wistasses*.

45 Blans est dehors, blans est dedens.
    Or nos covient faire les dens
    Par quoi li ruee puist torner,
    Mais je croi, por bien faumoner
    Qu'il n'ait voir son parel el mont
50 K'en Perron de Bauduiemont :
    C'est li drois sires de Blangi,
    Faussetés l'a pieça sougi.
    Or m'estuet faire une clapete
    De celui ki tous tens papete
55 Tout ensement com li papoire,
    S'est plus merdeus d'une clapoire :
    C'est Englebers li papetere,
    Je n'en sai nul de se matere,
    Se lanwe ne puet estre coie ;
60 Li molins fait de lui grant joie.
    Por bien soufler fu en cuisine,
    U en cornet ou en buisine,
    En orghene, en muse u en fretel,
    Ne ruis cangier Jehan Bretel ;
65 Plus set d'engien que ne set loutres :
    De lui vaurai faire les tourtres.
    Jou ai pieça jeté me ligne
    Ens en le mote De le vigne,
    A celui au magre musel :
70 S'en vaurai faire le fusel.
    Poiniles ert Pieres li pautres,
    Ja en son lieu n'i sera autres.
    De Willaume as Paus ferai arbre,
    N'a si menteur dusqu'en Calabre :
75 Il n'a voisin qui le puist croire
    C'onques desist parole voire.
    Et sire Mahius li anstiers
    Set de Blangi tous les sentiers ;
    Cil qui counoissent sen afaire

80 Vauront de lui tremuie faire ;
De Blancandin set cent quaers,
Au mentir s'est tous jours aers.
Saciés que Pieres de Warluis
Ert puelie deseure l'uis
85 Et por sakier le blé amont ;
De mentir n'a sen per u mont.
Or vos en vuel quatre nomer
Qui, s'il estoient en la mer,
Cascuns au col une grant pière,
90 Par le foi que je doi saint Piere,
Li vens les a si amoiés
Ja nus d'aus n'i seroit noiés.
Li uns est Herbers de Betune,
Tous li vens en son cors aüne ;
95 Robers Bocons est ses compains
Et sire Sawalés Durpains,
Simons Faveriaus li liefrus,
Cil rest bien en lor cuing ferus.
De ces quatre vaurai faire eles ;
100 S'il ne sont boin, moi refuseles,
Jou n'en sui mie en vo dangier
Ke jou nes sace bien cangier.
S'on ne me tenist por musart,
G'i mesisse Robert Nazart ;
105 Çou est uns vens qui tous jors soufle.
Au point k'il a caucié se moufle,
Me sanle bien offisiaus,
De blanke cire est ses seaus ;
Ki ke de lui manecié m'ait
110 De lui vaurai faire le mait
Por le farine recevoir ;

105 Ms. *jor*.

Bel set le monde decevoir.
Andrius Wagons ert li rastiere,
Car il set bien tenir estiere
115 De mentir quant vient au besoing;
C'est uns hom que je mout resoing :
Quant plus jure grant sairement,
Dont sui jou bien seürs qu'il ment;
A sen oes est grans destourbiers,
120 Il a passé tous les erbiers
Ki mainent desi à Paris;
Souvent me fait un si faus ris
Au parler sanle une pucele,
S'est plus poignans qu'une estincele.
125 Henris Wagons ert alerons
De coi le frine amasserons;
Cil vente bien, ce fait jounece,
U sotie qui trop le blece.
Sire Jehans de le Fontaine,
130 Ja n'est si haute quarantaine
Feste, bons jours ne diemence,
Ke tout adès ses cors ne mence;
Au parler sanle uns apostoiles,
Et si croi bien que sour ortoiles
135 Ne passast ainc si fors traillieres,
Se n'est Wistasses li tailleres,
Mais cil set trop d'astronomie :
Wistasses ne se doute mie,
Quant il passe sieré le bos,
140 Tant i ait arbres ne halos,
Qu'il ne cuit tout de fi savoir
Quantes fuelles i puet avoir.
Cil doi ventent bien par raison,
S'en vaurai faire le maison
145 De coi li molins ert covers
Ke mal n'i face li ivers.

Or me covient faire le keue
Ki le molin du vent reskeue
Quant il ert u plus grant tourment.
150 Se li estoires ne nos ment,
On dist qu'en païs n'en contrée
N'a tant... com en l'Estrée,
Blankes gens i doivent manoir,
Li rente lor vient d'oir en oir ;
155 Loiautés lor est si amere,
Très çou k'il furent né de mere,
Ens en lor cors n'en entra point ;
Cil tenront le molin à point.
Ermenfrois sera li mausniers
160 Et sires Bauduins asniers ;
Çou est droiture de molin,
Manoir i doivent bauduin.
Or vaurai faire une plumete,
Ki le molin au droit vent mete ;
165 C'est de Willaume Faverel :
Cil set bien tendre le musel
A tous vens, ce saciés sans doute,
Cest offisse pas ne redoute.
Saciés, maistre Adans de Vimi,
170 En sen ostel ainc ne vi m'i,
Et si m'en proie mout sovent,
Mais li proiere ele est de vent ;
Cil cui il fait plus grant soulas,
Quant est keüs entre ses las,
175 Autant trueve de foi en lui
Com li oiseaus fait en le glui ;
Maistre Adans por nule vergogne

---

152 La lacune n'est pas indiquée dans le ms. ; je suppose qu'il faut la remplir par *de vent*.

Ne laisse à faire le besoigne
D'un home, encore ait il grant tort,
180 Preuc qu'il li face grant aport.
Et ki droit a s'il ne li done,
C'est Wautelés Eskitezoune ;
De lui vaurai faire atemproire,
Por çou ke nus ne le puet croire.
185 Un carpentier nos covient faire,
Ki no molin face refaire
Quant li vens l'aura craventé ;
J'en counois un qui a venté
Très çou qu'il vint en cest païs ;
190 Il est trop de mauvais haïs,
Mais li boin le doivent amer,
Por çou qu'il puet en haute mer
Juer as bares sans moillier ;
Forment me puis esmervillier,
195 On dist que c'est li grans baillius,
Qui des mauvais fait les alius
En son païs, droit à Viler ;
Les gens n'i fait fors que giler.
On dist que sire Bertremieus
200 Çou est li hom qui vente mieus
De trestous ciaus que je ci nome,
Je croi bien k'el molin n'a home
Qui tant sace barat ne ghile
Com Bertremieus de Dajenvile ;
205 De lui vaurai faire estandart,
Car il blangist et tempre et tart.
Gosses de Monci ert cevaus,
Bien set monter et mons et vaus ;
Encor soit il espavigneus
210 N'est il mie mains desdaigneus.
Henris Castelés de Lahors,
Cil portera le blé tout hors ;

>   Entre lui et Henri au Pié
>   Erent adès ens u markié
> 215   Et por atendre le voiture
>   Por coi il prenderont meuture...

216 La pièce paraît inachevée.

XIV.

PIÈCE ANONYME.

LA PRISE DE NUEVILE.

Bibl. Nat. de Paris, Ms. fr. 12615, fol. 213-214.

Siggeur, ore scoutés, que Deus vos sot amis,
Van rui de sinte glore, qui en de croc fou mis.
Assés l'avés oït van Gerbert, van Gerin,
Van Willaume d'Orenge, qui vait de cief haiclin,
5 Van conte de Bouloigne, van conte Hoillequin,
Et van Fromont de Lens, van son fil Fromondin,
Van Karlemaine d'Ais, van son pere Paipin ;
Mais jo dira biaus mos qui bien dot estre en prins ;
Li ver i stront bien fat, il ne sont pas frurins,
10 Ains sont de bons estuires, si com dist les escrins.
Ce fu van rovison, qui de tans fu suerins,
Que d'alusete cante van soir et van matin.
Le los ele est kiie, ce fu à put estins,
Pour aler sour Noevile le custel asalir.
15 Le vile sunt stoumie, là jus en ce gardins,
Flamenc se sont sanllé plus de tros fies .xx.

Maquesai Kaquinoghe et se niés Boidekin,
Et Hues Audevare et Simon Moussekin,
Riquejore du Pré et Wistasse Stalin,
20 Et Vinçant de larbier, .i. autre Roëlin ;
Et si vint Esconart courant sor se patin,
.I. autre Sparoare, Gilebert Dierekin,
Et tout le bocardent cascun dist esquietin ;
Si fu escavecant Willaume Scovelin,
25 Et si fu Hondremarc, .i. autre Claiequin ;
Que parent de Quemuze et que larmant cousin,
Il furent bien tros mile, ce tesmoigne l'escrin.

Simon Banin warla, ce fu le plus vailant :
« Siggeur, ore scoutés, por Dieu de rui amant,
30 « Van rui de sinte-glore qui nasqui Biauliant.
« Le los ele est kiie, ce sevent le laukant,
« Pour aler sour Noevile orendrot mintenant ;
« Va là de blanquecluque qui dist babin balant.
« Je vaura mi prover encore anqui min brant,
35 « Jou l'a fat froubeter, assés stront plus loisant
« Que ne soit .i. cristal encoste .i. laïmant,
« Wi ce jor ert sauvé l'oneur de Tisterant,
« De frere de S. Jake à ce caperon grant,
« Il ont pieça surti, il de troevent lissant,
40 « Jou sera eskepin ains feste S. Joant. »

Bauduins Makesai en warola pramiers :
« Par foi, Simon Banin, dont ne stront jo vo niés
« A .iiij. liues près, ke de fi de sacies,
« Here Fromont de Lens, qui tant ot le cors fier,
45 « Fu le cousin larmain min parastre Wautier,
« Jou sera de vins homes, se m'i volés aidier. »
Et respondi Banin : « Je ne vous nuira nient,

« Alés à vo nostel, moult bien vos parelliez,
« Cascuns se voist douber à wise de valier. »

50   Willaume Mordenarc warla premierement :
« Par foi, Simon Banin, ja stront jou vo parent
« A .xij. liues près, jo le sa vraiement,
« Vrouwe Eisse, vo nante, qui tant ot le cors gent,
« Fu cousine larmaine min parastre Hersent,
55   « Nos intrames ensanle par purte de Meulens,
« Alueques vos dona bon fromage flamenc
« Et de min pot de bure vos neustes plain vo dens,
« Jou le vos ramentos, n'est mie provemens,
« Jou sera de vins homes, se vous vient à talens,
60   « Jou sa bien eskiever, si wardera d'argens,
« Je warde de pusterne et quan k'il i s'apent,
« La stront min iretage et tout min casement. »
Et respondi Banin : « Tout à vostre talens. »

    Simon Banin warla, ce fou le plus sané :
65   « Siggeur, pour amour Dieu qui en croc fu pelé,
« Quant Joïs le feri van lance de costé,
« Jou vous pro et commant qu'alés à vo nostel,
« A wise de valier se voist cascun douber
« Si que de grant bailon nous puist tos savor gré ;
70   « Wi ce jor ert l'honeur de Tisterant sauvé ;
« Ces useriers poiant ert ariere boité,
« Jou sera eskepin, jo le sa par virté. »
Bauduin Maquesai s'en est premiers levé,
Au plustost qui le pot s'en vint à sin ostel.
75   Il a fait Baielart sin ceval inseler,
Il vesti .i. ambas, ainc ne vistes se per,
Il fou de molekins, cascun plos fu sané,
De vorre et de quitons stront par dedens boité,

Ainc Deus ne fist saiete, tant fust bien barbelé,
80 Qui parmi lu de plos peüst l'outrepasser.
.I. bon capel d'infer a sor se kief framé,
Il a çainte sin spede van manefle custé,
Salouwart signié clere, li brans il fu ceré,
Quant il saque de foure, plus jete de clartés
85 Que ne fat de solier quant il loist en estés.
Une siele batiere fist Maquesai porter,
Il saut sor Baielart, qu'à d'estré ne sot grés,
D'un cordele de lins fu se .ii. piés loé ;
Je vo dira por coi, se savoir de volés :
90 S'aucon mousart venoit qui le volot horter,
Maquesai ne porot sans se queval varser.

Baiart fu ruveleus, si commence à haner,
Trestoute de grant rue en a fat retinter,
Çou sanloit une foudre qui de ciel fu versé.
95 Gommeline se feme se prist à porpisser :
« Amis Maquesai, frere, war devés vous aler ?
« Anuit songa .i. singe dont je sui bosoflé,
« C'une scoufle vinoit volant devers de mer,
« Qui me voloit me oes de me teste craver,
100 « Et dont revint .i. lourse, sin geule baielé,
« Se ne fu de haignon de Dius que j'ai pielé,
« Je croi bien vraiement de lourse m'eut voré ;
« Je vos pro, biaus dous singes, por Diu, que vous mourés. »
Et respont Maquesai : « Jamais le pisserés,
105 « Mi ne croi corcerié .i. denier moneé. »
Il fiert des porions, de frains abandoné,
Et Baielart li saut .iiii. piés mosuré,
Et Maquesai s'in est à sin huis si hourté,
Jou sa bien vraiement, qu'il en kia paumés.
110 Gommeline le voit, s'in a grant dol mané :
« Amis Maquesai, frere, min songe il est viéré. »

Quant Maquesai revint, si prist à porpisser ;
Il fait de capelier van Sinte Croc mander
Et cocus dominus avoec luis aporter,
115 Maquesai se vaura van pekié confesser.

De Maquesai lairai, de se grant baronie,
Si dira d'un farlet ù moult ot cortosie,
Il ot a non Oitin, à qui proëce agrie.
Il vint à sin ostel van de Flamengherie,
120 Il vesti en sin dos une bruille truillie,
Un broque de millier n'i poroit passer mie ;
Il a mis sor se quief .i. cuife wambesie,
De vorre et de cuitons i stront par dedens mise,
Ainc Deus ne fist saiete, tant fu bien barbellie,
125 Qui le puist amacier une poume pourie.
Il prist .i. fauquillon qui fu van Lombardie,
Sin la pris .i. bricuel qui fu van Hongherie.
Oitekin fu legier, si le sot d'escramie,
Il seut van dostrefort et pooir de bondrie,
130 D'une de main manefle a fait .i. croserie :
« A, Diu pere de glore, Sinte Mare d'amie,
« Wi ce jor me laissiés que puis salver me vie ! »
Il se va congié prendre à Wissebel s'amie.
Quant Wissebel le voit, forment en fu scourcie :
135 « War se gane, Oitin, ne me celés vos mie ! »
Et respondi Oitin van de grant los banie :
« A vos voel congié prendre, colés mi une fie,
« Sour saint vos juera, min fois vous nert plevie,
« Se Deus mi laist viner van custel de Noevile,
140 « Je vos embouzera van de pasques florie. »
Et Wissebel le blonde tos se bons les otrie,
Un mosniere li donc qu'à l'or fou brodellie,
Il ot ens skitoual, canovele, drugie,
Si leut ens graus d'escoufle, .iiii. nos mosquellie;
145 Et Wissebel le base par moult grant droerie.

Or ves larons s'ester du bon farlet Oitin,
Si vos volra conter d'un sage home Liépin,
Par de grant sens de lui cuide lestre eskiepin.
Il a fait inseler sin queval Walopin,
150 Il vasti en sin dos .i. sauberc doubletin,
Il a cinte sin spede qui n'est pas ruebelin,
Ains fu Salovart clere, dont de brant fu cerin.
Par un sele batiere sali sour Walopin,
Sin .ij. piés fist loer d'un cordele de lin,
155 En wise d'esporons s'a caucié se patins.
Uns sorisons commence, qui bien dot estre em prins :
« A ! Deus piere de glore, qui en de croc fu mis,
« Li joïs te pelèrent, le pautonier pullins,
« Ci com te fus à noces van sint Harcesaclins,
160 « Par sintes miroracle fesis van l'eve vins,
« Ensi com je le croc vraiement de cul fin,
« Si me laissés viner van custel de Noevil. »

Siggeur, ore scoutés, pour Diu de rui amant,
Van rui de sinte glore qui nasqui Belliant.
165 Quant le Flamenc se furent sanlé desor ce cans,
Damedeus i a fait .i. miroracles grans,
.I. esfoudre de ciel i va le jour kiant,
Et Wautier Nainmeri, qui fat de bon sargant,
Il porte un lariflume van de ven desploant,
170 Et Grardin le kiiere, qui l'aloit tulelant :
« Deus, com sont à masaise orendroit no cergant !
« Hue van Castelain il leut .i. fain si grant
« Il leüst bien mengnié en moille tro pain blanc...

(Inachevé.)

XV.

RAOUL DE HOUDENC.

1.

Le Songe d'Enfer.

Bibl. Nat. de Paris, Ms. fr. 837 (anc. 7218), fol. 83-86 ; coll. avec 1593 (anc. 7615).

En songes doit fables avoir ;
Se songes puet devenir voir,
Dont sai je bien que il m'avint :
Qu'en sonjant un songe me vint
5 Talent que pelerins seroie.
Je m'atornai et pris ma voie

Variantes du ms. 1593 et fautes du texte de Jubinal. — 4 *m'avint*.

Tout droit vers la cité d'Enfer.
Errai tant quaresme et yver
Que à droite eure i fui venuz,
10 Mès de ceus que g'i ai connuz
Ne vous ferai ci nul aconte
Devant que j'aie rendu conte
De ce qu'il m'avint en la voie ;
Plesant chemin et bele voie
15 Truevent cil qui Enfer vont querre.
Quant je me parti de ma terre,
Por ce que li contes n'anuit,
Je m'en ving la premiere nuit
A Covoitise la cité :
20 En terre de Desleauté
Est la citez que je vous di.
Ge i ving par un mercredi,
Si me herbregai chiés Envie ;
Plesant ostel et bele vie
25 Eümes, et sachiez sans guile,
Que c'est la dame de la vile.

Envie bien me herbreja ;
En l'ostel avoec nous menja
Tricherie, la suer Rapine,
30 Et Avarisce, sa cousine,
Vint avoec li, si com moi samble.
Por moi veoir toutes ensamble
Y vindrent et grant joie firent
De ce qu'en lor païs me virent.

8-12   *Tot le karesme et tot l'iver*
           Et tant errai qu'en anfer fui
           De çaus que en a conneü.

14 *bonne voie.* — 17 *m'avint.* — 23 Jub. *cité.* — 27-28 *Anvie avec nous menja En l'ostel bien me herbreja.* — 31 Jub. *si comme.* — 33 Mon ms. porte *Et vindrent*, 1593 *Il v.*

35 Tantost, sanz plus contremander,
    Vint Avarisce demander
    Que je noveles li deïsse
    Des avers, et li apreïsse
    Lor fez et lor contenemenz;
40 Si com chascuns de ses parenz
    Se demaine m'a demandé;
    Et je ly ai tantost conté
    Un conte qu'ele tint à buen,
    Quar je li contai que li suen
45 Avoient du païs chacie
    Larguece, et tant s'est porchacie
    Sa gent que Larguece n'avoit
    Tor ne recet ne ne savoit
    Quel part ele peüst durer ;
50 Ne le pot mès plus endurer
    Larguece, ainz est en si mal point
    Que chiés les riches n'en a point:

    Ce li contai, grant joie en ot,
    Et Tricherie à un seul mot
55 Me redemanda esraument
    Que je li deïsse comment
    Li tricheor se maintenoient,
    Icil qui à li se tenoient,
    Se le voir li savoie espondre.
60 Et je, qui tost li voil respondre,
    Li dis de son voloir un pou :
    Que Tricherie est en Poitou

35 *plus* omis par Jub. — 41-42 *Demande si lor demandai Et je maintenant li contai.* — 43 *qu'el tenoit.* — 44 *Quar* omis. — 45-46 Jub. *chacié : porchacié.* — 46 *s'iert.* — 49 Jub. *ele puet.* — 59 *l'en savoie.* — 60 Jub. *si voil* ; 1593 *tot li voel.* — 62 *Que tr. a un seul mot Justice est dame et contesse.*

SONGE D'ENFER.

    Justice, dame et viscontesse,
    Et a por prendre sa promesse,
65 En Poitou, si com nous dison,
    Ferme chastel de Trahison,
    Trop haut, le plus divers du monde,
    Dont Poitou siet à la roonde
    Toz enclos et çains par grant force.
70 Tricherie, qui s'en efforce,
    L'a si garni de fausseté,
    Qu'en aus n'a foi ne leauté.

    Ce respondi je Tricherie,
    Mès qui que tiegne à vilonie,
75 Je dis tout voir, n'en doutez rien,
    Quar des Poitevins sai je bien,
    Ceus qui connoissent leur couvine,
    Que de leur roiaume est roïne
    Tricherie, si com moi samble,
80 Qu'entre els et li trestout ensamble
    Sont de conseil à parlement.
    Adont s'en rist mult durement
    Tricherie et grant joie en fist,
    Et puis tout en riant me dist :
85 « J'ai toz les Poitevins norris :
    « Se il s'acordent à mes dis,
    « Biaus amis, n'est mie merveille. »
    A tant departi nostre veille,
    Chascuns à son ostel ala,
90 Et je, qui toz seus remez là

---

67 le plus plesant. — 68 est à la. — 69 Vers omis. — 72 El n'i a foi ne. — 73 je omis. — 75 di. — 77 Cil qui. — 78 en roïne. — 80 Vers omis. — 81 apertement. — 82 rit m. doucement. — 83 mout grant. — 87 Vers omis. — 88 A tant parti ceste v.

Avoec m'ostesse jusqu'au jor
Et l'endemain sanz nul sejor,
Levai matin et pris congié,
Et me mis au chemin, com gié
95 Avoie fet le jor devant.
Hors de la cité là avant
Tornai à senestre partie,
Tant que je ving à Foi Mentie,
La corte, la mal compassée,
100 Qui en poi d'eure est trespassée ;
N'i a c'un petitet de voie.
De ce que dire vous devoie
El primier chief, non pas en coste,
Trouvai Tolir, un divers oste,
105 Qui de mentir ot le maistire :
De Foi-Mentie est mestre et sire.
Cortois estoit et debonere ;
Durement me plot son afere,
O lui me retint au disner.
110 Après, sans longues demorer,
Vint mes ostes à moi enquerre
Comment Tolirs en ceste terre,
Uns siens filleus, se maintenoit,
Et comment il se contenoit
115 Contre Doner ; itant m'enquist.
Et de ce que il me requist
Respondi voir, quar je li dis
Que Doners ert las et mendis,
Povres et nus et en destrece ;
120 Qui soloit avoir l'ainsneece,

91 *mon oste.* — 95 837 *Estoie fez le jor de devant.* — 102 *vous* omis. — 105 *De mentir sot à la maitire.* — *Qui* manque à 837. — 111 *ostes* om. ; *pour moi.* — 113 *filliaus.* — 115 *de ce m'enquist.* — 116 Omis. — 117 *Et je toute voie li dis.* — 118 *est.*

Or est mainsnez, or est du mains :
Doners n'ose moustrer ses mains,
Doners languist, ce est la somme.
Jamès Doners chiés nul haut homme
125 Ne fera deus biaus cops ensamble.
A hautes cors de Doner samble
Que il n'ait mie le cuer sain,
Qu'en son sain tient adès sa main,
Lais, chetis, haïs et blasmez.
130 Tolirs est biaus et renommez ;
N'est pas chetis ne recreüs,
Ainz est et granz et parcreüs ;
De cuer, de cors, de bras, de mains
Est granz assez, Doners est nains.

135   Quant mes ostes ceste novele
Oï, mult par le tint à bele
Et mult li plot. Dont m'en parti,
D'aler mon chemin m'aati
Où je vous dis qu'aler devoie.
140 Por eschiver la male voie,
M'en issi par une posterne ;
Droitement à Vile Taverne
M'en commençai à ampasser ;
Mès ainçois me couvint passer
145 Un flun où mains vilains se nie,
Que l'en apele Gloutonie.

124 *nul prudome*. — 125-126 Intervertis. — 125 *feront*. — 126 *A haute cort si com moi s*. — 127 *n'a*. — 128 *Adès a ses mains en son sain*. — 129 L. *haïs chetis*. — 131 *pas cheüs*. — 134 Le ms. 1593 répète ici le .v. 122. — 136 *par* om. — 138 *m'ahasti*. — 140 Jub. *eschacier*. — 141 *une taverne*. — 142 *Pour aler à*. — 143 *empasser*. — 145 *maint anfant*.

Iluec ving ; outre m'en passai ;
Mès tant est vieus, de voir le sai,
Qu'ainc mès si vil passé n'avoie.
150 Si qu'en Vile Taverne entroie,
Trovai de mult plesant maniere
Roberie la taverniere,
Qui me herbrega volentiers :
La nuit fu mes osteus entiers.

155   De joüer oi mult bel atret :
Hasart et Mesconte et Mestret
Furent la nuit à mon ostel.
Qu'en diroie ? Je l'oi itel
C'on ne le pot plus plesant fere.
160 Mult m'enquistrent de mon afere
Li compaignon qui leenz erent ;
Tuit ensamble me demanderent
Mestrais, Mescontes et Hasars,
Que lor deïsse isnel le pas
165 Noveles qu'à Chartres fesoient
Dui lor ami qu'il mult amoient,
Charles et Mainsens, de la loge
Où Papelardie se loge.
De ces deus m'enquistrent les fez,
170 Et je respondi sanz meffez :
« Il vous aiment mult durement,
« Si vous dirai rezon comment :
« Sovent lor fetes gaaignier ,
« Si vous vuelent acompaignier

---

148 *vix que voir.* — 151 *Trova.* — 155 *De jeu*^r_z*i ot.* — 156 *H. mesconte et m.* — 158 *tel.* — 159 *Quele pot.* — 160 *me requistrent.* — 163 *Mesdis, m.* — 166 *Que lor ami qui mar estoient.* — 167 *Car les mesdisans de l. l.* — 173 *les fetes.* — 174 *Ce vous.*

175 « A eus tout par droit heritage. »
Et il me tindrent mult à sage,
Por ce que le voir lor en dis,
Qu'en cest mont n'a pas de gent dis,
Qui d'els la verité retret,
180 Mieus aiment Mesconte et Mestret
Que fet cil Charles et Mainsens :
Il les atraient en toz sens.

Et li tavernier de Paris,
Cil ne les servent mie envis,
185 Ainz vous di, foi que doi saint Piere,
Que il aiment de grant maniere
Mestrait et Mesconte et Hasart,
Qu'à lor gaaing ont sovent part.
Gautiers Moriaus, n'en dout de riens,
190 Jehan, boçus et artisiens,
Hermers, Guiars li fardoilliez,
Qui mains bricons ont despoilliez,
N'auroie ouan tout aconté
Ce c'ont mestret et mesconté.
195 Ce dis ; lors vi venir Hasart,
Qui me demanda d'autre part
Noveles de Michiel de Treilles.
Après me raconta merveilles
De dant Sauvage et de sa gent,
200 Comme il fesoient sanz argent

175 *O cus par dr. h.* — 176 *tienent* — 181 *Que fait cil qui les mesdisans.*
— 182 *en t. tens.* — 184 Jub. *enuis.* — 186 *Qu'il les.* — 189 G. *Mouaz ne doute rien.* — 190 *brisus li artisien.* — 191 *Hemars li fardeliers.* — 192 *desploiez.*
— 193 *ore tout.* — 194 Jub. *Ce conte;* 1593 *ce con.* — 195 *Ce dit.* —
197 *des trelles.* — 200 *Et le fesoient.*

Estre sovent Girart de Troies.
Et je lor dis que toutes voies
Estoit Girars en lor merci ;
Il ne se muet oncques deci,
205 Mès adès avoec aus sejorne ;
Sovent l'i voi penssiu et morne ;
Chascuns i prent, chascuns le plume :
C'est lor beance et lor coustume.
Ce lor dis je tant seulement,
210 Et Hasars, qui bien sot comment
Si desciple le sèvent fere,
Fu liez et esbaudi l'afere,
Et tuit et tuites firent joie,
Ne cuit que jamès si grant voie,
215 Quar oncques mès tele n'avint.
Avoec cele grant joie vint
Yvrece, la mere Versez,
Et ses filz o li lés à lez.
Versez est granz et parcreüz,
220 Et mult est amez et creüz
En son païs et en sa terre,
Et dist qu'il est nez d'Engleterre,
Cousin se fet Gautier l'Enfant :
En nule terre n'a enfant,
225 Je croi, qui si bien le resamble ;
Il pueent bien aler ensamble :
Andui sont si grant et si fort
Que nus n'auroit vers aus effort,

201 *Entaus* (lisez *entraus*) *sovent*. — 203 Omis. — 204 *se muc*. — 206 Omis. — Jub. *le voi penssui*. — 207 Omis. — 208 *balance*. — 209 *je* omis. — 210 *qui bien sert gent*. — 212 *esbaudiz*. — 213 Jub. *tuit et tuit*. — 214 *grant ioie*. — 218 *ou li*. — Jub. écrit *les alez*. — 220 *creruz*. — 223 *Cousins* (d'après la syntaxe ancienne, cette leçon est peut-être préférable). — Jub. *Gautiers*. — 228 *nuns*.

Ne nus vers aus ne s'apareille.
230 Versez est si fors à merveille
Et si membruz et si divers
Qu'il gete les plus granz envers.
Par moi le sai, oiez comment :
Il avint trestout esraument
235 Que Versez vint leenz à cort,
Tout pié estant me tint si cort
Qu'il me covint à lui jouer ;
Onques ne m'en poi eschiver,
Quar deffendre ne m'en seüsse,
240 Mès tout aussi com se je fusse
A Guinelant et à Vuitier,
M'estut escremir et luitier
A lui par le conseil mon oste.
Yvrece, qui son mantel oste,
245 Par grant joie et par grant solas
Nous aporta deus talevas,
Comme à tel guerre couvenoit ;
Et chascuns en sa main tenoit
Par grant ire et par grant effort,
250 Baston de cler auçoirre fort

Si vous di que chascuns avoit
D'armes quanqu'il li covenoit.
Je li vois et il me revient,
Et je le sache et il me tient,
255 Et je sus hauce et il retrait.
Je li retrai d'un autre trait,

229 Que nuns. — 232 giege. — 233 Pour [voir ?] le sai. — 234 avint que tot. — 236 pié tant. — 238 pou. — 240 Jub. se om. — Ms. 1593 ainsi com je seusse. — 241 guimelant et a huitier. — 245 et om. — 246 tavelas. — 250 batons aucuerre f. — 252 Jub. l'i. — 253 li vins. — 255 souhauce. — 256 li rens.

Et il esrant à trait me vient,
Et si très durement me tient
Que je ne li puis eschaper.
260 Si durement me seut taper
Et si fort, nel mescreez mie,
Qu'aus colées de l'escremie
Me fist si chanceler à destre
Qu'à poi ne cheï à senestre.

265 Et lues que remest cele chaude,
Por tenir la bataille chaude,
Versez relieve, si m'assaut.
Je li resail, il me resaut,
Et je tresgete et il sormonte,
270 Si me fiert que el chief me monte,
Où l'estordie m'ert montée.
Ce fu li cops de sormontée,
Quar il me monte en la teste,
Et cil qui trestoz les enteste,
275 Me prent aus braz et si me torne,
Et en cel tor si mal m'atorne,
Que il m'abat encontre terre
A un des jambés d'Engleterre,
Si que nel porent esgarder
280 Cil qui le champ durent garder.

A toz fui moustrez esraument,
Et iluec sus le pavement
Fusse remez à grant meschief,
Mès Yvrece me tint le chief

---

259 *li poi.* — 265 *Illuec remest.* — 267 *se lieve et si.* — 268 *li rassaut et il m'assaut.* — 270 *El il me fiert si qu chief me monte.* — 274-276 Vers omis. — 271 Jub. *l'estordre.* — 278 Jub. *jambes.* — 279 *mi pourent.* — 284 *m'en tint.*

285 Par compaignie en son devant.
　　 A chief de pose vint avant
　　 Versez et dist isnel le pas :
　　 « Compains, ne vous merveilliez pas ;
　　 « Maint se sont à moi combatu
290 « Qui au luitier sont abatu
　　 « Et au combatre en la taverne ;
　　 « Neïs Guilliaume de Salerne,
　　 « C'on tient à preu et à hardi,
　　 « Ai abatu, bien le vous di,
295 « Jambes levées à un tor. »
　　 De plusors autres ci entor
　　 Se vanta qu'abatuz avoit,
　　 De teus que, se on le savoit,
　　 Dont mult se riroient la gent ;
300 Mès ne seroit ne bel ne gent
　　 Que toz recordaisse ses dis.
　　 Je remez, qui fui estordis.

　　 Il s'en ala ; mès ainc Yvrece,
　　 Por angoisse ne por destrece,
305 Ne me volt cele nuit lessier,
　　 Ne je ne li voil relessier
　　 D'obeïr à sa volenté.
　　 Quant j'oi leenz grant piece esté,
　　 Com cil qui bleciez me sentoie,
310 Yvrece, en qui conseil j'estoie,
　　 Me prist et si me convoia
　　 Hors du chastel ; bien m'avoia
　　 Et toute i mist s'entencion.
　　 Par devant Fornication

285-302 Passage omis. — 294 Jub. *Ai batu.* — 303 *A ces mains me tint ivresce.* — 304 *Que por a.* — 306 *le revuel laissier.* — 309 *Et cil.* — 311-314 Omis.

315　Me mena droit en un chastel
　　　Qu'on appele Chastiau-Bordel,
　　　Où maint autre sont herbregié.
　　　O Honte, la fille à Pechié,
　　　Me vint veoir à grant deduit
320　Larrecins, li filz Mienuit,
　　　Qui reperoit en la meson.
　　　Cele nuit me mist à reson
　　　Larrecins, et m'enquist comment
　　　Li desciple de son couvent
325　Le fesoient en cest païs.
　　　Tantost li respondi et dis,
　　　Sanz atargier et sanz faintise,
　　　Que li rois en fet tel justice
　　　Et qu'il les maine si à point
330　Que larron sont en mauvès point.

　　　Ce li dis, et bien le savoie ;
　　　Et lors li demandai la voie
　　　A Enfer, la grant forterece.
　　　Entre Larrecin et Yvrece
335　Mult volentiers m'ont convoié.
　　　A lor pooir m'ont avoié
　　　Et dient : « Plus n'i atendras ;
　　　« Par devant Cruauté tendras
　　　« Droit à Cope-Gorge ta voie,
340　« Et d'ilueques si te ravoie
　　　« Avant, et saches sanz abet,
　　　« S'a Murtre Vile le gibet,

318 à omis. — 329 moine. — 330 Que li l. s. en mal point. — 331 car bien. — Jub. Celi dis. — 333 En enfer. — 335 Jub. Larrecins. — 336 auillie. — 338 venras. — 340 d'iluec. — 341 saches son auct.

SONGE D'ENFER.

« Pues venir, bien auras erré.
« Jamès le grant chemin ferré
345 « Jusqu'en Enfer ne lesseras ;
« Mès si droit avant t'en iras
« Que lues venras en Enfer droit. »
Mult me conseillièrent à droit
Yvrece et Larrecins ensamble :
350 A tant li parlemens dessamble.

Je m'en alai, ma voie pris :
Au chemin qu'il m'orent apris
Me ting et alai toutes voies.
Les liues, les viles, les voies
355 Ne vous auroie hui acontées ;
Mès tant trespassai de contrées
Que je ving à Desesperance,
Où la greignor joie de France
Oï, ne cuit mès si grant oie,
360 Quar Desesperance est monjoie
D'Enfer ; por ce est à droit dite
Que d'iluec jusqu'à Mort-Soubite
N'a c'une liue de travers.
Jouste Mort-Soubite est Enfers :
365 N'i a c'un soufle à trespasser.
De cele monjoie passer
Penssai et tant qu'en Enfer ving.
De tant à bien venu me ting
Que, quant g'i ving, que il metoient
370 Les tables ; mult s'entremetoient
Del mengier leenz atorner.
Onques portiers por retorner

343-61 Passage omis. — 547 Ms. *lues verras*; Jub. *mes venras*. — 362 *Et d'iluec*. — 365 *c'un flueve*. — 566 *à passer*. — 367 *Passai*.

Ne me prist, et itant vous di
C'une coustume en Enfer vi
375 Que je ne ting mie à poverte,
Qu'il menjuent à porte ouverte.
Quiconques veut en Enfer vait :
Nus en nul tenz leenz ne trait
Que ja porte li soit fermée.
380 Iceste coustume est faussée
En France, chascuns clot sa porte :
Nus n'entre leenz s'il n'aporte,
Ce veons nous tout en apert ;
Mès en Enfer à huis ouvert
385 Menjuent cil qui leenz sont ;
De la coustume que il ont
Me lo. En Enfer ving tout droit.
Onques mès si grant joie à droit
Ne fu fete comme il me firent,
390 Quar de si loing que il me virent,
Chascuns por moi veoir acort.
Cel jor tint li rois d'Enfer cort,
Plus grant que je ne vous sai dire.
Cel jor furent à grant concire
395 Tuit cil qui del roi d'Enfer tindrent ;
Li mestre principal i vindrent,
Cil qui sont de plus grant renon.
Quant il passèrent Avernon,
Bien parut à lor chevauchie,
400 Quar dusqu'au chief de la chaucie
Peri toute l'eglise aval ;
Mès s'il estoient à cheval,

376 *Que il me vint la p. o.* — 378 *Ne lui en nul t. l. ne vet.* — 379 *Que la porte li soit vee.* — 380 *Que ceste amour.* — 381 *clost.* — 382 Vers omis. — 385 *Dela en enfer.* — 391 *cort.* — 394 *à .i. concire.* — 395-6 Omis. — 397 *qui plus sont de gr. r.* — 398 *Jub. à Vernon.* — 400 *Que jusque au.* — 402 *se il furent.*

SONGE D'ENFER.

Ce ne fet pas à demander.
Li rois, qui les ot fet mander,
405 Les fist entor lui asseïr,
Por ce qu'il les voloit veïr.

Je m'en montai isnelement
Sus el palais fet à ciment.
Adonc fui je bien saluez
410 De clers, d'evesques et d'abez.
Pylates dist et Belzebus :
« Raoul, bien soies tu venuz !
« Dont viens tu ? » — « Je vieng de Saissoigne
« Et de Champaingne et de Borgoingne,
415 « De Lombardie et d'Engleterre :
« Bien ai cerchie toute terre. »
— « Tu es bien à eure venuz ;
« Mès ja n'i fusses atenduz
« S'un petit fusses atargiez,
420 « Quar aprestez est li mengiers. »
Ainsi dist à moi Belzebus ;
Mès ains mengiers ne fu veüs
Si riches que leenz estoit
Appareilliez, c'on ne pooit
425 Teus viandes trover el monde,
Tant comme il dure à la roonde ;
Je en fui mult joianz et liez.
Et tout esrant li panetiers,
Sanz demorance et sanz atente,
430 Ne cuidiez pas que je vous mente,

---

403 Ce il ne fust. — 404 ot omis. — 405 fait e. l. seoir. — 407 Je montai isn. — 408 fet om. — 412 soies vous. — 413 je vieng om. — 414 bergoigne. — 419 targiez. — Jub. S'uns. — 420 Quar li m. est aprestez. — 423 Jub. qui. — 425 Tel viande. — 426 il va. — 429-30 Omis.

Napes, qui sont faites de piaus
De ces useriers desloiaus,
A estendues sus les dois.
A tant s'assist li mestres rois
435 Et li autre communaument,
Com se il fussent d'un couvent.
Mon siege fu, ainc n'i ot autre,
Dui popelican l'un sor l'autre.

Ma table fu d'un toisserant,
440 Et li seneschaus tout avant
Me mist une nape en la main
Del cuir d'une vieille putain,
Et je l'estendi devant moi.
A une toise sis del roi,
445 Un petit près, non pas en coste :
Cele nuit oi je mult bon oste,
Et en mult grant chierté me tint.
Au premier mès, ainsi avint,
Nous aporta l'en devant nous
450 Un mès qui fu granz et estous :
Champions vaincuz à l'aillie ;
Chascuns grant piece mal taillie
En ot ; bien en furent peü.
Après champions ont eü
455 Useriers cras à desmesure,
Qui bien avoient lor droiture :
Cuit estoient et s'erent tel
Qu'il estoient d'autrui chatel

---

433 sor les. — 436 Comme cil f. — 437 je n'os on a. — 439 La t. fu du tonserant. — 440 lues errant. — 442 D'un cuir. — 443 delez moi. — 445 Jub. A .i. petit. — 447 Et à. — 451 Ch. qui vancu sont. — 452 et mal t. — 453 en ourent.

Lardé si cras desus la coste,
460 Devant et derriere et encoste
Ot chascuns deus doie de lart.
Ja n'ert si cras c'on ne le lart
En Enfer tout communaument ;
Mès cil d'Enfer enz el couvent,
465 Itant vous di bien sanz faintié,
Qu'il nel tienent mie à daintié
Tel mès, selonc ce que je vi,
Quar il sont d'useriers servi
Toz tèns et esté et yver :
470 C'est li generaus mès d'Enfer.

Uns autres mès fu aportez :
De larons murtriers à plentez,
Qui furent destempré as aus ;
Si estoit chascuns toz vermaus
475 De sanc de marcheanz mordris,
Dont il avoient l'avoir pris.
Après orent un autre mès
Qu'il tindrent à bon et à frès :
Vielles putains aplaqueresses,
480 Qui ont teus crevaces qu'asnesses,
Mengies à verde saveur.
Mult s'en loèrent li pluseur,
Si que lor dois en delechoient
Por les putains qui lor puoient,
485 Dont il amoient mult le flair ;
Encor en sent je puïr l'air.

459 *que sus.* — 461 *.iii. doiz.* — 457 *Tex* ; *je* omis. — 460 *Cest le general danfer.* — 471-486 Manquent. — 480 Jub. *qu'esnesses.* — 481 Jub. *mengiés.*

Devant le roi après cel mès,
Aporta l'en un entremès
Qui durement fu deparlez,
490 C'on apele bougres ullez,
A la grand sausse parisée,
Qui de lor fez fu devisée,
Comment on lor fist, ce me samble,
Par jugement à toz ensamble
495 Sausse de feu finalement
Destemprée de dampnement.

En tel sausse que j'ai nommée,
Toz chaus à toute la fumée,
Furent à la table d'Enfer
500 Aportez en broches de fer
Devant le roi, à cui mult plot,
Qui entor lui ot grant complot
Des siens et fu liez durement,
Et presenta mult largement
505 Des mès, et tant en donna il,
Et çà et là, que cil et cil
S'en loèrent sanz nule fable,
Tant qu'il disoient sus la table
C'onques teus mès ne fu veüs.
510 Autres bougres ont il eüs ;
Mès si plesanz veüs n'avoient,
Que por l'ulleïs qu'il savoient
Disoient que c'erent espisses,
Si en fesoient granz delices
515 Partout, que ce sembloit poison :
Tuit en avoient à foison.

491 Jub. *grande.* — 497-588. Manquent. — 505 Jub. *Lez mès.* —
512 Jub. *por lulleis.*

Mès il estoient en doutance
Que il n'eüssent mès pitance
Desi là que Gormons d'Argent
520 Venist o toute sa grant gent
En Enfer où l'en le semont.
Et après me dist de Gormont
Uns d'aus, qui tere ne se pot,
C'on en feroit un hochepot
525 Après les bougres qui fleroient
Farsis, et puis si farsiroient
Faus pledeors à grant revel ;
Mult en menoient grant gaudel
Entr'els. Por le faus jugement
530 Qu'il font entr'aus communement,
Por le loier qu'il en atendent
Et por les deniers qu'il en prendent,
Dont il achatent les viandes
De quoi il font lor pances grandes,
535 Sont en Enfer mengié à joie
Greignor que dire ne porroie.

D'aus font li queu un entremès
Tel que parler n'oïstes mès
De nule tel viande à cort ;
540 Quar c'est uns mès qui pas ne cort
Aus cors, ne pas n'en sont aprises ;
Quar li queu ont les langues prises
Des pledeors et tretes fors
Des gueules, et si les ont lors
545 Frites el tort qu'il font del droit.
Là ont les langues del tort droit
Et de lor faussetez merites,
Quar ainçois qu'eles soient frites
Ne traïnées par le feu,

550 Un maistire en font li keu ;
Quar de ce que furent loées
Des granz loiers, sont or loées
En burre, au metre en la friture,
En cel feu et en cele ardure
555 Où li keu si les demenoient
Tout le malice avoec hoçoient
C'on puet en pledeor puisier,
Por la savor bien aguisier,
Tant que ce n'ert pas gens de veille.
560 De tels langues n'est pas merveille
Se cil d'Enfer ont les friçons
De plain panier de maudiçons
Droit sor ces langues embroïes,
Entre deux mençonges hocies.
565 Devant le roi el dois amont
Les portent ; c'est li mès el mont
C'onques li rois plus desirroit,
Que ces langues. Quant il les voit,
Mult les loa : tuit les looient.
570 Qui veïst com langues aloient
Et çà et là communement,
Mander peüst tout vraïement
Aus parjurez, aus menteors,
Que langues de faus pledeors
575 Ne sont pas en Enfer blasmées,
Mès chier tenues et amées.

Après cel mès revint mult biaus :
De vielles putains desloiaus
Firent pastez à nos confreres.
580 Mult en delechoient lor levres

553 Jub. *et la friture.* — 558 Jub. et Ms. (?) *savoir.* — 580 Jub. *en* omis.

Tuit cil qui en Enfer estoient,
Por ce que les putains puoient.
En leu de frommages rostis
Nous donèrent enfanz murtris,
585 Qui furent gros comme saïn ;
Mès nus frommages de gaïn
A cel mengier ne se puet prendre,
C'on en trueve petit à vendre.
Après cel mès nous vint en haste
590 Bedel beté bien cuit en paste,
Papelars à l'ypocrisie,
Noirs moines à la tanoisie,
Vielles prestresses au civé,
Noires nonnains au cretonné,
595 Sodomites bien cuis en honte.
Tant mès que je ne sai le conte
Ont cil d'Enfer leenz eü :
De char furent trop bien peü,
Et burent, si com je devin,
600 Vilonies en leu de vin.
Bien sai, nus ne m'en puet deçoivre,
Trop à mengier et poi à boivre
Ont en Enfer ; tele est lor vie.
Et lues que la cors fu partie,
605 Li rois d'Enfer tout maintenant
Parla à moi en demandant
Comment g'ere venuz à cort ;
Des noveles me tint mult cort
Que li deïsse, et je, sanz doute,
610 Li contai la verité toute,

586 Jub. *nu*. — 590 *Bediaus brulez et cuiz*.— Jub. *Bedel, bête*.— 592 *Et noirs*.— 594 *au crocone*.— 596 *Tant en i a n'en sai*.— 599 Jub. *je* om.— 601 Jub. *Bien sai mès ne*. — Ms. 1593 *me puet*.— 604 Ms. et Jub. *la cort* ; Ms. 1593 *la lors*.

Comme à sa cort venuz estoie :
Bien sot que de rien n'i mentoie.

    Li rois qui por lui deporter
    Me fist un sien livre aporter
615 Qu'en Enfer ot leenz escrit
    Uns mestres qui mist en escrit
    Les droiz le roi et les forfez,
    Les fols vices et les fols fez
    C'on fet et tout le mal afere
620 Dont li rois doit justice fere.

    En cel livre me rouva dire ;
    Tantost i commençai à lire.
    Qu'en diroie ? En cel livre lui,
    Et tant que en lisant connui,
625 En cel livre qui estoit tels,
    Les vies des fols menestrels
    En un quaier toutes escrites.
    Et li rois dist : « Ici me dites,
    « Quar ci me plest mult à oïr,
630 « Si puisse il d'enfer joïr,
    « Que c'est del plus plesant endroit. »
    Et g'i commençai tout à droit
    Et tout au mieus que je soi lire ;
    Des fols menestrels pris à dire
635 Les fais trestout à point en rime,
    Si bel, si bien, si leonime,
    Que je le soi à raconter.
    Il n'i remest riens à conter,

---

611 *Comment.* — 612 *Bien set.* — 617 *les tors faiz.* — 618 *et les for-*
faiz. — 619 *C'ont fet.* — 620 *joutisc.* — 621-658 *Omis.* — 628 *Jub. Ice.*

Pechiez ne honte ne reprouche
640 Que nus hom puist dire de bouche,
Que tout ne fust en cel escrit,
Comment que chascuns s'en aquit,
Que de chascun la plus vil teche,
Le plus vil pechié dont il peche
645 I est escrit, jel sai de voir;
Oublié ne voudroie avoir
Ce que je vi enz à nul fuer.
Je reting du livre par cuer
Les nons et les fais et les dis,
650 Dont je cuit encore biaus dis
Dire sanz espargnier nului.
Qu'en diroie ? En cel livre lui
Si longement com le roi plot;
Et quant assez escouté m'ot,
655 Tant com lui plot ne mie mains,
Doner me fist dedens mes mains,
Quarante sols de deablies,
Dont j'achetai byffes jolies.

Après ce que je vous ai dit
660 Ne demora c'un seul petit
Que cil d'Enfer trestuit s'armèrent
Et puis sor lor chevaus montèrent,
Si s'en alèrent proie querre
Par le païs et par la terre ;
665 Mès je vous di sanz mespresure
C'onques ne vi si grant murmure
Comme il firent à lor monter ;
Trop seroit grief à raconter,

645 Jub. *vile.* — 663-64 Intervertis. — 663 *S'en alerent pour.* — 664 Jub. *Por le p. et por.* — 666 *n'i vi.* — 668 *au raconter.*

Mès je ne sai, qu'en mentiroie.
670 Au partir me firent tel joie
Que ce fu une grans merveille.
Congié prent Raouls, si s'esveille ;
Et cis contes faut si à point
Qu'après ce n'en diroie point,
675 Por aventure qui aviegne,
Devant que de songier reviegne
Raouls de Houdaing, sanz mençonge,
Qui cest fablel fist de son songe.

Ci fine li Songes d'Enfer :
680 Dieus m'en gart esté et yver !
Après orrez de Paradis ;
Dieus nous i maint et noz amis !

672 *qui ci s'esveille.* — 676 *remaigne.* — 679-682 Omis.

2.

Le Songe de Paradis.

Ms. de Bruxelles 9411-26, fol. 8 v°, collationné avec Bibl. Nat. de Paris, Ms. fr. 837 (anc. 7218), fol. 86.

Or escoutés, seignor, un songe
Qui croist no matere et alonge :
Je vous dirai assés briément,
Se je sai et je puis, coument

Variantes de Paris 837, fautes du texte de Jubinal et leçons corrigées de mon manuscrit (B). — 1 *escoutez .i. autre s.*

5 En sonjant fui en paradis.
   Je dormoie en mon lit jadis,
   Si me prist talens que g'iroie
   En paradis la droite voie.
   En sonjant me fui esmeüs,
10 Mais ne fui mie decheüs,
   Car al mouvoir priai à Dieu,
   Le glorieus, le douc, le pieu,
   Qu'il m'ensingnast la voie droite,
   Et il me dist : « Va, si t'esploite
15 Et prent conseil à Nostre Dame ;
   A li siervir met cors et ame ;
   Tout droit par li t'avoieras,
   Et si droit chemin trouveras
   Que jamais n'ieres desvoyez,
20 Se droit par li ies avoyés. »

   Quant j'oï chou, mout fui joieus,
   Et ne fui pas trop perecheus,
   Ains alai Nostre Dame querre
   En son païs et en sa terre.
25 Là le trouvai : conseil li quis,
   Et de chou que je li requis
   Mout doucement me consilla.
   Ele me dist et ensingna
   Que, se j'avoie Dieu amour,
30 Que je seroie sans demour
   Ou commenchement de le voie
   Où je dis que aler devoie.

12 Jub. *preu.* — 17 B *a li.* — 18 Vers sauté dans Jub. — 20 B *a li.*
— 21 *Quant ce oï.*

Atant d'iluec me departi,
Mais onques chemin n'i mari ;
35 Si ving à Grasce la meschinne,
Qui tant par est loiaus et finne
Que nus hom dire nel poroit,
Car ele me mena tout droit
Desci à le maison Amour ;
40 Mais ainc ne vi si grant baudour
Ne tel joie ne tel deduit
Que on me fist en cele nuit.

Cremirs ert senescaus laiens,
Qui ne fu ne couars ne lens
45 De nous trop douner à mangier,
Et jou ne fis mie dangier,
Ains fui trop liés de grant maniere
Pour chou que j'euc si biele chiere.
Assés menjames et beümes :
50 De tous biens grant plenté eümes.

Lors nous vint veïr Descipline ;
Obedience, sa cousine,
Revint apriès par grant dosnoi ;
Mais ne me fisent pas anoi,
55 Car mout durement me fiesterent
Et mout grant joie demenerent
De moi. Lors vint apriès Gemirs
Et Penitanche avoec Souspirs,
Qui tout fisent de moi tel joie
60 Que raconter ne le saroie.

33 *d'ilueques me parti.*— 39 *Par dedenz la.*— 50 B *grans.*— 58 *après.*

Apriès souper lor demandai
Et mout doucement lor priai
Qu'il m'ensingnassent le sentier,
S'il m'en savoient adrechier,
65 Par où on va en Paradis.
Dont i ot mout jué et ris,
Et mout furent lié, che me samble.
Dont demanderent tout ensamble
Les contenanches des Beghines,
70 S'eles erent auques benignes
A lor proismes, si qu'eles doivent ;
Se chou ne font, mout se dechoivent ;
Nis de celes de Cantimpré
Ont mout enquis et demandé.

75 Je respondi qu'eles servoient
Nostre Singneur, et mout estoient
Plainnes de très grant pascience,
Et gardent bien obedienche
A lor sens et à lor pooir,
80 Et sevent mult très bien voloir
L'avantage et le preu d'autrui,
Tout sans pesance et sans anui ;
Et si vous di bien sans doutanche
Que mout font grande penitanche
85 Teles i a tout coiement
Et tiennent bien en lor couvent
Religion et chasteé,
Et sont plainnes d'umelité,
Et font aumosnes volentiers,
90 Et est lor serviches entiers

---

66 Jub. *joie*. — 68 *Et demanderent*. — 70 B. *beghines* (répétition du v. préc.). — 81 *le sens d'autrui*. — 85 *mult coicment*.

A Dieu, le pere droiturier.
Mais le couvent font empirier
Teles i a par leur folies
Et par les laides vilonies,
95 Que les foles font coiement.
Ensi est il tout voirement :
Avoec les sages sont les foles,
Et samble as fais et as paroles
Qu'eles aient à Dieu le cuer,
100 Et eles l'ont si rué puer,
Qu'eles se soullent en l'ordure
De lequerie et de luxure
Et des autres vilains pechiés
Dont tous li mons est entechiés.

105 Dehors samblent beghines iestre
A lor samblant et à lor iestre,
Et eles sont dedens couluevres
Toutes plainnes de males œvres.
De religion ont l'abit,
110 Mais ja pour chou n'aront habit
En Paradis le glorieus,
Le saintisme, le prescieus,
Où les boinnes seront posées
Et avoec les sains couronées.

115 Quant cil tés novieles oïrent,
Mout durement s'en esjoïrent.
Apriès me disent tout errant :
« Va, si tien ton chemin errant

---

94 *lor laides.*

SONGE DE PARADIS.

      Viers le maison Contrition.
120 Apriès querras Confiession,
      Et se tu pues ces deus avoir,
      Tu porras bien de fi savoir
      Que, se fois ne défaut en ti,
      Ne t'i avons de rien menti,
125 Que droit en Paradis iras
      Ne ja chemin n'i mariras,
      Si venras ens tout à souhait. »
      Atant si furent no lit fait,
      Si alames trestout gesir ;
130 Ne pierdi mie mon dormir
      Cele nuit tant qu'il vint au jor.
      Dont ne fis mie lonc sejor,
      Ains pris congiet, si m'en alai,
      Et mes ostes tout sans delai
135 Me convoia et sa compaigne
      Tant que je ving à la campaigne,
      Qu'il m'ont le droit chemin moustré.
      Dont sont ariere retourné,
      Et jou à Dieu les commandai :
140 Tous seus en mon chemin entrai.

      Si com j'aloie cheminant,
      Regardai viers soleil couchant,
      Et vi venir parmi un val
      Temptation sour son cheval.
145 Là me gaitoit lés un bosket,
      En un estroit sentier basset,
      Pour moi mourdrir et estranler ;
      De pavour me couvint tranler

---

129 B *dormir*.—134 B A *mes*.—135 *o sa c*.—144 *sor un ch*.—146 *Lez un*.

Quant viers moi le vi aprochier.
150 Ele coumencha à huchier :
« Mauvais couars, n'escaperés,
« En ma prison gietés serés,
« Se ne faites ma volenté. »
Ne vous aroi hui raconté
155 Les manaces qu'ele me fist,
Mais autre rien ne me meffist.

Car je vous di bien sans doutanche
Qu'à secours me vint Esperanche,
Qui mout bien me reconforta
160 Et grant hardement m'aporta.
Petit prisai mon anemi
Pour le secours de mon ami ;
Dont le regardai par desdaing.
Et Esperanche dist : « Compaing,
165 « Ne doute riens Temptation ;
« Se tu as boinne entencion,
« Bien poras te voie acomplir. »
Lors veïssiés mout assouplir
Temptation par couardie,
170 Qui mout estoit devant hardie ;
Si se traist arriere un petit,
Et je li ai maintenant dit :
« Vassal, vassal, fuyés de chi,
« Ne sui mie en vostre mierchi. »
175 Et ele fu pensive et morne ;
Toute honteuse s'en retourne.

Et jou lues me racheminai.
Onques puis d'errer ne finai,

---

167 *Tu porras.* — 178 *d'aler.*

Et Esperanche adiès o moi,
180 S'eümes encontrée Foi,
Qui ne nous greva ne nuisi,
Mais si très bien nous conduisi
C'onques puis laissier ne nous vaut
Ne par froidure ne par chaut,
185 Si nous ot conduit et mené
En la vile et en la chité
Où Contritions demouroit ;
Mais nus hom dire ne poroit
Les biens que nous illuec trovames.
190 En le sale nous herbegames
Avoec la dame dou castiel,
Qui nous fist ostel boin et biel.

Je vous en dirai ja la voire.
Mout à mangier et mout à boire
195 Eümes nous en sa maison.
Sousglous eümes à foison
Angousseus, et lermes beümes,
De quoi à grant plenté eümes,
Chaudes, coulans aval la fache.
200 Onques mais ne fui, que je sache,
Si aaisiés à mon talent ;
Onques ire ne mautalent
N'ot en l'ostel icele nuit,
Ne riens nule qui nous anuit.

205 Apriès souper demanda l'oste,
Cui jou seoie lés le coste,
Que je queroie en se contrée,
Et jou li ai errant contée

195 B *eusmes* (id. 196.)— 196 *Seglous.*— 198 *mult grant.*— 199 *corans*.

Toute l'occoison de me voie ;
210 Qu'en Paradis aler voloie.
Quant oï chou, mout bien li plot :
Si respondi à un seul mot
Qu'ele ne fu ainc mais si lie ;
Ne puet muer qu'ele ne rie,
215 Et dist que bien me conduira
Et bon chemin m'ensingnera,
Que jou ne porrai ja falir
En Paradis à parvenir.

Dont furent no lit apresté.
220 On m'a un oriller presté
Qui fu fais de gemissemens ;
Et si vous di bien par covens
Que puis que mes chiés fu sus mis
Et que je me fui endormis,
225 Ainc jusqu'à jour ne m'esveillai.
Quant il fu jours, si me levai.
A m'ostesse congiet requis,
Et si piteusement li dis
Qu'ele leva pour moi matin,
230 Si m'ensingna le droit chemin
Pour aler au castiel tout droit
Là où Confiessions manoit,
Qui s'amie ert et sa voisine,
Et si estoit près sa cousine.

235 Quant ele m'eut acheminé
Ainsi que Dieus l'eut destiné,
Congiet prent à moi, si retourne,
Et jou de tost aler m'atourne.

210 *aler devoie*. — 211 *Quant ce a oï mlt li pl.*— 217 *pas faillir*. — 224 *Et je fui la nuit.* — 233-34 B *voisine* et *cousine* intervertis.

Mais n'euc alé c'une lieuete
240 Par le trespas d'une vilete,
Si com j'esroie à grant effort,
Trouvai un castiel riche et fort,
Dont Confiessions estoit dame,
Par cui on a sauvé mainte ame.

245 A cel castiel ving devant prime,
Ains c'on eüst alé le dime
D'une journée, bien le sai.
Laiens Confiession trovai,
Qui encontre moi se leva ;
250 Si me joï et acola
Et fist tel fieste sans demour
Qu'ainc mais ne vi si grant amour
Faire à autrui qu'ele me fist.
Tout maintenant en riant dist
255 Que jou fuisse li bienvenus ;
Ainc mais ne fui si chier tenus
Que jou fui là, bien le sachiez ;
N'i fui boutés ne desachiés,
Mais mout besiés et acolés ;
260 Fieste me firent de tous lés
Li habitant de le maison.
Or escoutés une raison
Que jou voel dire de l'ostel :
Onques n'avoie veü tel
265 Si biel ne si net ne si riche.
Mout faisoient bien le serviche
Confiession chil qui servoient,
Car le manoir si net tenoient

241 Jub. *j'estoie.* — 245 *Ains que j'eüsse.* — 263 *Que je vous dirai.*

Dechà et delà, bas et haut,
270 Que nule neteés n'i faut,
Ne nule ordure n'i habite.
Il n'i a cambriele petite
Qui ne soit si bien ramonée
Que ja pourre n'i ert trouvée,
275 Ne suie avoec ne aringnie,
Ne laidure ne vilenie,
Ains le par tient on si très nete
Que jamais une busquelete
Ne troveriés ne haut ne bas ;
280 On i maint à mout grant solas.

Satisfations i repaire,
Qui bien seit pourveïr l'affaire
De le maison, et sans doutanche
Avoec li maint Perseveranche,
285 Qui mout li aide sagement ;
Et sachiés bien certainement
Que ele est se germainne suer ;
Ne li puet fallir à nul fuer.
Sans ces deus, bien le puis jurer,
290 Ne puet Confiessions durer,
Ne sans Contrition ensamble
Revaut petit, si com moi samble.

Confiessions lues apela
Un sien garchon qui estoit là,
295 Se li dist : « Va tost souspirer
« Sans courous et sans aïrer,
« Pour Contrition, si l'amaine ;
« De tost haster forment te paine,

272 *chambrete.* — 278 *nis une porrette.* — 298 *De tost aler.*

SONGE DE PARADIS.

« Chà l'amaine au souper anuit
300 « Tout erraument, ne li anuit. »
Et chieus s'en keurt plus que le pas,
Si l'amena isnel le pas,
Et ele i vint mout volentiers,
N'estoit mie loing li sentiers
305 Qui duroit jusqu'à son manoir,
Où il faisoit plaisant manoir.

Quant Contritions fu venue,
Confiessions, qui ert sa drue,
Li par fist si très biele chiere
310 C'onques mais en nule maniere
Ne vi tel joie demener.
Et lues me prist à acener
Confiessions à une part,
Qui hors des autres se depart,
315 Et ne se peut viers mi plus taire,
Ains demanda tout mon afaire
Et me vie de chief en chief
Que li deïsse tout sans grief,
Pour quoi j'estoie là venus
320 Et coument m'iere maintenus
Par le monde, qu'est entechiés
De grans meffais et de pechiés.

Et jou li ai tout descouviert
Mon corage et si aouviert
325 Que ne le peuc mieus aouvrir :
N'i remest riens à descouvrir ;
Toute me vie li contai,
C'onques nul pechié n'i lessai.

---

306 *Où il fet mlt.* — 308 *cst.* — 324 *Et mon c. si ouviert.*

Que ne deïsse sans demeure,
330 Et le lieu et le tens et l'eure
Et l'occoison, à mon pooir.
Mout me fesoit le cuer doloir
Li raconters des grans meffais
Dont j'estoie vers Dieu meffais.
335 Si en avoie mout grant honte.
Et quant j'euc de tout rendu conte
Et me pensée descouvierte,
Et ele fu si aouvierte
Qu'ele le vit et counut toute,
340 Ne fu ne felle ne estoute,
Mais doucement me conforta
Et de bien faire m'enorta,
Et me dist que souvent l'antaisse
Et souvent à li repairaisse,
345 Si m'en porroit grans biens venir
Pour à boine fin parvenir.
Et dist : « Amis, ne ralez mie
« Avoec la malé compaingnie
« Des gloutons ne des lecheours,
350 « Ne des enturles pecheours
« Qui ne voelent à bien entendre ;
« Mais on lor sara mout chier vendre,
« C'on les fera trestos loiier
« Dedenz ynfier pour cel loiier.
355 « Amis, sifaite gent haés
« A leur compaingne ne baés,
« Et sachiez bien, chou est la somme,
« Boine est compaigne de preudomme ;
« Si metés trestous vos usages
360 « A Dieu servir, si serés sages ;

350 *entulles.*

SONGE DE PARADIS.

« Et se bien tenez cest pourpos,
« Bien porrez avoir le repos
« De Paradis : cil nous i maint
« Qui en la grasce del chiel maint ! »

365   Ainsi m'aprist et chastia,
Et apriès tantost s'escria
Qu'il est de souper tans et eure,
Et on li respont sans demeure
Que tout li mès sont apresté.
370 La nuit fu on si bien flesté
Laiens c'onques nus ne vit mieus.
Souspirs et plains plus dous que mieus
Et angousses de cuer si douces
C'on nel porroit dire par bouches,
375 A on eü laiens assés,
Si que chascuns en fu lassés.
Puis i eut souglous et gemirs ;
Apriès eut on piteus fremirs,
Et si but on larmes plourées,
380 Aval le fache jus coulées
Par le destreche de pechié
Dont on avoit Dieu courecié.

Apriès mangier fu on à aise :
Laiens ne fu nus à malaise ;
385 De chou fu mout li ostes liés.
Et je me sui mout mervilliés
De chou qu'il ot si grant maisnie,
Qui mout estoit bien amaisnie,

---

364 *la gloire.* — 374 *de bouches.* — 577 *S'cümes seglous et souspirs.* — 378 *gemirs.*

Car les Viertus estoient toutes
390 Laiens venues à grans routes
Pour souper avoec no ostesse,
Qui dou couvent ert abeesse.
Les Viertus toutes m'ounourerent
Et de leur joiaus me dounerent,
395 Et fisent tel fieste de mi
Que en un an et en demi
Ne le porroie raconter ;
Anuis seroit de l'escouter.

Lors priai jou le compaingnie,
400 Tout sans orgueil et sans envie,
Pour Dieu c'on m'ensignast le voie
Où l'endemain aler devoie.
Et l'ostesse plus n'atendi,
Tout maintenant me respondi :
405 « Tu t'en iras à Penitanche,
« Avoec ira Perseveranche,
« Qui bien le voie te dira
« Et sa maison t'ensignera ;
« Ja sans li aler n'i saroies,
410 « Car perilleuses sont les voies
« Viers se maison et viers son estre,
« Et se tu i pooies iestre,
« Mout bien aroies esploitié,
« Plus aroies de la moitié
415 « De ta voie faite et finée. »
— « Che soit à boine destinée, »
Dis jou ; « chou iert quant Dieu plaira
« Et il le me consentira. »

392 *est*. — 400 *sanz folie*. — 418 Jub. *me lc*.

SONGE DE PARADIS.

A tant fist on les lis huchier ;
420 Si nous alames tout couchier
Et dormir jusqu'à l'endemain
Que je me levai sus mout main,
Pour paracomplir me besoingne.
Lors me covient que je semoingne
425 Perseveranche qu'ele en viegne,
Et que compaingnie me tiegne ;
Et ele en est joians et lie,
Tout errant s'est aparillie,
Mult volentiers avoec mi vint.
430 Congiet presimes, si avint
Que nous mesimes au chemin
Au point dou jor assés matin.
Dont me senti mout alegié ;
Si eu le cuer joiant et lié,
435 Car jou estoie si isniaus
Et si legiers comme uns oisiaus
El regart que je dont estoie,
Sachiés que pas n'en mentiroie,
Ains que venisse à le maison
440 De me dame Confiession.

Lors en alons grant aleüre ;
Me compaingnesse estoit seüre
Et le païs mout bien savoit,
Car par iluec menet avoit
445 Mains preudommes à Penitanche,
Si i avoie grant fianche ;
Mais je vous di bien toutes voies
Que nous trouviens plus dures voies

419 B *hochier*.— 450 Jub. *primes*.— 437 *de ce que j'estoie*.— 445 B *maint preudome à*.

Qu'ançois ne soliemes trouver,
450 C'est aisive chose à prouver,
De tant comme au cors apartient,
Car le cors desiervir covient
Par Penitanche le victoire
Dont on a parmenable gloire ;
455 Et pour chou qu'il sueffre l'aspreche
Del siecle, a il le grant leeche
De Paradis, dont jou dirai
Chà avant, quant je revenrai,
Le grant solas et le deduit,
460 Où Dieus nous maint par son conduit !

Ore escoutés si grant merveille
Onques n'oïstes sa pareille.
J'eüsse fait boine journée,
Se sans moi ne fust retournée
465 Perseveranche par anuis,
Qui devoit iestre mes conduis ;
Mais durement me mescheï,
Et de chou en paine cheï
Que je vi une grant valée
470 Qui mout estoit parfonde et lée.
Une grans riviere i couroit
Et par encoste prés avoit.
Là vi un fouc de soteriaus
Qui juoient à reponniaus.
475 Lues coumenchai à arester
Pour iaus veïr et esgarder ;
Et pour chou qu'en iaus eu plaisance,
Me vint apriès si grans nuisance

---

449 *soloic.* — 450 *asive.* — 454 *pardurable.*— 458 *En avant.*— 472 Jub. *encosté.* — 474 *aus tumberiaus.* — 475 *Lors commençai.*

SONGE DE PARADIS.

    Que je pierdi ma compangnie,
480 Qui s'en retourna toute irie,
    Pour chou que sos laissai la voie
    Où sagement aler devoie.

    Li grans valée, c'est chis mondes,
    Qui n'est de pechiés nes ne mondes,
485 Ains est mout et souilliés et ors :
    Boin se fait del tout metre hors.
    Li pré qui sont lés la riviere,
    Qui est courans et rade et fiere,
    Ce sont les grans possessions
490 Et les perrines mansions
    Où les gens de cest siecle habitent,
    Qui es rikeces se delitent ;
    Et li grans riviere courans,
    Qui n'est coie ne demourans,
495 Chou est del monde li deduis
    Par quoi mains preudom est souduis.

    Vanités sont li soteriel
    Et huiseuses li tumeriel
    Où on bée mout volentiers,
500 Et lues est pierdus li sentiers
    D'aler à Penitance droite :
    Longhe i est la voie et estroite,
    Si se couvient mout bien garder
    Qui sagement i voet aler :
505 Sens nous en avoit Dieus li pere !
    Or revenrai à ma matere.

485 *Ains en est mlt soilliez.* — 491 *cest mont.* — 498 *Et huidives li tumberel.* — 505 *en otroit.*

Quant j'euc iluec un pau baé
Et lors reviaus mout agraé,
Lors si regardai entour mi :
510 Ma compegnesse pas ne vi,
Si fui mout forment esbahis
Et cuidai bien iestre trahis,
Car adont ne seuc où je fui,
Si me tourna à grant anui ;
515 Ne vi ne voie ne sentier
Où me peuïsce radrechier.
Si com j'aloie pourbeant
Et le valée costoiant,
Savoir se nului trouveroie
520 Qui me rassenast à la voie,
De lonc vi venir une tourbe
De larons qui mout me destourbe.

Viers moi venoient chevauchant
Et leurs chevaus esporonant ;
525 Iluec m'avoient espiié
Et en che val contre agaitié
Pour mi estrangler et mourdrir.
Lors gietai un parfont souspir,
Et sachiés que j'eu grant paour
530 Et fui mis en mout grant freour,
Quant vic venir mes anemis,
Qui s'estoient ensamble mis
Pour mi essillier et destruire.
Et che me repeut forment nuire
535 Que je n'eu parent ne ami
Qui iluec fuscent avoec mi

508 B *agreé*. — 519 B *noului*. — 520 *à ma voie*. — 534 *assez nuire*.

Pour mi souscourre ne aidier.
Viers mi tout droit à souhaidier
Se sont li laron arouté
540 Que j'ai mout durement douté.

Temptations les amenoit,
Le baniere en sa main portoit,
Et Vaine Glore, se compegne,
Se reslessoit par le campegne.
545 Apriès venoit Orghius li fiers,
Qui de le route estoit li tiers ;
Envie i estoit et Haïne,
Et Avarisce la roïne.
Apriès venoit chevauchant Ire,
550 Qui toute la compegne empire ;
Si venoit Fornications
Pour conforter ses compegnons,
Et tant d'autres n'en sai le conte,
Pour moi laidir et faire honte.

555 Desesperanche les sivoit,
Qui l'arriere garde faisoit.
Entre aus me vont avironant
Et de toutes pars encloant ;
Lors fui plus esmaiés que nus.
560 Ja fusce pris et retenus,
Ou navrés à mort, c'est del mains,
Se keüs fusce entre lor mains.

Mais Dieus un secours m'envoia
Qui men corage ravoia
565 A hardement et à proëche.
Esperanche par une adreche

542 *tenoit*. — 546 B *li kiés*.

Venoit, et apriés le sivoit
Grans pules qui me secouroit.
En sa main tenoit le baniere
570 De la compaigne qu'ert tant fiere
Qu'ele ne doute roi ne conte.
Or entendés un poi au conte,
Si orrés quels gens là venoient
Qui au besoing me souscouroient.

575   Fois i venoit de randonée,
Et Humilités la senée,
Et se cousine Obedienche,
Qui plaine est de grant sapienche.
Apriès cesti vint Charités,
580 Si hardie qu'en deus chités
Ne trouveroit on sa pareille :
De bien combattre s'apareille.

Atempranche revint apriès
Et Chasteés le siut de priès,
585 Et des autres i a teus routes
Nes aroi hui nommées toutes.
Apoignant vienent de randon
Et se voelent en abandon
Metre pour moi en la bataille ;
590 Je ne cuic mie qu'ele faille.
Qu'iroie jou huimais contant
Ne le conte plus alongant ?
Li nostre les lors abatirent.
Tant les froissierent et batirent

---

570 *qu'est*, B *ki ert*. — 575 B *gens* omis. — 580 B *Plus hardie*. —
587-88 *Et s. v. metre à bandon Por moi secorre en la bataille*. — 594 B
froissirent.

595 Qu'à mierchi les fisent venir;
Onques ne se peurent tenir
Li leur as nostres en l'estour;
En fuies tournent sans demour.

Et jou fui mout liés et joians
600 Quant de l'estour les vi fuians.
Et nostre gent s'en repairierent,
Estraier et seul me laissierent,
Fors tant seulement Esperance,
En qui j'avoie grant fiance,
605 Qui me reconforta si bien
Que je ne m'esmaiai de rien,
Mais à Confiession ralai.
Ma mescheance li contai,
Et ele me remist à point.
610 De mauvestié n'a en li point :
Perseveranche rapiela,
Et se li dist et commanda
Qu'à Penitance me ramaint
Encor enqui, que ne remaint.
615 Et ele volentiers le fist :
Onques pour che pis ne me fist.

Tout errant nos acheminames :
Onques puis d'aler ne finames
Si venimes droit al repaire
620 De Penitance sans retraire.
Li voie i est estroite et sure;
Chil se metent en aventure
Qui i vont, s'il n'ont boin conduit
Ou de le voie ne sont duit.

598 *sanz retor*. — 614 *Entor qui mains preudom remaint*. — 618 *puis d'error*.

625 Quant Peneance m'esgarda,
Sachiés que mout poi atarda
De moi demander dont j'estoie
Et de quel païs je venoie,
Et je li dis tout sans folie :
630 « Dame, je sui de Picardie,
« Se vieng droit de Confiession. »
Et ele sans plus d'occoison
Dist que fusce li bienvegnans,
Car ele estoit me bienvoellans,
635 Et que bien me hierbegeroit
Et de moi grant fieste feroit,
Se je voloie remanoir
En sen ostel n'en sen manoir.
Et je li dis k'iere envoiiés
640 A li pour bien estre avoiiés
D'aler en Paradis amont ;
Et ele me prie et soumont
Que jou face bien liement,
Qu'ele m'ensegnera briément
645 Les adreces et les passages
Par où g'iere, se je sui sages,
Tantost en Paradis alés ;
Et je me sui assis dalés
Li maintenant pour ascouter,
650 Et ele me dist que monter
Par une eskiele me couvient
Qui dusqu'à Paradis avient.

626 *que petit se tarda.* — 627 *qui j'estoie.* — 629 Jub. *tout* omis. — 632-3 *Et ele dist sans achoison Que je fusse li b.* — 634 *Et qu'ele.* — 638 B *N'en son ostel.* — Jub. *Et s. o.* — 639 *Et je dis que j'ere.* — 643 *Que je le face l.*

« C'est l'eskiele que Jacob vit,
De quoi en l'Escripture a dit
655 Que par là li angle montoient
En Paradis et descendoient
Cà jus, en moustiers et en glizes
Où on siert Dieu bien sans faintizes.
Là prendoient les orisons
660 Des justes ; sans ariestoizons
Les portoient en Paradis,
Où tu voes aler par avis.

« Ceste eskiele a uit eskaillons
(Je ne voel mie que faillons
665 Au bien dire n'au bien conter) ;
Sour cascun te couvient monter,
Se tu vieus aler sagement ;
Et se tu nel fais ensement,
Tu poras bien si trebuchier
670 Que tu le comperras mout chier.

« Li premiers, chou est fois en Diu,
Qu'en lui dois croire de cuer piu
Et ses commandemens garder
Hardiement sans couarder ;
675 Si auras l'escaillon premier.
Bien te sai dire et tiesmognier
Que, se tu crois en sorcherie,
En carnin ne en caraudie,
Ne en autre chose ensement,
680 Fors en Dieu trestout seulement,
Ja l'eskiele ne monteras
Ne en Paradis n'enterras.

658 *bien sanz f.* — 676 *et enseignier.* — 678 *En charme.*

« Li secons est vertus en oevre,
Et cuer et cors trestout aoevre
685 En Dieu de grant vigeur siervir.
Par che poras bien desiervir
Que l'escaillon secont aras ;
Et se tu perechant i vas,
Tu i poras mout bien falir,
690 Si te couvendra jus salir
En tel maniere et en tel point
Que jamais n'i venras à point.

« Li tiers est scienche en viertu.
Sages dois estre, che ses tu ?
695 De Diu siervir, si t'en efforche
Et sagement i mes ta forche ;
Si n'ieres mie fols clamés,
Ains ieres mout de lui amés ;
Et se tu le siers par folie,
700 Bien est raisons que je te die
Que de monter pour nient te paines :
Tu i piers tout traval et paines.
Se l'eskiele en folie montes,
Il t'en avenra si grans hontes
705 Que tu aval trebuceras
En si ort liu que tu puras.

« Li quars est sens en abstinense.
De toi abstenir ensi pense
Que Dieus i ait amour et part :
710 Si monteras l'escaillon quart.

686 *En ce porras.* — 690 Jub. *faillir.* — 693 B *science et vertu.* — 695 *bien t'en.* — 708 B *et si pense.* — 709 *honor et.*

Et s'à mal faire adiès t'eslaisses,
Et ton desir pour Dieu ne laisses
Soit en villier ou en juner,
En aumounes pour Dieu doner,
715 L'escaillon quart poras bien pierdre,
Si que ne t'i poras ahierdre.

« Li quins escaillons, par vreté,
C'est que tu aies pieté
En abstinence que tu fais,
720 Et saces bien que tu meffais
Se tu n'as pieté d'autrui
Quant tu li vois avoir anui.
Et pour chou lo, se tu t'astiens,
Que tu doinses de çou ke tiens
725 A ceaus que tu sais besougneus ;
Et se tu ies de chou sougneus
Que d'autrui bien soies à aise
Et d'autrui mal aies mesaise,
Cest escaillon monteras bien ;
730 Ja n'i faurras pour nule rien.

« Li sizimes, chou te voeil dire,
C'est que tu aies tout sans ire
Passience en la pieté ;
Et se tu rens par cruauté
735 Mal pour mal à la male gent,
Qui n'ont conseil ne biel ne gent,
Ains font volentiers autrui mal,
Par quoi vont trebuchant ou val

---

714 En fere aumosnes, en doner. — 716 Ne ja ne t'i. — 724 Que dones de ce que tu t.

D'Infier, che n'est mie savoirs ;
740 Saches de fi, que c'est li voirs :
On ne te sara ja tant viste
Que tu montes l'escaillon siste.

« Or entent liquels est septimes :
Mout est precious et saintimes,
745 Aprochier fait à Diu le Pere :
C'est que t'aies amour de frere
En toi avoec le passience.
Mout averas vraie scienche
Se tu aimes en boinne foi :
750 Tes proismes, et de che me croi,
Dois tu amer autant que ti.
A un endroit ne t'ai menti,
Et se fais chou que je t'ai dit,
Tu poras mout bien sans respit
755 Le sieptime escaillon avoir
Et monter sus sans decevoir.

« Or te voeil l'uitisme nommer
Pour l'esciele parasommer,
Et saces bien, se sour cestui
760 Pues bien monter, que sans anui
Ta besougne forment aproismes :
C'est qu'avoec l'amour de tes proismes
Aies en toi kàrité vraie ;
Qui l'a en lui point ne s'esmaie,

741 B porte nettement *juste*. — 743 *Or c. quels est li s.* — 749 *Dieu plus que toi.* — 750 *Et tes proismes, de.* — 752 *Je ne t'i ai de rien m.* — 753 *Mès se tu fez ce que j'ai dit.* — 759 B *que au lieu de se.* — 760 *Pues monter, que tout sanz a.* — 764 *petit s'esmaie.*

765 Car en Dieu maint et Dieus en lui,
     De chou seürs et ciertains sui.
     Or fai dont qu'aies karité
     En l'amour de fraternité,
     Si auras l'eskiele furnie
770 Et ta besougne ert acomplie.

     « Apren, entrues qu'il m'en souvient,
     Quels compegnons il te couvient,
     Qui compaignie te tenront
     Et le voie t'ensegneront
775 Pour droit amont l'eskiele aler
     Sans trebukier et avaler :
     Veillier, juner, aumoune faire,
     Descaus aler, viestir la haire,
     Fuïr vanités et huisdives
780 Et faire oevres douces et pives,
     Et de tous pechiés abstenir,
     Et el siervice Dieu tenir.
     Tout che te couvient il avoir,
     Se tu vieus ouvrer par savoir.
785 Or te pense de l'esploitier
     Et de ta besougne quoitier ;
     N'i dois querre delai ne fuite,
     Mais haste toi ains qu'il anuite,
     C'est à dire ains que li mors viegne.
790 De ta besougne te souviegne :
     Je ne te sai mieus siermoner
     Ne nul millour conseil doner. »

767 B *fait*. — 773-4 B *tenroit : ensigneroit*. — 778 *aler et vestir haire*
— 785 *savoir*. — 788 *Mès haster ainçois qu'il*.

Et jou, qui estoië en desir
De souper et d'aler jesir,
795 Li respondi que je feroie
Sen conseil al mieus que poroie.
Lors furent li mes apresté ;
De che que Dieus lor eut presté
Eut on laiens à grant fuison,
800 Si que tout cil de la maison
Mengierent à leur volenté,
Et si burent à grant plenté
De tel boire qu'il leur couvint.
Et lues errant apriès che vint
805 Tans de couchier ; si nos cocames,
Si dormimes et reposames
Dusqu'al matin par grant solas.
Et jou, qui avoie esté las,
Fui au matin bien reposés,
810 Si fui et hardis et osés
De lever matin al grant jour,
Et ne fis mie lonc sejour,
Mais à m'ostesse congiet pris,
Onques de mal ne le repris.

815 Mais à Diu je le commandai,
Et au partir li demandai,
Se l'eskiele montée avoie,
De quele part je me tenroie,
A diestre part ou à seniestre.
820 Et ele m'ensegna tout l'iestre,
Que deviers diestre me tenisce
Dessi adont que je venisce

797 B *li mais.* — 811 *droit au jor.* — 814 *requis.* — 815 *Mais au vrai Dieu la c.*

SONGE DE PARADIS.

  A Desirier l'aparfongiet.
  A itant me donna congiet,
825 Si entrai errant en la voie,
  Là par où jou aler devoie.
  Lors m'acompegnai à Vigour,
  De moi le fis mestre et signour
  Puis qu'à lui fui acompegniés ;
830 Ainc chemins n'i fu espargniés,
  Mais d'aler forment m'esploitai
  Et ma besougne mout coitai,
  Et Dieus, qui pecheours radrece,
  Me mist en une courte adrece
835 Si qu'en me voie tout errant
  Trouvai l'eskiele tout dreçant
  Par où je devoie monter.
  Ne vous poroie raconter
  Le grant deduit ne le grant joie
840 Que j'euc illuec enmi le voie.

  Quar cil qui l'eskiele garderent,
  De si lonc que il m'esgarderent,
  Me disent : « Sire, bien vigniés ! »
  Bien apris et bien ensingniés
845 Les trouvai tous à icele eure,
  Et je pierchuc lues sans demeure
  Que c'estoient li baceler
  Que Peneance sans celer
  M'avoit nommés en sa maison
850 Et endités tout par raison
  Que jou à eaus m'acompaignasce
  Et compaignie lor portasce,

---

825 *entrai tantost en l. v.* — 835 *Si qu'en mon droit chemin e.* — 836 *tout errant.*

Et me dist que mestiers estoit.
Juners et Villers i estoit
855 Et tout cil de lor compaignie,
Où il n'a point de vilonie.
Et je fis tout errant pour eus
Sans boisdie un ris amoureus,
Et puis lor requis et priai,
860 Et enviers eaus m'umeliai,
Que il me feïssent aïe,
Pour Jhesucrist le fil Marie,
Tant que je fusse amont montés.
Et il me fisent grans bontés,
865 Car il m'aidierent volentiers,
Et me dist chascuns que entiers
Me seroit et si boins aidiere
A faire enviers Diu ma proiere,
Qu'il me menroient droit amont
870 Le plus isnelement dou mont.
Par eaus l'eskiele ensi montai,
Qu'ainc escaillon n'i mescontai,
Ains m'en alai amont si droit
Que nus mieus voie ne tenroit.

875 Et quant j'euc l'eskiele montée,
En une plaingne grande et lée
Entrai, qui mout ert delitable;
Ne tenés pas mon dit à fable,
Qu'ainc si biel liu veü n'avoie.
880 Avant alai, si ting ma voie
A diestre, si c'on m'ot rouvé.
Si ai lues Desirier trouvé,

853 *m'estoit.* — 859 *Et si lor.* — 867 *et loiaus aidiere.* — 868 *Et si me firent ma pr.* — 869 *menerent.* — 874 *n'i tendroit.* — 879 *Qu'ainc plus beau leu.* — 881 *Jub. comme ot.*

Qui si grant joie fist de mi
Qu'en un jour et en un demi
885 Ne le vous poroie jou dire.
Illuec tout droit enmi le pire
Estoit sa maisons et ses més,
Iluec avoit longement més

Car c'estoit la droite monjoie
890 De Paradis ; qu'en mentiroie ?
Droit en Paradis me mena
Desiriers, qui mout se pena
De moi avancier et aidier ;
Tout ensi com à souhaidier
895 Alai tout droit en Paradis.
Quant fui ens, se me fu avis
Que je fui del tout si à aise
C'onques n'eüsse eü mesaise,
Ne ainc d'anui n'i oc memoire.
900 Là trouvai je le roi de gloire
Et Sainte Marie, sa mere,
A qui il est et fius et pere,
Et des angles la compaignie,
De si grant joie raemplie
905 Que trop seroit à dire grief ;
Ja nus hom n'en venroit à chief.

Laiens vic saint Jehan Baptiste
Et saint Jehan l'Evangeliste ;
Avoec sont apostle et martir
910 Et li confiès sans departir,

884 *Que en un jor et en demi.* — 885 *porroit on pas dire.* — 888 *Mult i avoit.* — 891 *En paradis droit.* — 894 Ms. *à souhier.* — 896 *ens fui.* — 897 *si del' tout à aise.* — 900 *Leenz trovai le roi.*

Les virges et li autre saint ;
Des Freres Meneurs i oit maint
Et des Jacopins ensement,
Qui voient Dieu visablement ;
915 Des Freres de la Trinité
Et de Cistiaus par verité
Et des autres religions
Et gens de maintes mansions
I avoit il à grant plenté,
920 Que trestout ont lor volenté.

Nonnains i vic et des noirs monnes
Et avoec eaus riulés canonnes ;
Vraies beghines et hiermite
Sont laiens de mout grant merite.
925 Et si i vic mout clers et priestres,
A cui plaisoit forment li iestres ;
Si i vic tant et rois et contes
Que n'en saroi dire les contes,
Chevaliers, bourgois, gens menues
930 I avoit laiens tant venues,
Qui moult avoient grans biautés
Pour chou que bien lor loiautés
Avoient al siecle gardées.
Et quant je les euc esgardées,
935 Se vi mout bien et entendi
Que nostre Sires lor rendi
Merites selonc lor desiertes ;
Amples estoient et ouviertes,

912 *Freres Menus.* — 918 *nascions.* — 920 *Qui trestuit.* — 921 *vi mult et noirs m.* — 922 *Et avocques.* — 925 *Si i vi mult et cl.* — 928 *Que je n'en sai venir à contes.* — 930 *I avoit mult leenz v.* — 938 *et apertes.*

SONGE DE PARADIS. 253

A l'un plus et à l'autre mains ;
940 Lonc chou qu'il eurent mis les mains
A Dieu soingneusement siervir,
Le savoit Dieus bien desiervir.

Laiens fui mout très bien venus.
Ravisés fui et conneüs
945 De ceaus qui al siecle me virent
Endementiers que il vesquirent.
Et chil qui me reconnissoient
De lor amis me demandoient
Qu'il avoient laissiés en vie ;
950 Et je disoie sans envie
Qu'il se gardoient de mal faire
Et se penoient mout de plaire
A Dieu, le pere droiturier,
Et mout avoient desirier
955 De venir lassus avoec aus.
Et j'estoie boillans et caus
De paracomplir me besongne,
Se ne prisoie une escalongne
L'ariester là ne l'atargier.
960 Avant alai sans detrier,
Tant que je vinc devant le Roi,
Qui n'aime outrage ne desroi,
Où seoit en sa maïsté,
Si plains de si grant pieté
965 Que nus n'en poroit conte rendre.
Et je tantost, sans plus atendre,

942 *savoit il*. — 944 *et reconnus*. — 948 B *lors*. — 954 *Et estoient en*.
— 958 Jub. *pris orc*.

Droit devant lui m'ajenoullai
Et de vrai cuer fin l'aourai.
Et il dist : « Raoul, bien l'as fait,
970 « Pardonet te sont ti meffait
« Dont tu m'avoies courechié.
« Or t'en reva, tout sans pechié,
« Là jus au monde dont venis ;
« Mout bien ton droit chemin tenis
975 « Quant tu montas chà sus amont ;
« Tu m'as mout bien siervi tresdont.

« Or t'en reva là jus au peule
« Que je voi tout viers moi aveule,
« Si li di que par toi li mande,
980 « Et après le mander coumande,
« Qu'il prenge si garde de li
« Qu'il ne mefface plus à mi ;
« A moi siervir ne voient goute,
« Ains sont maize gent et estoute,
985 « Ne voelent ma parole entendre,
« Aumoisnes faire ne emprendre
« Penitance ne autre bien ;
« Je me plaing d'eaus sour toute rien.

« Or leur rouveras pourpenser
990 « Et de mieus faire adiès penser,
« S'il vuelent chà amont venir
« Ne le droite voie tenir.

968 B *Mikiel.* — 970 *li mesfet*. — 973 *au siecle*. — 974 *Ton dr. ch. mult bien tenis.* — 975 *casus* (Jub. la sus) *à moi*. — 976 *servi en foi*. — 979 B *lor* (p. *li*). — 980 *Et avoec le mander* (B *mande*). — 981-2 *de lui Qu'il ne me face mès anui.* — 984 *male gent.* — 990 *Et de bien faire mieus p.*

SONGE DE PARADIS.

« Va t'ent, de bien faire te paine,
« Et si i met travail et paine,
995 « Que despises adiès le mont.
« Et quant revenras chà amont
« — Je sarai bien, quant boin fera,
« Ch'iert quant ma volentés sera, —
« Je te donrai une couronne
1000 « Que uns ciercles d'or avironne,
« Tous plains de gemmes preciouses,
« Mout très dignes et gloriouses.

Li couronne qu'il me proumist
Pendoit lés lui ; sa main i mist,
1005 Si le me moustra tout riant ;
Et je m'alai humeliant
Enviers lui, si l'ai encliné.
Et s'il le m'euïst destiné,
Volentiers fusse demorés,
1010 Quar tant estoit li lius soés
Et dous et plains de tel bonté
Que ne l'aroi hui aconté :
Qui cent mile ans laiens seroit
Et puis apriès s'en isteroit,
1015 Si ne li sambleroit il pas
Qu'ens euïst esté un trespas
D'une eure de jour seulement.
Je n'i fui gaires longement,
Ains m'en revinc grant aleüre ;
1020 Mout trouvai le voie seüre

1000 B *Qui uns*. — 1001 B *Tout plain*. — 1002 M. *saintes et mult gl.* — 1011 *grant bonté*. — 1012 *raconté*. — 1014 *Et adonques s'en*. — 1016 *Qu'il i fust le tout seul tr.*

Là par où jou estoie alés.
Et quant je fui jus avalés
Et au siecle fui revenus,
Si dormoie encore, que nus
1025 Ne m'avoit le dormir tolu.
Lors m'esvillai, si me dolu
Li cuers pour che que je par songe
— Que n'estoit point voirs, mais mençonge —
Avoie en Paradis esté ;
1030 Petit m'i avoit on fiesté.

Mais pour che que j'ai tant songié,
De dire songes prenc congié,
Si dirai fine verité ;
Dieus le m'otroit par sa pité !
1035 Qui de Paradis voet aprendre,
S'il me vieut oïr et entendre
Et il en vieut le joie avoir,
Il pora bien de fi savoir,
Que j'en dirai verité pure
1040 Selonc che que dist l'Escripture,
Quels il est et de quel bonté,
Si con li saint l'ont raconté ;
Apriès porés d'Infier oïr,
Dont nus ne puet de lui joïr,
1045 De le mauvestié c'on i trueve ;
Ki le desiert, trop mal se prueve,
Dieus nous en desfende, li sire,
Quar c'est de tous maus lius li pire.

1023 *jus revenus*. — 1025 *mon dormir*. — 1040 *qu'en dist*. — 1044 *Où nus*. — 1046 *N'est mie fable ne contrueve*. — 1048 *maus geus*.

De Paradis premiers dirai,
1050 Si ke ja mot n'en mentirai,
Selonc che que j'ai de science,
Mais je ne cuide pas ne pense
Que soie dignes dou parler,
Pour les grans biens à raconter
1055 Qui sont en Paradis celiestre
Avoec Dieu, où fait si boin iestre
Que sens d'omme ne souffist mie
A chou que la moitié en die ;
S'en dirai chou que je porai,
1060 Verité en desponderai,
Se me puis au voir assentir.
Cil qui sont ens, tout sans mentir,
Sont adiès en vie sans mort,
Nule dolours nes point ne mort ;
1065 Tout adiès est il jours sans nuit,
Nus n'est laiens cui il anuit ;
Sans faussetés i est vretés,
Et riquoise sans povretés,
Et joie fine sans tristrece ;
1070 N'i a angoisse ne destrece,
Seürtés i est sans peeur,
Et si est repos sans labeur,
Durance i est sans prendre fin,
Nule riens n'i vait à declin,
1075 Les pensées i sont sans cure,
N'i a groucement ne murmure,

1050 *Ne ja de mot.* — 1053 *dignes de conter.* — 1056 *Où avoec Dieu fait.* — 1060 Après ce vers le ms. de Paris porte *A mon sens sans raconter songe Ne n'en dirai huimès mençonge.* — 1062 Jub. *sont en touz.* — 1064 *n'i point.* — 1065 *Toute jor i est* (Jub. *ert*). — 1071 B *sans nul peur.* — 1072 *Douz repos i est sans.* — 1074 B *n'i puet prendre fin.*

A tout bien se vont assentant,
Anui ne mal n'i vont sentant,
Nus n'i enviellist ne empire,
1080 Li mains vaillans i est plus sire
Que morteus hom ne puist penser
Qui la mort ait à trespasser ;
Vraie amours i est sans faintise,
Que ne descroist ne apetise.

1085 Santés i est sans maladie,
Nus n'i a faim ne ne mendie ;
Sans anui voient adiès Dieu,
Le glourious, le douc, le pieu ;
Chis veïrs est continueus
1090 Et li desirs perpetueus.
Tel delit ont en cel veïr
Que chius desirs ne puet keïr,
Ne ne s'en pueent soëler,
Ains le desirent sans finer.
1095 Che lor done si grant plaisance ;
Qu'il n'ont anui, doel ne pesance,
Ains ont toute lor volenté.
Jamais n'aroie raconté
Le grant joie de Paradis.
1100 Je vic en un livre jadis,
Où sains Bernars nous soumonnoit,
Et mout durement nous hastoit ;
Com fieus nous apieloit li sains,
Qui consaus est et boins et sains
1105 Pour issir hors de tout peril.
Il disoit : « Hastons nous, mi fil,

1082 *Qui a la mort.* — 1084 *Qui ne.* — 1086 *nus n'i mendie.* — 1091 *enz el veïr.* — 1099 *La grant bonté.* — 1101 *sermonoit.* — 1102 *Qui mult.* — 1104 B *ert.*

« D'aler errant al seür liu,
« Où il n'a ne coust ne aliu » ;
C'est en Paradis, là amont,
1110 Où sains Bernars tous nos soumont.

Apriès l'apiele « lieu seür »,
El aler i a grant eür,
Quar on i a tout che k'on vieut.
Anuis n'i tient ne cuers ni dieut.
1115 Encor l'apiele « souef past » :
Nus n'est malades n'i respast,
S'il mengue de la viande.
Dont sains Bernars est si engrande
Que nous i hastons de l'aler ;
1120 Dieus nous i maint sans ravaler !
Encor l'apiele « camp plentiu » ;
Trop couvenroit l'omme soutiu
Qui vorroit dire le bonté
De cel douc camp ne la plenté
1125 De Paradis dont jou dit ai.
Sains Bernars nous met à l'assai,
Et si nous rueve tost haster,
Pour che que puissons abiter
Illuec sans mal et sans peeur
1130 Et sans destrece et sans doleur,
Et que nous aiens compegnie
Sans anui avoec la mesnie
Des sains qui sont en sainte gloire ;
Après Dius nous en doinst victoire !

1107 *Pour aler tost.* — 1110 Jub. *tost nous.* — 1111 Jub. *l'en seür.* — 1112 *En aler.* — 1113 *quanques on.* — 1115 Jub. *l'apelent.* — 1116 *ne respast.* — 1119 *hastons tuit d'aler.* — 1125 *C'est P. si com dit ai.* — 1129 B *sans nul peur.* — 1130 *Et sanz defaute.* — 1134 Jub. *Amen Dieu.*

1135 Or vous vœl jou d'Infier retraire
Le grant dolour et le contraire
Que cil ont qui laiens habitent,
En nule rien ne se delitent ;
Infiers est lais tout sans mesure,
1140 Si vous di bien sans mespresure
Qu'il est tant hideus et parfons
Qu'il n'i a ne rive ne fons ;
Ne ne puet estre comparée
Li grans ardors ne li fumée
1145 Dont il est sourondans et plains.
Souvent i a larmes et plains
De ceaus qui là ont lor desierte.
Hé las, com fet li hom grant pierte
Qui de Paradis piert le regne,
1150 Où nostre sires maint et regne,
Pour avoir dolour et haskie
En la très grant foursenerie
D'Infier, qui n'est mie souffrable,
Ains est tant cruels et nuisable,
1155 Che nous tiesmoignent Escriptures,
C'onques Dieus ne fist creatures,
Fier ne achier, pierres ne fus,
Que lues n'ait degasté chis fus ;
Fors les ames eskaitivées
1160 Ki sont en cel ort liu entrées,
Celes ne pueent degaster,
Ains les couvient là habiter
En tel dolour et en tel paine
Trestous les jours de le semaine.

1135 *Après vous vueil*. — 1142 *Que il n'i a rive*. — 1143 *Si ne*. — 1145 *sourondez*. — 1146 *et cris et pl*. — 1148 *He Dieus*. — 1150 *Où Dieus en gloire maint*. — 1160 *Des pecheors qui sont dampnées*.

1165   Et tous jours vives i seront,
         Ne jamais hors n'en isteront,
         Que Dieus en Paradis sera,
         Qui jamais fin ne prendera.
         S'eles peüissent prendre fin
1170   Ne de lor mal avoir defin,
         Ce fust mout grans bonneürtés ;
         Mais c'est lor grans maleürtés
         Qu'à nul bien ne béent ne tendent
         Ne ja nule mierchi n'atendent.

1175   Infiers est plains de tel dolor
         Trop par aroit chi grant labor
         Qui le vorroit conter et dire.
         Plains est de grant misere et d'ire
         Et plains de tenebres oscures,
1180   Nus hom ne poroit metre cures
         A chou qu'en desist le moitié ;
         Qui ens est, mal a esploitié.

         Infiers est lius sans ordenance
         Et sans amor et sans pitance,
1185   Si est plains de confusion,
         D'orreur et de damnacion ;
         De bien esperanche n'i a,
         De mal desesperanche i a.
         Chil qui là sont, par verité,
1190   N'ont en eaus amour ne bonté ;
         Caitif sont et caitif se claiment,
         Eaus héent et autrui pas n'aiment,

1165 *Et autant vives.* — 1166 *Que jamès jor.* — 1173 Jub: *Que nul.* — 1176 *Que trop auroit.* — 1180. Jub. *Teüs hom.* — 1182 *Qui est ens.* — 1186 *D'erreur.* — 1188 B *Mais de mal esperance i a.* — 1190 *ne pité.*

En grant angousse sont forment,
Toute maniere ont de tourment,
1195 Qui mout sont grant, par vérité,
Et plain de tele iniquité
Que nus hom dire nel poroit,
Et qui de chou se peneroit,
Grevés seroit tost et lassés ;
1200 Li menres est plus griés d'assés
Que li plus grans tourmens del monde,
Si com il dure à la reonde.

Par ces tourmens sont degasté,
Mais ja n'aront lor tans gasté,
1205 Ains est toudis à commencier ;
Ja nes saront tant depecier
Qu'il ne soient adiès entir ;
En grant dolour sont sans mentir,
A nul bien n'ont onques retour.
1210 Li anemi lor sont entour
Pour aus cours tenir et destraindre.
Li feus d'Infier ne puet estaindre,
Où il sont adiès nuit et jour,
L'ardeur i suefrent sans sejour.
1215 On n'i ot joie ne solas,
Ne nulle vois fors que de las,
Là sont, elas ont, hélas dient ;
Riche de mal, de bien mendient.

1194 Jub. ont omis.—1200 *Li mendres est graindres assez ;* B *trop griés.*
— 1202 *il va à.* — 1204 *lor mal.* — 1205 *Ainz revient lues au.* — 1206 *Ja tant ne sauront d.* — 1207 *Qu'il ne resoient lues e.* — 1212 Jub. *estraindre.* — 1214 *L'ardure en s.* — 1215 *On n'i ot vois fors que helas.* — 1216 *N'ont autre joie ne solas.* — 1217 *Las sont.*

SONGE DE PARADIS.

La visions des anemis
1220 Que li mestres d'Infier a mis
Avoec eaus pour eaus tourmenter,
Pour laidengier et pour bieter,
Lor fait croistre et dobler lor paine
Trestous les jours de le semaine,
1225 Ne ja remede n'en aront
Ne hors des tourmens n'isteront,
Ne n'i atendent mierchi nule.
Por che di bien, oant le pule,
Se nous tout peceour saviens
1230 Et les dolours sentus aviens
Que chil ont qui sont en Infier,
Jamais, n'en esté n'en yvier,
Ne feriens ne mal ne pechié
Dont peuïssiens estre blecié ;
1235 Et en ceste vie mortel,
Entrues que sommes encor tel
Que nous poons mierchi avoir,
Prendons le, si ferons savoir.

Aions dont boine repentance
1240 Et faisons vraie penitance
Des grans peciés et des meffais
Dont cescuns est viers Dieu meffais,
S'atenderons plus feaument
Le cruel jour dou jugement,
1245 Que Dieus toute gent jugera,
Et à cescun il paiera

1222 Jub. *boter.* — 1228 Jub. *orant.* — 1229 *Que se nous pecheor saviens* (B *aviens*). — 1232 *ne esté ne.*—1234 *Dont nous fussiens vers Dieu irié.* — 1239 *vraie repentance.* — 1240 *Et faisons vraie.* — 1243 *fiement.*

Tout che qu'il aront desiervi :
Chil qui aront bien Dieu siervi,
Aront en Paradis loiier
1250 Et en Infier fera loiier
Ceaus qui siervent chi l'anemi ;
Dieus en deffende vous et mi !

Del jugement dist sains Grigoires
Un mot dont or me vient memoires :
1255 « Quant Dieus son jugement tenra,
« Sachiés que cascuns i sera
« De tous ceaus qui ainc furent né,
« Et li plus jone et li ainné ;
« Cescuns aportera sen fais,
1260 « Et qui n'ara à Dieu fait pais
« De ses pechiés en ceste vie,
« Vous savés bien, quoi que nus die,
« Que Dieus iluec le jugera
« Et de lui se deseverra.
1265 « Ilueques aront lor desierte,
« Ou soit de gaaing ou de pierte ;
« La gent sera toute partie :
« Li boin à la diestre partie
« Seront, et li mal à seniestre,
1270 « Qui mout atendent cruel mestre.

Par desus ert veüs li juges,
Il n'a si boin clerc jusqu'à Bruges
Qui peuïst dire le grant ire
Que dont avera nostre Sire,

1247 *Lonc ce qu'il aura.* — 1248 *aura.* — 1249 *Aura P. de l.* — 1253 B *Biel jugement.* — 1256 *i vendra.* — 1265 *Iluec auront tuit.* — 1266 *Soit à g. ou soit à p.* — 1267 B *seront.*

1275 Tout li saint qui iluec seront
De grant paour tout tranleront;
Neis li mere Dieu tramblera
De paour, quant ele verra
Que ses fius est si courechiés
1280 Qui de tous biens est sire et chiés :
Il ert amont en tel sanlance
Comme il fu ens en la balance
De la crois où il fu pendus
Et claufiiés et estendus
1285 Pour nous traire de la fournaise
D'Infier, où nus n'a bien ne aise.

Et aval ert veüs Infiers,
Qui tous ert amples et ouviers
Pour rechoivre les pecheours,
1290 Les useriers, les leceours,
Qui ne se vorrent confiesser
Ne de mal faire onques ciesser.

A diestre verront lors pechiés,
Dont Dieus ert forment coureciés;
1295 Voiant tous erent aouviert
Et li pechié tout descouvert,
Dont on ne prist confiession
Ne ne fist satisfacion
En cest siecle devant le mort,
1300 Dont li consience remort;
Cascun li sien accuseront
De ceaus qui là les porteront.

1276 *Trestuit de p. tr.* — 1279 *ses fiols.* B *ert.*—1280 B *ert.*—1284 *claufichiez.*— 1290 *Les u. l. tricheors.* — 1294 *De qui D. ert m. c.* — 1295 *là ouvert.*— 1296 *Tuit li p. et d.*

A seniestre erent li maufé,
Tout bouillant et tout escaufé
1305 De ceus tourmenter et mal faire
Qui ont esté de lor afaire ;
Celle eure desirront forment
Qu'il les aient mis à tourment
D'Infier avoec eaus en la flame,
1310 Où perderont et cors et ame.

Par dehors verront tout le monde,
Si come il dure à la reonde,
Qui tous ardera par aïr.
Mout se deveront cil haïr
1315 Qui porteront là les meffais
De quoi erent viers Dieu meffais,
Puis qu'il pueent amender chi
Par bien faire et avoir mierchi.

Dedans verront lor conscience
1320 Plaine de male passience,
Qui les rera et brullera
Et forment les tourmentera
De chou qu'il aront fait le mal
Par quoi il erent mis el val
1325 D'Infier avœc les anemis
Qu'il troveront mauvais amis.
Nule part ne porront baer
A cose qui leur puist graer.
Amont verront Dieu courecié,
1330 Qu'il aront pierdu par pechié ;

1307 L'eure desirreront f. — 1312 comme il va. — 1314 se porra li hom h. — 1315 Qui là portera ses m. — 1316 De quoi il ert. — 1317 qu'il les puet. — 1318 Et bien. — 1321 B les reura. — 1324 De quoi.

SONGE DE PARADIS.

Infier verront ouviert aval
Pour aus greyer et faire mal.
Tous lor pechiés verront à diestre,
Et les diables à seniestre
1335 Qui en tourment les meteront,
Et mout courechiet en seront
De chou qu'il iront si tardant.
Desous verront le mont ardant,
Dedens verront en lor pensées
1340 Les lais fais et les destinées
Dont Paradis auront pierdu.
Adont seront si espierdu
Qu'il ne saront qu'il puissent dire.
E, Dieus, com cil jors ert plains d'ire !
1345 Tous les i couvenra venir ;
Ne se saront à quoi tenir,
N'en porront estre destourné.
Tout seront si mal atourné
Chil qu'as montegnes crieront,
1350 Et en criant leur prieront
Qu'eles viegnent sour eaus keïr
Pour Diu ke n'oseront veïr.

Or vous proi tous pour Jhesucrist,
Qui le mont estora et fist,
1355 Que vous pensés, boin crestiien,
Que en cest siecle terriien
Faciez vos maus si eslaver,
N'en soiiés escars ne aver,
Quant Dius son jugement tenra,
1360 Et cascuns de nous i venra,

1331 ouvrir. — 1336 Et qui mult c. seront. — 1338 Manque dans Jub.
— 1339 Dehors. — 1344 est. — 1348 Lors seront. — 1349 Que aus m. —
1350 en plorant. — 1351 Jub. Que les. — 1353 proi por Dieu J. — 1358 B
escart.

>   Que il nous tiegne pour amis,
>   Si k'avoec les boins soions mis
>   A la diestre dou jugeour,
>   Jhesucrist nostre sauveour.
> 1365 Si vous pri que pour moi proiiés
>   Si qu'en m'ajue vous soiiés
>   Enviers Diu qui ens es chius maint,
>   Que il à boinne fin m'amaint.

1561 *Et qu'il nous.* — 1561-62 *Que il vous t. por les suens Et soiez mis avoec les buens.* — 1566 *Et que en m'aïde soiez.*

3.

Li Romans des Eles [1].

D'après le ms. de Turin *L. V.* 32, fol. 112 v° (ancien g *I* 19). A la suite du texte se trouvent les variantes des mss. Bibl. Nationale Ms. franç. 837 (anc. 7218), fol. 54, Ms. fr. 19152 (fonds Saint-Germain n° 1239), fol. 39, Bibl. de Berlin Ms. frç. in 4° n° 48, fol. 154.

Ces 3 versions sont indiquées dans les variantes resp. par A, B, C.

> Tant me sui de dire teüz
> Ke bien me sui aperceüz,
> Qui trop se taist, ke de trop taire
> Ne poroit nus grant chatel faire.

[1] Mon ms. porte en titre : *Dit des VII. eles.* Cela ne répond pas au sujet du poëme, qui traite de deux *eles* ayant chacune *sept* pennes. J'ai substitué le titre indiqué par l'auteur lui-même dans le dernier vers.

LEÇONS RECONNUES FAUTIVES DANS MON MANUSCRIT ET CORRIGÉES DANS MON TEXTE : 3 et p. *ke.*

5 Por ce me plaist en mon romans
Ke des chevaliers vos comans
Noviauz moz, ù ilh poront prendre
Exemple et cortoisie aprendre ;
Et moi poise que je ne puis
10 Plus bel trover que je ne truis.
Et ki d'yaux dist chose certaine,
Chevalerie est la fontaine
De cortoisie, qu'espuisier
Ne peut nus, tant sache puisier :
15 De Dieu vient et chevalier l'ont ;
Tant que en croist par tot le mont,
Vient d'eauz. — Comment ? — Elle est lor lige
Dès le copel jusqu'en la tige :
Autre gent n'en ont fors l'escorce.
20 De cortoisie estuet par force,
S'acuns est ki point en retiengne,
Que ilh le wet et ilh le tiengne
Des chevaliers et [de] leur non,
K'il n'en croist point s'en lor fiez non ;
25 Tel hautece et tel dignité
A en lor non, par verité,
Si fust drois que chascuns seuvist
Ce qu'à lor non apartenist.
Por coi ? De coi sui je à malaise ?
30 I voi je riens qui me desplaise ?
Oïl : la riens que nus i truist
Ki plus lor grievé et plus lor nuist :
Si est ce k'en chevalerie
Li plusor ne s'entendent mie,
35 Ne ne sèvent, si c'est meffais,
Le chevalier por coi fu fais

---

16 *en croit.* — 23 Les mots ou lettres renfermés entre crochets sont omis dans mon manuscrit. — 24 *Ne croist point sor lor fiez non.*

Ne qu'à lor non apertendroit
A faire. Car li nons, par droit,
Est propres nons de gentilh[ec]e.
40 Tant est li nons, de sa hautece,
Sor toz les autres nons ki soient,
Ke, se ilh bien reconnissoient
Ke li nons est de haut afaire,
Asseis font de choses que faire
45 N'oseroient. — Por coi ? — Por honte.
Mès ne sevent qu'al non amonte,
Car tels por chevalier se tient
Ki ne seit k'al non apartient,
Fors seulement « chevaliers sui » :
50 C'est quanqu'il seit dire de lui.
Se chevalier, à droit esgart,
Chil qui n'ont à lor non regart,
Ne conoissent, [si est grans dues],
Aus ne lor non, ne lor nons eus,
55 Ques conoist dont ? — Li conteor,
Li hiraut et li vileor.
De chiaux dist Raols de Hosdent,
Ke sont esproveit merestent
De chevalerie esprover.
60 Et par itant le vuelh prover
Ke, cant li marcheans assemble
L'or et le melestent ensemble,
Sel fiert al melestent, et lors
Puet on conoistre se li ors
65 Est blans u marcheans u fins ;
Et par itant, ce est la fins,

37 Le copiste divise par inintelligence *apert en droit*. — 38 *perdroit*. — 51 *Chevaliers*. — 54 *Kaus ne l. n. ne lor non eus*. — 58 *Ki sont esprouveit et m*. — 63 *et lor*.

Conoist on par les menestreus,
Qui es places et es hosteus
Voient les honors et les hontes,
70 Des queis on puet dire biaux contes
Et des queis non. Car je vos di,
Cant li conteres a fini,
Tant qu'il est poins de demander,
Larges ne puet contremander,
75 De largece, s'il l'a el cors,
Ke la pointe n'en pere fors.
S'il a de quoi, doner l'estuet
Presentement, et s'il ne puet
Doner et li covient prometre,
80 Ilh i seit si francement metre
S'essogne et si bel deviser,
Que toz li mons puet aviser
Le talent qu'il a de bien faire.
Mais li avers est d'autre afaire ;
85 Car se ilh done, tant tenra
Son don, que gré ne l'en sara
Chis cui ilh done ; et s'ilh promet,
Tantes aconquestes i met
En ses promesses, *qu'erranment*
90 *Puet l'en savoir certainement*
Que sa promesse est nule chose.
De son cuer, ù honte repose,
Qui est d'anui feruz en char,
Ist uns vains mos faintis d'eschar,
95 Frois et relens et sens saveur,
Si crus que cant je l'asaveur,

---

68 *hosteis*. — 71 *vo di*. — 89-91 Ces trois vers sont, dans mon ms., par l'étourderie du copiste, réduits au suivant : *En ses promesses, en nule chose*. J'ai comblé la lacune d'après la version A. — 94 *de char*.

Je senc qu'il musist de fainté
Et en boies de mavaisté,
Mols d'armes et tars de sojor,
100 Espès de honte et clers d'onor,
Aigres d'agait, vains de proueche,
Ke li relens de la pireche
K'ilh a el cuer covient qu'en isse.
Ne sai que je vos en desisse
105 Des autres, mès de tant m'est bel
Ke li mot sèvent le vassel,
Tant qu'al parler sont coneü.
Des conteors, ki ont veü
Lor biens, lor mauz, je dis sans falhe,
110 Vers iaus n'a point de repostalhe ;
A un mot, ke de riens ne dot,
Ce sont chil qui conoissent tot.

Por ce me poise, sans mesprendre,
Ke nus i trueve ke reprendre
115 Ne ke blamer ne que redire.
Et que di je ? Vuel je dont dire
K'il soit nus chevaliers vilains ?
Nonil ; mais li un sont do mains
Ke li autre en trestoz les leuz ;
120 Si en i a asseis de cheuz
Ki sont si del plus en prouece
K'ilh ne dengnent faire largece,
Ains se fient si durement
En leur prouece qu'erranment
125 S'i fiert orguez, ki lor comande
A veer se on lor demande,

99 *sojors*. — 115 *ne* p. *me*. — 117 *Ki soit*. — 118. *li uns*. — 119 *autres*.

Et dient ke n'est pas honors.
« De coi dot je ces lecheors ?
« Donrai dont je ? donrai por coi ?
130 « Ke pueent ilh dire de moi ?
« Ne sui je cil al grant escut ?
« Je sui chil qui tot a vaincu,
« Je sui li miedres de ma main,
« Je sui d'armes passeis Gawain. »
135 Avoi, signur, ke ke nus die,
N'afiert pas à chevalerie
Ke chevaliers por sa prouesce
Doit avoir en despit largesce,
Car par prouece, à droit conter,
140 Ne puet nus en haut pris monter,
S'en la proeche n'a deus eles ;
Si vos dirai de coi et queles
Ces deus eles couvient à estre.

Largece doit estre la destre
145 Et la senestre Cortoisie,
Et se chascune est bien fornie,
Il covient, à droit deviser,
K'en chascune, por droit aler,
Ait sept penes. — Par quel raison ?

150 En l'ele qui Largece a non
Est la premiere pene tele,
Por ce que Largece a non l'ele,
C'on soit en largece hardis.
Car par drois poins et par drois dis

---

131 *je* omis. — 135 *ken ke.* — 137 *Par sa pr.* ; *por*, qui est la leçon de A, convient mieux. — 140 *Se la.* — 148-149 *K'en chascune poroit aler En .vij. penes.* J'ai substitué à cette leçon impossible celle de A, qui s'en rapproche le plus.

155 Puet on prover oltréement
    Ke Largece est de Hardement
    Estrete et [de] Hardement vient.
    Et nos savons que pou avient,
    En nul païs, ne loing ne près,
160 Ke nus soit larges et malvès.

    La seconde est de tel affaire
    Ke hons qui vuet largece faire
    Ne doit pas garder à avoir
    Ne ke sa terre puet valoir.
165 Ja chevaliers, se Diés me saut,
    Puis qu'il enquiert que sables vaut,
    Ne montera en grant hautece ;
    Ne chil n'est pas plains de proëce
    Ne d'onor ne de hardement,
170 Ki ne donne plus ne despent,
    Et en folie et en savoir,
    Ke sa terre ne puet valoir.

    La tierce pene senefie,
    Ki fait de Largece s'amie
175 Et vuet de largece avoir pris,
    K'il ait toz jors son conseil pris
    De doner à povre et à riche.
    Je di que de largece triche
    Chil ki done, cant il regarde :
180 « De cestui pues tu avoir garde ;
    « Cis est bien del conte u del roi ;
    « Cis puet à cort parler de toi ;

---

167 *grant largece*. La leçon des autres mss., que j'ai adoptée, est évidemment meilleure. — 168 *pas de grant hautesse*. Ici encore j'ai suivi les mss. de Paris, comme répondant mieux à l'enchaînement des idées.

« Cestui donrai, car ilh me donne,
« Noient al povre ». Ce n'adonne
185 Riens à largece, ains samble force ;
Mais qui en largece s'enforce
Et vuet estre larges parfis,
Si doinst del sien as desconfiz
Et ne regart pas, à son don,
190 Ki l'en rendra le guerredon ;
Car largece, sans nul redot,
Jue del sien à tot por tot.

La quarte pene, à droit esgart,
Si est que on se tiegne et gart
195 De prometre, se on ne vuet
Doner, car ki promesse acuet
Sor lui et puis ne la vuet rendre,
Saveis que ilh i puet atendre ?
A honte li puet atorner.
200 Puis qu'il n'a talent de doner
Et ilh fait l'ome por son don
Venir dis fois en sa maison,
Si li a bien la voie aprise,
Ke plus i va et moins le prise ;
205 Et por itant pulent savoir
Li aver, li serf à l'avoir,
Cant c'est qu'il n'i vuelent plus metre,
Ke c'est folie del prometre.

La quinte penne, c'est l'ensengne
210 Qui à toz les larges ensengne
Ke chascuns asavort son don.
De quel savour, par quel raison

---

189 *regar*. — 192 *par tot*. — 209 *tost* p. *c'est* (évidemment une erreur).

Puet on son don asavorer ?
La savors est del tost doner.
215 Ki morsel sans savor englot,
Emplir en puet son ventre tot,
Mais ja tant n'emplira la pance,
Ke li cuers en sente pitance,
Confort n'aïde ne socorse :
220 Tot assiment emplist la borse
Dons terminois, mais à nul fuer
Ja ne joindra si près do cuer
Com cil qui vient presentement.
Itant sachent certainement
225 Tuit chil ki vuellent estre large,
Ke dons est sans savor qui targe.

La sixte penne à large aprent
Ke larges donne largement ;
Et s'il avient qu'ait mal assis
230 .iij. dons u .iiij. u chinq u .vi.,
Por ce s'acuns dist erramment
Qu'il done le sien folement,
Ne doit estre par lui pensé
Ke reprochiet ne regreté
235 Soient si don por riens c'on die ;
Largece, qui qui la sordie,
Ne voroit pas tant trespasser,
Ne nus larges ne doit penser
A son don puis que doné l'a,
240 Ains doit penser que ilh donra.

214 *tot doner.* — 223-24 Ces deux vers indispensables manquent à ma copie. — 225 *Ke chil.* — 232 *Queis* p. *qu'il.*

La sesme penne en l'ele destre
Aprent que, qui vuet larges estre,
K'ilh doit bel doner à mangier ;
Larges ne doit son cuer changier.
245 Par coi ? — Par ce que ilh avient
Cele largece, dont avient
A celui cui ele remaint
Ke toz jors en largece maint ;
Toz jors remaint, et Dieus comant :
250 Doneis à mangier largement.
Est ce donques si grant prouece ?
Tot chil le tinent à largece
Qui en largece s'aperchoivent.
Saveis por coi tot large doivent
255 Ceste costume maintenir ?
S'acuns larges vuet cort tenir
Et mande gens por honorer,
Tant ne seit à sa cort mander
Dames et chevaliers divers,
260 Ne tant n'i donra mantiaus vers,
Ne tant nel fera volontiers,
Ke, s'il est mavais vivendiers,
Ke chil ne dient, chele et chil,
Al departir : « Honis soit ilh ! »
265 Tele est la costume qui cort,
Et s'est la droite riele à cort,
Ki de plusors gens est suivie :
« Ki n'a cote, si ait cuirie ».

---

241 *La septime en.* — 242 *qu'il vuet cortois estre.* — 243 *K'ilh doit doner des biaz manger.*— 251 *dont p. donques.* — 257 *Il mande* ; j'ai préféré, pour la structure de la période, la leçon *Et* de la version B. — 261 Vers sauté dans mon ms. — 263 *chil et chil.* — 265 *de cort.* — 268 *cuivrie.*

Bien ai de Largece avisées
270 Les .vii. penes, que devisées
Les ai en ele. Or recovient,
Por ce que volenteis me vient,
Ke de l'ele de Cortoisie
Les .vii. cortoises penes die
275 Coment ont non, quel doivent estre.

La premiere en l'ele senestre
Ke j'ai Cortoisie appelée,
Ki premiers doit estre nomée,
Est la premiere en l'ele asise :
280 Si est d'onerer sainte glise ;
Car drois est, et raisons s'i tient,
K'à tous preudomes apartient
K'ilh s'i doient bien regarder,
Car por sainte glize garder
285 Fu chevaliers només anchois ;
Ne doit estre només cortois
Ki sainte glize desoneure,
Car ja ne l'iert ne jor ne eure.
Car bien sachiés, que que nus die,
290 K'il n'est si biele cortoisie
U nus hons puisse demorer,
Ke de sainte glize onorer.

La seconde après la premiere,
Je di qu'ele est de tèl maniere
295 Que chevaliers por sa bonté
Ne por haut pris, ne por biauté

---

269 *avisée*. — 274 *cortoise pene*. — 275 *on non qués*. — 279 *En* p. *est*. — 280 *Si est doners à* (leçon contraire à la pensée de l'auteur). — 292 La rime, le rapport avec v. 280, et l'accord des autres mss. m'ont fait substituer *onorer* à *agarder*.

Qu'il ait, ne tant soit mervelheus,
Que ja por ce soit orgueilheus ;
Car je di, et prover le vuelh,
300 K'entre cortoisie et orguelh
Ne poroient conjoindre ensemble.
Por coi ? — Por ce que il moi semble
Qu'en tous poins naist de cortoisie
Honurs, et d'orguelh vilonie.

305 La tierce penne qui tenir
Doit en l'ele, c'est qu'astenir
Se doit chil qui cortois vuet estre,
De vanter ; quar il ne puet estre
Sans vilonie, cant vanter
310 Ne fist onkes bial chant chanter ;
De vanteor, ce semble anui,
Nus n'iert ja bien loés par lui.
Ki vuet estre drois chevaliers,
Ne doit mie estre trop parliers,
315 Car chevaliers, n'en doteis pas,
Doit haut ferir et parler bas.

La quarte pene doi je dire
Qués ele est et de quel matire :
Ke nus cortois ne doit blamer
320 Joie, mès toz jours joie amer
Et entre les enjoïssans
Joie faire et estre joians

---

303 *Que tous*. — 305 *que tenir*. — 306 *atenir*. — 308 Vers omis. — 309 *cant* p. *cant* ; l'apocope du *t* final devant une consonne se présente plusieurs fois dans mon ms. ; ainsi au v. suiv. *chan* p. *chant*. — 311 *essemble* p. *ce semble*. — 318 *maniere*.

De lor solas et de lor vie ;
C'az chevaliers est cortoisie
325 K'ilh oient volentiers chançons,
Notes et vïeles et sons
Et les desduis des menestreis.
Avec tot ce doit estre teis,
Se ilh ot de dame mesdire,
330 K'ilh face une autre chançon dire.
Por coi ? — Por ce n'est pas raison
Que de nule dame par non
Oie chevaliers vilonie
Dire, qu'il ne la contredie
335 En toz poins, et li doit desplaire,
Car, ki cortois est, il doit faire
S'amur as dames si comune
K'il les aint trestoutes por une.

La quinte penne à qui je tois,
340 Cele defent à toz cortois
Une teche qu'en mainte cort
Empirie est et trop i cort.
Queis est la tece ? — C'est envie :
Cele qui del pior s'envie,
345 Cele qui toz les maus sortient,
Cele dont vilonie avient
A chiaux ki de li font lor mestre.
Por li di, qui cortois doit estre,
S'ilh a segnor et ilh avient
350 Ke li sires cui ilh se tient

326 *Et notes*. — 328 *to ce*.— 331 *raisons* (l's ne convient pas ici et n'est d'ailleurs pas de règle dans les locutions impersonnelles). — 333 *Oient chevalier* (le pluriel serait en désaccord avec le v. suiv.). — 338 *K'il les ait trestoute*. — 341 *cors*. — 342 *est* omis — 345 *tot le mains*. — 348 *Par li*.

Soit de largece convoiteus,
Qu'il gart qu'il n'en soit envieus
Del bel don, s'on le done autrui ;
Ne doit estre pensé par lui
355 Qu'il le deslot et contredie,
Car ne seroit pas cortoisie,
Et chil n'aime pas son sangnor,
Ki li desloe à faire honor.
Por ceus le di qui mestre sunt,
360 Ki od les riches sangnors vont
En toz païs, et près et loing,
Ne ja em place, à grant besoing,
N'aront à lor sangnor mestier.
Toz jors servent de lor mestier :
365 Cant ilh avient que soffraiteuz,
Ki sont de prendre besogneus,
Vinent à cort por demander,
Il salent por contremander
Le don, dont ilh aroient ire,
370 Si dient à lor sangnor : « Sire,
« Chascuns vos prent, chascuns vos robe ;
« Chis emporta à Paskes robe,
« Chis .xxx. sous, chis autres .xx.,
« D'ilec al tierc jor, si revint :
375 « Or est à vos, or vuet ses gages.
« Sire », font ilh, « cil n'est pas sages
« Ki les atrait ne qui lor done ;
« Ki en largece s'abandone,
« Ja en richese ne morra. »
380 Ensi dient ; ja ne donra

352 *gardeis* p. *gart.* — 353 *non* p. *don.* — 355 *Delot.* — 358 *Delot* (l'indicatif est préférable). — 360 *sangnor.* — 365 *que besogneus.* — 374 *Revient.* — 377 *les* p. *lor.* Les vv. 377-78 sont transposés dans le ms. de Turin.

Si bel don qu'ilh ne contredient.
Sovent avient que quanqu'il dient
Torne à noiant et noiant font,
Car li sires à cui ilh sont
385 Les voit sovent et conoist bien
Et ne laroit por nule rien —
Tant est larges et de haut pris
Et tant a le doner apris,
K'ilh ne s'en poroit pas tenir —
390 Ke, quant ilh puet del sien tenir,
Ne doinst, et plus, se plus avoit.
Et li envieus, qui ce voit
Ke done à toz et lor fait bien,
Et ilh ne puet faire le sien
395 S'uns autres un bial don enlieve,
Cant ilh n'i part, et ke li grieve, —
Grieve ? Si fait ; tez est lor vie
As envieus, ke lor envie
Lor grieve, cant ilh voient faire
400 Largece ; tez est lor affaire ; —
Si samble par droite raison
Le chien qui gist lez le mulon.
Coment ? Ch'aroi je tost prové.
Cant li chiens gist enmi le pré
405 Lez le mulon, et ilh avient
Que por mangier à ce fain vient
La vache seule, li chiens saut
Contre la vace et si l'asaut
Et chace loing. Tez est li chiens
410 Ke ne lairoit mangier por riens
La vace qui a moult grant fain,
Et si ne puet mangier del fain.

393 *ki donc.. et li f. b.* — 395 *S'ons.* — 396 *pert p. part.* — 407 *et li chiens.* — 410 *Ke nel lairoit.*

Tez est la vie à losengier ;
De son signor fait eslongier
415 Frans homes et boter arriere
Et ne vuet en nule maniere
Ke nus ait part à son avoir ;
Nis n'en puet à son œz avoir,
Ne li avoirs ne li fait bien,
420 Nient plus que li mulons al chien.

La siste penne aprent par droit
Ke chevaliers estre ne doit
Colpoieres ne mesdisans ;
Ja de vilains gas mal gisans
425 Ne sera cortois costumiers ;
Bien sache, ki est chevaliers,
S'il le prent, ilh prent le pior.
De chevalier copoieor
Puet on bien dire tel reproche,
430 Ke en la main et en la boche
Ne puet ilh pas biauz cops avoir ;
Anchois covient, par estovoir,
Que li cop li viengnent à main
U à la boche u à la main.
435 De chevalier je ne di pas
K'entre autres chevaliers biauz gas
Et biauz cops ne doie retraire
Et toute vilonie taire ;
Tot ce siet, mais n'est pas honors
440 Cant il content az lecheors :

428 *Copoeor*. — 429 *Tele*. — 430 *U en la boche* (leçon contraire au sens). — 433 *Li cops li viengne*. — 436 *Autres* est omis. — 437 *Ne doe*. — 439 *Honur*. — 440 *Conte* ; leçon tout aussi contraire au sens que le *copoie* des autres mss.

Ce me desplaist, ce n'est pas bon,
Cant por lor non laisse le son.
Chil qui tienent ce jou parti,
Ce sont chevalier mi parti,
445 Car ilh sont chevalier nomé
De mi et lecheor de mé,
Por ce que lecheor se font ;
Sel quident estre, mais non sont,
Ne ja ne le seront par droit,
450 Car nus lechieres ne poroit,
Por nule riens qui peüst estre,
Lechieres et chevaliers estre ;
Ains covient qu'il soit toz entiers
U lechieres u chevaliers,
455 *Quar li nons de chevalerie*
Est contrepois de lecherie,
Ne ja n'avenra par raison
Que l'uns toille à l'autre son non.
Et, s'il avenoit que fortune,
460 Ki contre raison met rancune,
Fesist que chevaliers fuist teiz,
Et chevaliers et menestreis,
Or soit à dire tot le voir,
Quel escu devroit il avoir ?
465 Quel escu ? C'est legier à dire.
Li nons m'en aprent le matire,
Sel dirai, car mes cuers s'avise
A dire diverse devise
De lui et de l'escu. Coment ?
470 C'est chil qui à tornoiement

442 *laissent* (de même A). — 446 *De mé* est peut-être fautif pour *clamé*, qu'ont les autres mss., voy. les notes. — 449 *Ncl* p. *ne le*. — 455-58 Ces vv. manquent dans ma copie, ils sont empruntés à A. — 464 Vers omis, emprunté à A. — 465 *A kel escu*. — 466 *Maytire*. — 467 *Dira*.

Porte l'escu al non divers ;
C'est li escus à deus envers,
Ki est partis de lecherie
A un blame de vilonie,
475 A quatre rampunes rampans,
A une langue à cinq trenchans,
Ki l'escut porprent et sormonte,
L'escut al mireor de honte,
A lyon portrait de manaces.
480 Un tez escus en totes places
Pent à tel col ; je n'en di plus,
Ne je ne quit qu'il en soit nus
Ki tel escut doive porter ;
Bien doit chascuns son cors oster
485 K'à son col tel escu ne pende ;
Dieus toz preudomes en defende !

La setime n'oblie pas.
Kez est ? Ele est de tel conpas
C'à toz cortois, par sa maistrie,
490 Aprent, ki vuet de cortoisie
Par devant toz passer le cors,
K'ilh soit amis et ait amors.
Aint à certes, u autrement
Nel feroit ja cortoisement.
495 Chevaliers ki amis se claime,
Cant ilh le dist et li cuers n'aime,
K'esce à dire ? C'est nule choze,
Je m'en merveilh cant penser l'oze.
Non pas por ce je ne di mie,
500 Ki est amis et a amie,

482 *que ce soit nus* (également dans A) ; le sens recommandait trop bien la leçon de B pour ne pas l'admettre. — 489 *pert* p. *par.* — 491 A devant *toz* ; le sens et l'accord des deux autres mss. appuient ma correction.

Ke sovent d'amors ne li viengne
Paine et travas. Quanqu'en aviengne,
Ki en amur met sa science,
Par amurs doit, en pacience,
505 Tout prendre en greit et tot igal
Et joie et duel, et bien et mal,
Ke nule riens ne li griet point.
Por coi ? Amurs, en un seul point,
Li puet rendre par ses bontez
510 Dont tous ses maux li vient santez.

Teiz est amurs, teiz sa poissance
Trois choses samble, sans dotance.
Amurs ki fait la gent amer
Resemble rose et vin et mer.
515 Coment ? — Ce seit on vraiement,
Qui en mer entre, ultréement
Se paine d'ariver à port,
U ilh vuet que sa neis l'aport.
Enmi la mer tantost avient
520 Ke une tormente li vient
Ki tot depiece et tot devoie
Et sace sa nef en tel voie
Ke tot pert. Et ravient sovent
A un autre ki a bon vent,
525 Ke sens torment et sens grant paine
Li bons vens à droit port le maine ;
Ensi li vens en mer desert
Ke chis i gagne et chis i pert.
Aussi ki d'amurs s'entremet,
530 Si tost con en amurs se met,

507 *grief* p. *griet*. — 509 *vendre par sa bontez.* — 525 *Ki sens.*

Li saut uns vens ki tous jours vente.
Kez est li vens ki le tormente?
La parole de fauses gens.
Ceste parole, c'est li vens
535 Ki ja nel laira parvenir
Al port ù ilh vora venir.
Cant ilh avient que vens l'acuet
Ki là le maine ù aler vuet,
Si est riches et plus cheans
540 Cent tans ke n'est li marcheans
Ki gaagne mil mars ensemble.
Ensi amurs la mer resemble
Et jowe des siens à la brice
Ke chil en sont povre et cil rice.
545 Ki en mer entre et plus s'y paine,
Plus trueve en mer amer et paine.
Bien en portrait amurs son non;
En amurs n'a se paine non,
N'aura, por coze qui aviengne,
550 Tant ke chascuns à son port viengne.

De mer et d'amurs ai retrait
De coi li uns l'autre portrait;
Après m'estuet, sans plus atendre,
Por ce ke j'ai enprunté rendre,
555 Que je prueve u ke je devin
De quoi amurs ressemble vin.
De coi? Ch'arai je tost proveit.
Li plusor l'ont en vin troveit:

531 *un vens.* — 533 *fausc.* — 534 *C'est la parole, c'est li vens.* Malgré l'analogie de la variante A, j'ai vu dans *cest la* une méprise des copistes et l'ai, pour la facilité du sens, corrigé en *ceste.* — 546 *dolor et paine.* — 550 *por* p. *port.* — 552 *li un.* — 554 *j'ai ct pron et rendre* (ce qui n'a pas de sens).

Ki prent del vin et douc l'entone,
560 *Quant li vins est dedans la tone,*
Li vins se pere et esnetie
Ke ja n'i remanra putie
Ke ne get hors, si ke li vins
Remaint si nes, si purs, si fins,
565 Si biauz, si clers ke vins puet estre.
Tot ce avient d'amors à naistre.
Coment? Cant amors naist el cuer,
Come li vins ki gete puer
L'ordure dont ilh se netie,
570 Jete amurs fors le vilonie
Del cuer, ke point n'en i remaint,
Si ke l'amurs ki el cuer maint,
Remaint et pure et nete et fine,
Come li vins cant ilh s'afine.
575 Del bon vin itant vos promet :
Ki bon vin en bon vassel met,
Toz jors en vaut miez li vaissiaz,
Kar del bon est bons li esseaz.
Ausi ki en amor s'est mis,
580 S'il a un jor esté amis,
Tous jors en est de millours mors.
Ensi vat do vin et d'amors
Ke je vo di. — Après m'estuet
Ke je die coment ce puet
585 Estre qu'entre amurs et la rose
Soient une samblante chose.
Coment? C'est ligier à savoir.

560 Vers omis dans le ms. — 563 *Ki ne.* Ce *ki* peut toutefois se justifier si l'on prend le verbe *get* dans le sens neutre. — 568 *puor* p. *puer* (prononcez *peur*). — 575 *De bon vin.* — 578 *Kal* p. *Kar.* — 581 *De miedres* (forme incorrecte) — 584 *di* p. *die.* — 587 *C'est de ligier.*

LI ROMANS DES ELES.

        Ki de la rose dist le voir,
        Rose est sor totes flors roiaus,
590 Rose est la flors especiaus,
        La plus cortoise et la plus fine ;
        Rose embelist et enlumine
        Toutes flors, et done colors ;
        Rose est la plus cortoise flors
595 Que cortois puisse recollir.
        Faites cent floretes collir,
        Les plus beles que vos saveis,
        Et en un chapel les meteis,
        Les plus plaisans, coles et celes,
600 Si soit la rose mise entre eles,
        Toutes les floretes nouvieles
        Seront par la rose plus beles,
        Et li chapiaus en iert plus gens
        Et plus plaisans à totes gens.
605 Si con la flors passe bonté
        Et de cent flors passe bialté,
        Et del chapel est plus cortoise,
        Atant et avant une toise
        Est amurs, ki de riens n'i pece,
610 De cent la plus cortoise tece.
        « Or di coment ». — Je volentiers.
        Or soit passé c'uns chevaliers
        Soit biauz et preuz et, entresait,
        Ke cent cortoises teces ait,
615 S'amurs s'i fiert, dont est amurs
        Come la rose entre cent flors.
        Par quel raison ? Amurs m'aprent
        K'amurs enlumine et esprent

591-2 Ces vers sont transposés dans mon ms.—601 *Toute.* — 609 *Camurs p. Est amurs.*

Les teches dont il est techiés,
620 Car se ilh est bien entechiés,
Puis k'amurs as teces s'atace,
Ja n'aura en ses teces tace
De vilonie k'amurs puisse.
S'il est k'amurs cortois le truisse,
625 Cortois le fait plus que devant ;
S'il est larges, larges avant,
Et en toutes bonteis s'enlist.
Atant con la rose embelist
Les floretes et le chapel,
630 C'on tient por la rose plus bel,
Atant amurs, ce est la somme,
Embelist les teces de l'ome.

Tant me sui de dire entremis
Et tant i ai mon penser mis,
635 Ke dit vos ai à la parclose
Et de l'amor et de la rose,
Et des eles la promeraine
Devisée et la daerraine,
Por que tot preu pueent entendre,
640 Que tels eles puet en lui prendre
Od prouece. S'il i est pris,
Dignes est de monter en pris,
Dignes, voire, que que nus die.
Raols à toz les cortois prie
645 Ke de ces pennes l'or souviengne
Et quascuns aucune en retiengne ;
Car je sai bien, sans nul redot,
Teis est riches, qui n'a pas tot ;

621 *s'atece.* — 626 Vers suspect ; voy. les notes. — 632 *taces.* — 638 *darraine.* — 639 *Par que.*

Et por ce faic à toz savoir,
650 Ki totes ne les puet avoir,
S'aucune en puet avoir, ait la,
Car bone tece, cant on l'a,
Puet rendre si bel guerredon,
K'une tece rent un preudon,
655 Et tot bien li vinent devant.
De ce conte conter avant
N'ai soing que plus m'en entremete ;
Lairai je que non ne li mete
A cest romans ? Par foit, je non :
660 Li ROMANS DES ELES ait non.

651 *ains la.* — 657 *me* p. *m'en.* — 659 *ces* p. *cest.* — 660 *a non.*

VARIANTES DU ROMAN DES ELES.

1 A tenus.
2 AB Que je m'en ; C Que ge me.
3 A de trop parler et de trop tere ; C Que [de] trop son coraige t.— B quar de trop t.
4 A Ne poroit nus à bon chef traire, B Ne puet nus houz à bon chef traire.
6 Sauté dans C.
7 A où l'en poroit, B où il porroient.
8 C Grant sens et.
9 A Mes moi... n'i puis, BC Molt me poise.
10 C Plus bien. — A n'i truis.
13 A n'espuisier.
14 A Nel p. n. tant n'i set p. — C tant n'i set p.
15 BC vint.
16 A Tant con l'en cort aval cest mont ; B Tant com en cort par tot le m. ; C Tant con cort l'eve aval le m.
17 A Veut Diex que ele soit lor lige. — BC *por coi* (au lieu de *comment*).
18 B toupel.
19 A Qu'autres gens. — B que l'escorce. — C Que autres n'ont fors l'esc.

21 A cui point en remaigne. — B Qui peint ou reteigne.

22 A Que il l'onort et qu'il ; BC Que il la gart.

23 B De chevalier.

24 AC Quar point n'en croist (C crest). — A fief, B fié (Tarbé fi), C fieu.

27-28 ABC Por ce fust dr. sans contredit Qu'il fussent tel com lor nous dit.

29 A Et par coi en sui ge à m., B item sauf *de coi*, C De coi en s. ge à m.

30 C *l* omis.

31-32 A Qui pis m'i fet et plus m'i nuit, Or escoutez ne vous anuit ; B Oïl, la r. qui plus lor nuit, Qui pis lor fet et plus les cuit; C ... nus i truist Qui pis lor fet et puis (sic) lor nuist.

33 AC Si est que de (B en) ch.

35 B *si sont forfès* (leçon contraire à la grammaire, qui veut le nom. plur. *forfet*), A si est forfais ; C si est forfet.

36 B Por quoi li chevalier fu fès ; A De ch. por qu'il fu fais, C De ch. por coi fu fet.

37 A *apartenoit* (fautif).

38 A quar lor non.— C A fere que lor [nons] perdroit.

39 C que gentillesse.

40 B Tant a lor nom passé h. ; A Tant est li nons passé hautesse ; C par sa h.

41 A Soz (C Sor) toz autres haus nons q. s.

42 B Et se ; C Quar se.

43 AB Com lor n., C Con li n.

44 B tel chose, A teuz choses, C tel choses.

46 C Ne ne s. — A que li nons, B qu'à lor n., C que lor nons.

48 C qu'à non.

49 B Fors seul itant, A Fors seul que tant, C Fors d'itant que.

50 B Set quant qu'il (set est une méprise p. *c'est*), C Mes quanqu'il set.

51 BC Li chev.—AC au (C a) grant esgart.

52 ABC de lor non (nons).

53 Tarbé *d'els* (p. dels) !

54 C ne li non deus.

55 C qui le coneist donc ? Conteor.

56 A Li h., li faus jugleor, B Li h., li vieleor, C li harpeor, li jugleor.

58 ABC Qu'il (B que, C qui) sont apelé marestauc.

59-60 A porte :
Quar il ne sevent pas ouvrer
De chevalerie esprover.

On voit que le copiste, qui déjà avait (de son crû, à ce qu'il semble) introduit au v. 56 l'épithète *faus*, tord la pensée de l'auteur par haine contre les conteurs et autres gens de cette trempe. Évidemment, sa version ne cadre pas avec ce qui suit.

VARIANTES.

61 A Quar caut.
62 ABC marestanc, malestanc.
63 A S'efforce, B Sel froie, C Si fire.
64 BC Puet il. — C que li ors.
65 B Est bons. — C Blans ou m. en fins.
66 ABC Tot autresi, c'en (Tarbé *ce*) est la fins.
67 B Le set l'en ; A Set l'en bien. — C Seit en par les menesterieus.
69 A *Vainquent* p. *voient* ; leçon impossible.
70 B De qui l'en doit ; A De qoi on puet ; C De coi l'en puet.
71 B Et de tiex nous itant vos di ; A Et desquels non, quant je vos di ; C Et de quex nous ge le vos di. — Évidemment ma leçon est la plus nette.
72 B *servi* (fait son ministère) p. *fini*. — A Que quant ç'avient (C Quant ce avient) qu'il ont servi.
73 ABC Et vient au point du (AC de) demander.
74 A ne set. — Vers sauté dans C.
75 AB La largesse qu'il a, C La largesce et s'il l'a ou cors.
76 B n'en saille hors, C ne piert defors.
79 B Doner et se vient au prametre, A et ce vient au prometre, C se ce v. a. prametre.
80 si gentement. — C Illi fet ci freschement m.
81 B L'essoine ; A *Sa somme* (leçon fautive).
84 B Mais li autres.
85 A Que se ilh.
86 BC ja gré.
87-90 Version de B :
. Cil qui retient et qui promet
(*qui* = *cui*, à qui)
Tant aquiteüres i met
En sa pramesse qu'atent tant
Puet il savoir...
Version de A :
Cil qui reçoit, et s'il promet,
Tautes aconquestures met
En sa promesse qu'esraument
Puet l'en savoir...
Version de C :
Cil qui el recoit et si pramet
Tantes aventures y met
En sa pramesse est nule chose...
92 C De son cors.
93 B K'il est demi f. en ch. — A Qui est d'anui servis ou char. — C Qu'il est.
94 A C'est uns vains mos farsis d'eschar ; BC C'est uns vains moz feruz d'eschar.
96 B Si sur, C Si cru.
97 C moisist en faintié, B Je voi qu'il m'a si si éraincié (*sic*) ; A Il sent qu'il musist en faintié.
98 B Et est boutés, C Et bouté.
99 B Mols d'armes, espès, sans savor. — A Mols d'a. et cras de sojor. — C et cas.
100 B Et cras de honte.
101 B en proesce. — A Aguz d'aguet, vains en proesce. — C Engrès d'aguet.

102 B Quar li relens. — C Que li relefs de la pramesse.
103 A qu'il isse, C en isse.
104 ABC que plus vous en deïsse.
105 ABC Des avers, mès itant (C d'itant) m'est bel.
106 B Ke li mont sevent le vaissel ; A Que li mot s. l. vessent (?!) ; C Que li mez sevent li vassel (*sic*).
107-110 Manquent dans C.
107 B qu'au parler.
108 B qu'il ont (= car ils ont).
109 B Lors bien.
111 C Automeuz (?!) que pas ne m'en dout. — B que pas ne me dout ; A qe point ne redot.
114 C Quant nus. — A Que il i trueve (truevent ?) à reprendre.
116 AB Ke di je dont. — C Et que doi ge voir donc doi dire.
119 AB Plus que li autre en toz biaus (BC *bons*) leus.
120 B Et si a il. — A de teus.
121 PT Ki tant sont du (AC *de*) plus en proesce.
122 BC Qui ne daignent.
123 B Et tant se fient durement ; A Ains se f. tant durement.
124 C quarement.
125 A Si fez orguez si l. c.
126 B A vaer ce qu'on l. d. ; A quanc'onor demande ; C quanque l'en lor d.
127 A qu'il n'est p. h.
128 AC De coi criem je ; B De ce crien ge.

129 BC Donrai (C Dorrai) lor ge ; A Donrai ja lor.
132 C qui a toz vaincu.
134 BC Si ai d'armes passé Gaugain (C Gauwain) ; A Je sui daires passé Gavain.
135 A quoi que nus die. ; B A vos, s., ke ke nus die.
138 AB *Doie* p. *Doit* (leçon préférable), C Doi.
139 B au droit.
140 A Ne doit nus.
142 C ge voil dire. — BC coment et queles ; A et coi et queles.
143 B Des .ij. ; A Les .ij.
144 C Que largece soit l'ele d.
146 AB Mais se ch. ele est (B ert) fornie, C Mes se chaque ele estoit f.
147 A Si couvient autre (?) deviser.
148-49 B Que li chevaliers sans fauser Ait .VII. panes ; A Ke chevaliers por droit aler Ait .vii. panes ; C Que chaque ele ait por dr. a .vii. pennes par droite raison.
150 B Que l'ele.
151 A Que la première pane ; B Soit la.
152 C Que ce que. — BC *ele* p. *l'ele* (ce qui fausse le sens).
153 B En soit ; C Qu'en soit prouesce hardiz.
154 ABC Car par droit pris et par droit dis (A a *pruef* p. *pris*). Ces versions, à moins de corriger *par drois dis* et de tra-

VARIANTES.

duire : « par une juste appréciation (ou preuve) et à dire vrai », ne s'accordent pas avec le vers suivant.

155 B *Savoir* p. *prover.*
157 C vient *omis.*
158 B Et vos savez.
162 C Que nus homs qui voille l. f.
165 A Ne doit mie entendre.
166 B que segles ; A que soigles. — C Puisqui garde que le vaut.
168 C Ne il.
169 C Ne d'amor (*anor* ?).
170 B *Ki plus ne done et despant.* Il faut, pour satisfaire à la mesure, intercaler après *et*, comme fait A, l'adverbe *plus*, ou, comme fait C, répéter la négation *ne*.
172 Après ce vers la version de B intercale un vers surnuméraire et parasite : *Ce sachiez vous trestuit de voir.*
174 AC Que de l. fit (C fet) s'amie.
176 B com conseil.
177 B D'avoier le p. et le r. ; A De doner le p. et le r. (datifs sans à, à moins de lire *douer* = doter, gratifier) ; C D'enorer le.
179 ABC Cil quant il done qui esgarde.
180 AC De cestui ne puis (B puic) ge avoir garde ; C De c. puis ge.
181-2 Vers omis dans le texte de Tarbé. Les mss. ABC ont la forme *cist* p. *cis,* et *de moi*

p. *de toi,* en accord avec la première personne des vv. 180 et 183 ; BC De conte et de roi. — B *est* p. *puet.*
183 A et B ont : « Je li (B Celi) donrai quant il ne donne », c'est-à-dire même quand je ne lui suis pas obligé, car c'est un haut personnage. Notre leçon met dans la bouche du donneur intéressé une considération nouvelle ; celle du don par obligation contractée.— C comme A, sauf *illi* p. *il ne.*
184 A Ne s'adoune. — Ma copie de C porte : *Ce na pouric ne ne done.*
186 B et qui. — ABC s'esforce.
188 ABC Se doit doner as (C à) desconfis.
189 A *à chascun* p. *à son don* (étourderie du copiste) ; C de même *à chacuns.*
190 Qu'il atende ; C Qu'il li rendra.
192 A et tout pour tout. — C Ge ne done rien atout par tout.
195 AC Se il ne v. — B De prametre, qui ce aquelt.
196 AC Doner quanques pr. a. — B Sachiez mauvais los en aquelt.
197 A et pas ne la ; BC et puis ne la.
198 ABC Savez vous qu'il.
199 B Et à honte li puet torner ; C A h. li puet l'en t.
200 B du doner. — C Puisque homs.
201 B *A si fait home* (leçon réprou-

vée par la construction). A *homme* p. *l'ome*. — C Si fet home por s. d.

202 C Trois fois venir.

204 A *Tant plus li ment, et mains le prise* (c'est-à-dire plus il le trompe, moins l'autre l'estime). Le ms. B offre la leçon : *Tant plus i met et mains le prise* ; C Quant plus i vient et mains le prise.

205 A pueent; B puet l'on, C poon.

206 B Li avers, li sers à avoir. — A li serf à avoir. — C Li malvès et li sers d'avoir.

207 B Que c'est que il n'i velt p. m. ; C Quant ç'avient qu'il n'i veut riens m.

208 B Si c'est. — AC de prometre.

209 B *est* p. *c'est* (ce qui gêne la mesure).

210 B à toz les autres. — C Qui toz les autres biens e.

213 B Puet il.

214 B *de tout doner* (contraire à la pensée de l'auteur).— AC de tost doner.

215 BC *trenglot* (forme impossible).

217 BC sa pance.

218 B li cors.

219-20 B saute les vers 219 et 220 et continue la phrase de 218 par les mots peu intelligibles *Des cox targier*, où nous avons *Dons terminois*.

219 C Confort viande ne s.

220-21 A Tout autresi come la borse Dons termeiez ; C Tot autresi emple la borse De dons targier.

222 AB Ja ne vendra ; C Ja n'avendra.

223 C prochainement.

224 B sachiez, C sachoiz.

225 B Que cil qui doivent estre *saige* (il faut nécessairement *large*).

227 ABC La s. p. nos (C *vos*) aprent.

228 ABC *Se larges*. Leçon acceptable, mais moins énergique que la mienne ; celle-ci fait du vers la proposition-régime du verbe *aprent* et exprime le sujet spécial que le poëte va développer.

229 BC Se ç'avient qu'il ait mal assis.— A Et ç'avient q. a. mes- assis.

231-32 Ces deux vers manquent dans AC. — La version B a *cil done*, le vers exprimant ainsi les termes directs du reproche.

235 A por dit que die. — B Soit li dons, p. r. que on die ; C Li sons dons por riens que l'en die.

236 ABC qui que l. s. — M. Tarbé a malencontreusement fait imprimer ces mots de cette façon inintelligible : *qui que là sor die*.

237 B Ne porroit mie trespasser.

238 B Ne larges ne porroit p. ; A Neïs larges ne doit p.

240 B qu'il redonra, C que il redorra.
241 A est p. en (lapsus calami). — C La sepme.
242 B Ensaigne que qui v. l. e. (le *que* est un pléonasme pour le sens et surcharge le vers). — C Si aprent qui que v. l. e.
243 B Si doit ; AC Il doit.
244 B Larges doit estre sans faintier.
245 B por ce souvent avient. — C Porcoi. por ce que souvent vient. — A Por coi proesce souvent vient (leçon mauvaise).
246 C donc n'avient.
247 C A celui quele remaint.
249 BC Tos jors la velt ; A Toz jors i maint.
250 A liement. — C Doner.
251-52 B intervertit les termes *prouece* et *largece*.
254 C Por coi. por ce tuit large d. — B tuit la redoivent.
255 ABC Cele largesce.— B retenir.
256 A Se uns larges.
257 AC Il mande gent.
258 B n'en set.
259 AB *ne* p. *et*.
260 B ne done ; C ne dorra.
261 A n'i fera.— C Et s'il ne done v.
262 Vers sauté dans C. — B Se il est.
263 A Que cist ne die et cil et cil ; B Ke ne die tost cele et cil (leçon préférable).— C Que il ne dient cil et cil.
264 A Au derrenier : Dehet ait il. — BC Au departir : Dehaiz ait il.
266 ABC Et c'est la dr. riule. — C en cort.
267-68 :
B Ke de mainte gent ait curie (*sic*);
           [Tarbé : *est enviée.*
Ki n'a coste, si ait cuiriée.
A Ki est de plusors genz conute,
Ki n'a cote, si ait cainture.
C Qui de mainte genz est conivie (?).
Qui n'eit coute, si eit curie.
269 ABC Tant ai.
270 C quals devisées.
271 A *Lessai* p. *Les ai* (bévue manifeste).— BC Qui sont en l'ele.
273 A *des eles* (faux).
275 Tous les manuscrits négligent ici la grammaire et ont *ques*, *quex* ou *quels* au lieu de *quel* (nom. plur.).
276 B *en l'ele destre* (leçon absurde et faussant la mesure). — P *La première ele est la senestre* (leçon non moins erronée). — C La seconde ele est la senestre.
277 B Qui est c. a.
278-80 :
B Cele doit bien estre nomée
La premiere est en l'ele assise
D'anorer toz jorz saint iglise.
A Qui premiers doit estre nomée
Et la première ele est asise,
Ele est. d'h. s. g.

C Qui doit mult bien estre nomée
La premiere penne d'asise
Si est d'enorer sainte iglise.
281 B *Que* p. *Car*.
282 ABC Qu'à tos chevaliers.
283 A Que il se doivent ; B Et bien s'i doivent. — C Que il deivent regarder.
284 ABC Que pour.
287 AC Qui eglise n'aime et honeure (C hanore).
288 B Que ja n'en ert ne jor ne heure.—C Que il ne les (lisez *l'est*). — A *Que ja ne lait*. Cette dernière leçon fait comprendre ainsi : et que jamais il ne cesse d'onorer l'église ; tandis que le poëte veut dire : Car jamais il ne pourra prétendre à la qualité de courtois.
289 B Et bien sachiés.
290 B Que c'est la greignor cortoisie. — AC C'est la plus biele c.
291 ABC Où nus se puisse demorer.
294 B Quele est ? Ele est de t. m. — A Quels ele est et de quel maniere. — C Quex est ele de cele maniere.
295 AC por sa biauté.
296 B Por hautesce ne por beauté. — AC Por nul haut pris ne por bonté.
297 AC *tant ne* p. *ne tant*. — B Qu'il ait, ja tant n'ert mervellox.

298 B Que ja doie estre. — AC Que por ce doie estre o.
299 A et por voir le vuelh.
301 B Ne peuvent pas.
303 B Que toz poins.
306 C Doit ensemble c'est qu'atenir. — B que tenir.
307 C Ne doit qui.
308 A De vanter ; vanters ne p. e. — C De vanterie qui seut nestre De vilanie, que v.
309 B que vanter.— A ne vanter.
310-11
B N'oï l'en ainc bon chant chanter
De vanteor ce sanble anui.
C Ne sot onques de bel ch. ch.
De vanteors me s. a.
A est conforme à ma leçon, sauf *ainz samble* p. *ce semble*.
312 B Ja nul n'est bien ; AC Ja nus n'iert bien. — Dans C les vv. 311 et 312 sont intervertis.
314 B Si se gart d'estre mençongiers.
316 BC Doit ferir h.
317 B vueil ge dire.
318 B Quele est ele de q. m. — C Quex est ? ele est de tel m.
320 B *mener* p. *amer* (ce qui gâte la mesure.)
321 B Et estre aveques les joians. — C Et doit estre des esjoianz.
322 ABC Faire joie.
324-25 C Qu'à chevalier est c. Qu'il oie ; AB Quar chevalier est c.

327 AB Et deduit de menestereus (B des menesterex).; C Et deduiz de menestreus.
328 BC Et avec ce. — A Quar chevaliers doit estre teus.
329 A S'il i ot de fame mesdire; B Se il ott de d. m.; C Se il ot de dames m.
330 B une autre chose.
335 B En trestoz p. li d. d.; C En toz p. elli d. d.
337 C L'anor a dames li c.
338 ABC Que il (C Quil) les aint toutes p. u.
339 C La qu. p. ge destois.
341-42 A Une teche qui mainte cort A empirie et trop i cort. Cette leçon me plaît davantage que la mienne, mais celle-ci est en tout cas préférable à celle de B : Une chose que mainte cort A honie et mainte i cort. C Une t. qui mainte c. A povrie et mult i cort.
343 A Quele est.
344 ABC du poior (A de pieur, C de poior) s'envie.
345 B sostient ; C maintient. — A Cele qui tous les maus geus tient.
346 ABC vient.
347 C A tex qui d'ele.
348 B Por ce que qui c. velt estre (C de même sans *que*). — A veut estre.
350 AB à cui se tient ; C où il se t.
351 ABC desireus.

352 ABC ne soit.
353 AB De beau don s'il. — C De beau d. si l'en d. a.
354 A pensé de lui.
355 ABC li (C les) deslot ne c.
356 A Ce ne seroit. — C Quar n'esteroit.
357 ABC Ne cil.
359-60.
B Por ce vos di c'uns maistres sont
Qui ouvecques lor seignor vont.
A Por ce di je que mestres sont
Qui avoecques lor sangnors vont.
C Por ce le di que uns m. sont.
Que chevalier lors seignors ont.
362 A à nul besoing ; C au gr. b.
364 B Il servent tuit de losangier. — C Toz [jors] servent de losengier.
365 B S'il avient qu'aucuns desireus. — A qu'uns souffraiteus.
366 B covoiteus.
368 A *Il lessent* (fautif). — C I saillent.
369 A dont il ont pris grant ire.
371 C Ch. vos taut.
372 B avant hier robe.
373 B Cil .xxx. *sous*, cil autres .xx. (Tarbé .xxx. *liv. et cil*).
374 ABC D'ilueques au tiers jor revient.
375 B Or est venus. — A Or est aoust. — C Est il à vous, or veut les gages.
376 B Par foi cil ne fait pas que sages. — C Sire, fet il.
377 ABC Qui les en croit.

378 BC à largesce.
379 A En richece ne montera.
380 BC Issi. — A n'en donra.
381 B Nul don que il ne c. — A Biau don qu'il ne lor contredient. — C Beau don qui nele c.
382 A S'avient sovent.
383 B Torne en noiant.
384 B Et li sires.
385 ABC ses conoist.
386 B Et ne lairoit. — AC Et n'en lairoit por lor dit rien.
387 A tant a haut pris. — C Tant est largesce de h. pr.
388 AB a à doner. — C A tant à beau doner s'est pris.
389 B se porroit. — A Que il ne s'en p. tenir. — C Qui ne s'en vodroit.
390 BC Que ce qu'il puet.
392 B Et quant li envieus ce voit.— AC Et puis que li envieus voit.
393 *et fait lor bon* (en conséquence au v. suiv. *le son*). — A lor buen.
394 A *Ne il ne puet avoir du suen* (le *suen* se rapporte dans l'esprit de cette leçon au bien du seigneur). — C Et qu'il ne puet fere le son.
395 B S'uns autre (l. *autres*) un beau dont relieve. — C Les vv. 395-6 sont intervertis.
396 C ni piert. — B si qu'il li grieve; C ce qui l. g.

397 A ce est lor vie. — C Grieve si fet lor envie.
398 B *qu'il lor ennuie*. Cette leçon donne un excellent sens, mais elle ne s'accorde pas aussi bien avec la rime et n'est plus admissible si les deux vers qui suivent dans notre version et dans celle de AC, et qui font défaut dans B, sont authentiques, ce qu'il n'y a pas lieu de contester.
399 A Les grieve; C Et grieve.
400 A iteus; C itel.
401 A Si samblent.
402 ABC qui garde le mulon.
403-4 Ces deux vers manquent dans B, et le v. 405 y commence par les derniers mots de notre v. 404 : *Enmi le pré.*
404 BC est p. *gist.*
405 AC Lez un mulon.
406 AC à cel fain.
408 *Et* manque dans AB.
409 C Et chace en loing.
410-11
B Et ne lairoit por nule riens
Mengier la vache qui a faim.
AC Que ne lairoit por nule riens
La vace qui a mout grant fain.
412 ABC Ne il.
413 B au losangier.
414 B estrangier.
415 B Les preudons. — AC Les frans homes et boute arriere.
416 B Ne ne velt.

417 ABC en son avoir.
418 A N'il ne puet. — B Ne il n'en puet por lui avoir. — C Que nus eit preu en son a.
420 B Plus que li m. fait au ch. — AC Plus que fet li m. al ch.
422 ABC Que nus cortois.
423 B Coupoierres, A copoieres, C coporres.
424 AC Quar de vilains cops maugisans. — B de même, sauf *mauséans*, dont la rime n'est pas aussi riche.
425 AB *n'est nus cortois ne costumier* (leçon défavorable au sens); C de même sauf *pas* p. *nus*.
426 B Bien saichiez.
427 ABC S'il (B Cil) s'i prent.
428 BC Quar de chevalier coupoior.
429 A *Puet il* (fautif).
430 AC ou en la b.
431 B *Ne puéent pas* (leçon soutenable, s'il y avait au v. 428 au plur. *chevaliers coupoiors*). — C beau cop.
432 B Ains covient par fin estovoir.
433 A *en vain* (leçon dépourvue de sens).
434 BC Les deux fois *en p. à.*
435 BC ne di ge pas.
436 C L... (?) chevaliers n'eit biaus gas.
437 B Et beax moz. — C Et beaus mos ne doit r.
439 B Tot ce soit. — C Tot ce sai ge, mes.

440 ABC il copoie (leçon contraire au sens).
441-2 A bien : sien (au lieu de bon : son).
442 B Cant par border perdent lor non. — C Quar por lor biens.
443 BC Et cil (C ceaus) qui font cel gieu parti.
446 ABC lecheor clamé.
449 B Ne ja ne lesseront.
450 A nus chevaliers.
451 C quan qui puisse estre.
452 B Chevaliers et lechieres.
453 C Ainçois.
456 BC Est outre point.
460 A outre reson, C entre reison.
461 B Feïst qu'uns ch. — C Fesoit qu'uns ch. — A Fesoit que.
462 B Que ch. et menestrex. — AC Chevaliers et menestereus.
463 B Or en soit or au dire voir. — A Est à reson à dire voir. — C Se ce avient au dire voir.
465-6 C Li nons m'aprent li maistire (?) De l'un à l'autre tot atire.
467-8 Ces deux vers, inutiles au fond, manquent dans B. — A Si dirai, quar mes cuers avise. — C Ge dirai que nus (!) cuers avise.
469-70 C De lui et de l'escu ensemble C'est cil que quant tornoi asemble.
470 B au tournoiement; A au commencement.
473 B portrait, A portrais, C portrez.

475-6 Ces deux vers manquent dans B. — A ramposnes pendanz.
477 B *sorprent* (fautif).
479 AC Au lyon. — B A .i. lion peint.
480 B Itel escu.
482 B Mais ge ne cuit. — A que ce soit nus.
484 ABC son cuer.
485 B A son col.—Le ms. A traitant *pende* en verbe neutre lui donne l'écu pour sujet et écrit *teus escuz*.
486 ABC Dont Diex tos chevaliers deffende.
487 AB La sesme penne n'obli pas (leçon préférable). — C La sepme n'obli ge pas.
488 B Quele est ele ? De tel compas. — A Quel ele est et de quel c. — C Quar ele est de tel c.
489 B Que toz cortois. — Ici s'arrête le manuscrit de Berlin (notre C).
491 B Par devant ax passe le cors (leçon inintelligible).
492-3 B
Qu? set d'amis et que d'amors
Ainz a certes ou autrement.
A. Qu'il soit amis et que d'amors
Ait autre escu, u autrement.
494 B Nel feroit pas ; A Ne seroit pas.
495 B qui ami.
497 B Ce est à dire nule chose. — A Qu'est ce à dire. Qoi ? nule chose.
498 B Si m'est avis com oser ose. — A C'est merveille quant oser ose.
499 B Et ne porquant ge. — A je n'en dout mie.
502 A Paine et torment mès quoi qu'aviegne. — B Paine et travail, mais que qu'avigne.
504 A Por amors.
505 A ingal.
508 B Por qu'amor en un tot seul point.
509 AB rendre par (A *por*) sa bonté.
510 AB Que tot son mal devient santé.
514 AB Qui samble.
515 B Por qoi ? l'en set veraiement. A Par coi ? l'on set certainement.
516-17 A Qui en m. e., s'a graument De paine...
517 B de venir au port.
518 AB que sa nef le port.
519 B Et en la mer sovent avient.
520 B tormente i vient.
521 B Despiece. — AB et tot desvoie.
522 A *chace*. Leçon acceptable, mais moins énergique que *sace* (tiraille). — B Et trait la nef en male voie.
523 A puis ravient souvent. — B Que il pert tot. Sovent avient.
524 B Que li bon vent souvent li vient.
525-6 B Qui sans grant paine là le maine Où il velt que la nef le

VARIANTES.

maine. — A que ses vens le maine.

527 A Ensi li vient en mer dessert.
— B Ainsi en mer li venz desert.

528 B Cil i gaaigne, cil i pert.

Ici la version de B nous abandonne : sautant sur nos vv. 529 à 636, elle conclut brusquement la pièce par les six vers suivants :

Or vos ai dit trestot sans paine
Des .ij. eles la deerreine.
Ge ne vueil que plus m'entremete.
Saurai li quel (l. lequel) non ge li
[mete
A cez romans ? par foi, ge non !
Les romans des eles ait non.

D'après cette version le poëte a l'air de donner à son poëme le titre de *roman des ailes* parce qu'il ne sait pas quel autre lui donner. N'y aurait-il pas lieu de corriger :
Faurai je que non ne li mette ?
qui peut se traduire ou par : manquerai-je (cp. le *lairai-je* de mon texte) de mettre, ou par : cesserai-je (mon conte) sans mettre ?

A partir d'ici, nous n'avons plus à signaler que les variantes du ms. A.

530 Tantost com à l'amer se met.
531 Si saut.
532 Les p. le (sans raison).
533 des fauses gens.

534 C'est la tormente, c'est li vens.
535 Ki ja ne le laira venir.
536 voudroit venir.
539 Si est plus riches et cheans.
540 Cent tens ne soit l. m.
543 Et jue des vens (!) à la briche.
544 Cil en sont povre et cil sont riche.
547 Bien i esprueve.
548 Ja nus en eus (*eut* ?) se paine non N'aura.
551 Et de la mer amors retret.
552 Par coi.
554 Ke j'ai emprunté rendre.
555 Que je pruef ce que.
557 Coment.
562 Poutie.
565 *con p. que.*
566-7 Tout ce revient d'amors au naistre Coment que l'amors naist du cuer.
569 s'esnetie.
573 Remaint si nete et pure et fine.
576 Quant il est en bon vessiau net.
578 Quar de bons est bons li essiaus.
579 en l'amer.
582 Ausi est.
583 Come je di.
586 semblable.
589-90 Seur toutes flors rose est leal (*sic*) Rose est la plus especial.
598 en .i. chapelet metés.
600 Puis soit.
605-7 Comme rose par sa bonté
Est de .c. flors, et par beauté
Est du chapel la plus cour-
[toise.

611 dit par coi?
612 Or soit posé.
613 preus, tout entresait.
615 L'amors le fet (!).
616 Come une rose.
617 Qu'amors m'aprent.
624 Se c'est.
626 Après ce vers, le ms. A. a ces deux vers en plus :
Quar amors fet, ce ne fet nus,
De bel plus bel, de courtois plus.
627 biautés s'eslist.
629-30 Les floretes et le chapiel.
Que l'on tient por la rose à [biel.
632 à l'ome.
636 De coi amors resamble rose.
639-41
Par coi tuit i pueent aprendre,
Quar l'en i puet tel chose en prendre
Ou prouesce ; s'il i est pris.
643 Dignes, c'est mon, quoi que nus die.
645 Ke de ces teches li souviengne.

646 Et qu'aucuns.
647 sans nule doute.
648 qui n'a pas doute.
650 nes porra avoir.
651 S'aucuns la puet avoir, gart la.
655 Et en toz biens le met avant (= *le fait avancer, prospérer*).
656 De cest conte.
657 N'ai talent que plus m'entremete.
658 Si (= *cependant*) est droiz que je non i mete.
659 A cest romans ; parfaz je non. Ces derniers trois mots veulent dire, je pense : N'achèverai-je pas mon œuvre en lui donnant un titre ?
L'explicit porte : *Expliciunt les eles de cortoisie*, ce qui n'est pas exact, car les *eles* sont celles de *Prouesse*, dont l'une est *Largesse* et l'autre *Courtoisie*.

NOTES EXPLICATIVES ET RECTIFICATIONS.

I. GONTHIER DE SOIGNIES.

1 (pp. 1-4).

2 *Refraindre*, réfléchir, répercuter, répéter, litt. = lat. *refrangere*, primitif du subst. *refrain*, se rencontre 1º comme verbe actif, p. ex. Trouvères belges 154, 7 : En sa pipe refraignoit La vois de sa chanson ; plus loin, Trésorier 1, 3 : Quant oisel refraignent lor chans ; 2º au sens absolu « retentir », comme ici ; 3º au même sens avec un régime indirect, comme dans la variante E de notre passage : *Dont refraignent li buisson*. Comme il n'y a pas en français, à ma connaissance, d'autre exemple d'un subst. verbal dégagé d'un verbe en *aindre* ou *eindre*, il y a lieu d'admettre que notre subst. *refrain* est une reproduction du prov. *refranh* (tiré de *refranher*). Le synonyme *refret* (Roman de la Poire, voy. Littré vº refrain) répond à un type *refractus*.

3 Cette addition de l's au fém. *joie*, se remarque encore chez notre poëte chans. 7, 35 ; 14, 23, et 29, 4 (les 4 passages appartiennent aux mss. C. ou D). On serait tenté de l'expli-

quer par le besoin d'éviter l'hiatus, mais ce motif ne peut être allégué pour 14, 23 ; d'autre part, 7, 35 (*Où joies est moult prochains*), nous prouve que *joie* s'employait parfois comme masculin, et qu'il faut attribuer à cette circonstance le fait en question ; le même genre est propre au prov. *jau*.

4 *Entrant,* commencement ; mot très-fréquent, quoique négligé par Roquefort.

12 *Maintenir une amor*, comme *sostenir* (v. 14), faire face aux obligations qu'elle impose.

13 *Quic* = *cuit* (cp. 6, 22), je pense, *cuide*. La langue de l'époque se passait en général de toute flexion à la 1e pers. sing. du prés. indic. de la première conjugaison (*pri aim gart dout cont pens*). Quant au changement du *t* final en *c*, ou au *c* mis après *n*, il est commun ; les formes, *ainc garc quic douc parc prenc mec* alternent avec *ain gart quit* (cp. p. 97, v. 5) *dout part prent met*. Cette substitution de *c* à *t* (ou *d*), est-elle l'effet d'une réaction des subjonctifs *aincé* (aime), *garce* (garde), *bache* (batte), *meche* (mette), ou de la confusion graphique des deux lettres dans l'ancienne écriture ? Je n'oserais rien décider.

16 *Merir* signifie tantôt mériter, comme ici, tantôt récompenser (cp. 2, 27). Il en est de même de *deservir*.

24 *S'acointier à* qqn., l'approcher, l'aborder (sens précis qu'il est utile de relever).

28 *Sans dangier*, sans faire de difficultés.

32 *Vauroit*, 33 *vaurai* ; *au* p. ou = *ol* est un trait du dialecte picard ; ainsi *faus* p. *fous*, *taut* p. *tout*, *tolt* (passim).

36 *En autre endroit*, pour une autre considération ; cp. v. 68 *en tos endrois*, à tous égards, en tous points.

37 *Ester*, rester, syn. de *demorer* (v. 31).

43 *Ligement*, absolument, sans réserve ou, selon la définition du poëte lui même, « sans laisser une part à autrui » ; cp. Cisoing 1, 10 et Fremaus 2, 14.

46 *Oni*, uni, un.

48 *N'avons parti* (partagé), n'avons pris chacun une part différente, n'avons séparé les parts.

51 *Ajoster*, assembler, composer. — 54 *Respit*, délai.

58 *Delit* ; la 3e pers. du subj. prés. de la première conjugaison a

pour flexion *t* (*aint* 11, 8, *anuit* 4, 4, *oblit* p. 61, *dont*, 15, 22), mais ce *t* flexionnel s'efface quand le radical se termine en *t* : donc *delit* (deleciet), *chant* (cantet) 3, 58.

61 *Sospris*, syn. *destrois* (litt. = destrictus), embarrassé, gêné.

87 *Vis* terminant déjà le v. 65, il y a lieu de supposer ici une faute du texte : on voudrait *Simple semblant et douc ris*.

2 (pp. 4-5).

4 *Contre*, vers, à l'approche de ; cp. l'all. *gegen*. Cp. Cisoing 1, 1 ; 8, 2.

6 Peut-être faut-il plutôt *mi* = me.

12 Il est utile de rappeler que *faintise* exprime, ici et souvent, moins la dissimulation que le relâchement, le découragement, la lassitude ; c'est, chez les chansonniers, un syn. de *repentance* (23).

13 *Esserai* ; sur cette forme de futur, voy. Burguy, I, 262 ; Diez gramm. (trad. franç.), II, 210.

14 *Franchise*, noblesse, générosité ; telle est la valeur antique du mot.

16 *Ravoir son service*, en trouver la récompense, en être payé.

17 *Justisier*, tenir en sa puissance, gouverner.

21 *Créance*, opinion. — 22 *En*, c'est-à-dire « de l'amour ».

25 *De servir*, en retour de mon service.

26 *Vueillance*, cp. Cisoing 7, 41 ; ce mot ne survit plus que dans *bien-* et *malveillance* (Carasaus 1, 16, *malvueillance*).

27 *Merir*, voy. pl. h. 1, 16.

28 *Devise* ou *dévis* (Freimaus 3, 44), manière ; *par grant devise*, grandement, magnifiquement.

29 *Qui* ou *ki* (23, 52), forme concurrente de *cui* (cp. 3, 51), régime direct et indirect de *qui* masc. et fém. On trouve donc aussi, avec élision de l'*i*, *qu'on* ou *c'on* = à qui on ; ainsi Bast. de Bouillon, 556 : *Corbarant c'on mist sus traïson*, où M. Tobler, dans sa sévère, mais excellente critique de mon édition (Göttinger Gel. Anz. 1877, p. 1609), me fait à tort admettre dans *c'on* un *cui* avec élision de *ui*.

31   *Veut*, forme concurrente de *vout* (ms. F.) ou *vaut* = voulut.
    — *Que*, car.
34   *De valor*, pour son mérite. — 35 *Resprendre*, renflammer.
36   *Dolor*, comme souvent, passion.

3 (pp. 6-8).

4   *Enserir*, syn. d'*avesprir*, lat. vesperascere.
5   J'ai peut-être eu tort de substituer *tressail* au *tressaul* du ms., forme moins régulière, mais qui, sur la base d'un radical *sall*, se justifie aussi bien que *Gaule* de *Gallia*.
8   *Plus*, le plus, lat. maxime.
9   *Haïr sa vie* ou *se haïr* (4, 33) fait opposition à *se tenir* ou *s'avoir chier*, se féliciter (cp. Trouv. B. 118, 10, et plus loin 22, 40). C'est donc à peu près « se désoler ». — Je rencontre dans notre volume 3 formes de la 1ᵉ pers. sing. de l'ind. prés. de *haïr* : 1. *hai* (ici et 4, 33), 2. *hé* (6, 13) ; 3. *has* (7, 9 et Jean Fremaus 2, 26) ; voy. Burguy I, 350. De ces 3 formes, les 2 premières seules (moins anciennes que *has*) sont employées à la rime.
14   *Del tout*, tout-à-fait. — *Atorné*, prêt. — 17 *Partir*, me séparer.
24   *S'en consirer*, s'en passer, s'en priver ; cp. Mätzner, Altfr. Lieder XV, 40 : Si m'en couvient à dolour consirer ; ib. XVI, 16 : Si m'en couvient languir et consirer.
34   *Doutance*, crainte, danger. — *Faillir*, sens absolu, manquer son but, ne pas réussir ; c'est l'opposé de *achiever* (Carasaus 1, 40), *recovrer* (13, 51), *joïr* (v. 48), avoir joie, à bien venir (v. 46).
40   *Remanoir*, cesser. — 41 *Departir*, se diviser, se dissoudre.
50   Il ne faut pas perdre de vue que *cortois* exprimait anciennement la qualité d'un homme comme il faut, bien élevé ; il ne s'agit pas de simple politesse.
56   *Tres or*, désormais. — *Retrouvange*; *v* intercalaire comme dans *po-v-oir*, *a-v-ourer* (28, 46), *avoultre* (adultère).
58   On dirait que Gauthier dans cette chanson se fait l'interprète des sentiments d'une tierce personne.

60 *Ou* (= *el*) *pascor*, à Pâques, ou au printemps. Sur la forme *pascor*, voy. Diez, Dict. I, v° *pasqua*.
65 *Afier*, rendre *fi*, rassurer.

4 (pp. 8-10).

2 *Douçor*, ici gaîté, cp. 15, 4 ; le terme s'applique à tout ce qui fait naître des sensations agréables. Je prends occasion de rencontrer une erreur étymologique assez commune et dans laquelle j'ai versé avec Littré et Brachet. Le fr. *douceur* n'est pas à la lettre le lat. *dulcorem* ; ce dernier ferait *douqueur*, comme *runcor* a donné vfr. *rancor*. Le son sibilant du *c* radical dans les mots romans prov. *dolzor*, *doussor*, esp. *dolzor*, ital. *dolciore*, fr. *douceur* indique que notre mot est de formation romane et tiré du féminin *douce*, comme *blancheur* de *blanche*.

3 *Deduit*, expression analogue à *deport* et à notre mot mod. *distraction* ou *divertissement*, syn. de plaisir. *Deducere*, ou *disducere*, d'où vfr. *deduire*, *desduire* (amuser), c'est propr. détourner de la tristesse.

3-4 « Mais pour celui qui a perdu j. et d. (ou plutôt qui s'y est livré sans fruit), il ne peut empêcher (*muer*, litt. faire autrement) que cela ne l'ennuie. » *Anuier* était d'abord un verbe intransitif régissant le datif. Pour l'expression *ne pouvoir muer*, cp J. de Dampierre 1, 13 : Or ne puis muer Que je n'aime en aventure. — Le vers 4 est répété textuellement par notre auteur 18, 3.

5 *Qui* = quem.

7 *Voil* semble être ici plutôt l'indic. prés. de *veiller*, que l'indic. prés. de *voloir* ; *oi* p. *ei*, en syllabe tonique, est correct, cependant, 3, 5 et 23, 67, nous trouvons *veil*.

10 *Mahaing*, blessure, ici état de souffrance.

11 *Se faindre*, comme *se repentir*, se relâcher ; voy. pl. h. 2, 12.

12 *Desdaingnier son cuer*, expression curieuse : le détourner avec dédain.

13 *Engaing*, correspondant masc. de *engaigne*, dont je me suis occupé Enf. Ogier, 5599, et qui paraît le plus souvent signi-

fier irritation, colère (voy. Tobler, Mittheilungen, I, 260). En rattachant le verbe *engaigner* à *ingenium* (d'où *engin* et *engignier*), je pourrais bien avoir méconnu les lois de la phonétique, d'autant plus que je ne saurais constater la synonymie de *engaigner* et *engignier*; je ne connais au premier que le sens « irriter, fâcher » (ce qui rend le sens de « ruse, tromperie » que j'avais admis sous réserve pour *engaigne*, également suspect). L'origine de notre mot reste encore à éclaircir.

14 *Empaindre* = *im-pangere* (impingere), pousser, jeter dedans.
18 *Mescroire* qqn., s'en méfier. — 21 *Destroit*, subst., étreinte, fig. puissance.
25 *Couvenant*, = *couvine*, *afaire*, situation, état.
27 *Vois mourant*, périphrase habituelle, = *me muir*.
28 *En faire samblant*, le laisser voir, en faire montre.
29 *Parmi*, ici malgré. — 30 *A remanant*, à tout jamais.
33-38 Je ne saisis pas nettement la pensée de l'auteur et j'avoue que, dans ces cas, il m'a paru préférable de passer outre, plutôt que de perdre mon temps à découvrir le sens précis. Il y a des sujets qui ne comportent guère un grand effort de la part du commentateur ; mes loisirs sont trop précieux pour les consacrer à dissiper les nuages dont les chanteurs d'amour ont quelquefois enveloppé leurs ennuyeuses et monotones confidences. — *Ocoison*, cause, raison. *Venir à escondit*, se justifier, disculper? *Consence* (lat. *consensio*, accord) paraît revêtir ici l'acception « égard, considération » ; *mauvais cri*, diffamation. *S'en faire fi*, s'en assurer, assurer son succès ; *escarni*, déçu. — Les vv. 33-34 sont mal rimés et par conséquent suspects.
43 *S'en sentir*, en être affecté.
49 *Des pluisors*, de la foule, du public.
52 *Estre desos*, avoir le dessous, succomber.
54 *Chil chaitis* est une désignation que l'auteur se donne à lui-même.

5 (pp. 11-12).

1 *De recomens*, de nouveau ; subst. verbal de *recomencer*, analogue à *renouveau* de *renouveler*, ainsi qu'à *rechef*, que je ramène hardiment à un verbe *rechever* (recommencer), qui peut fort bien avoir existé.
2 *Vens*, prob. une erreur pour *tens* ; non seulement le mot répéterait *ore*, mais l'attribut *cler* ne lui convient pas.
5 *Atendre à*, en langage d'amour, c'est faire sa cour (cp. l'angl. *to attend*) ; de là *atente*, service d'amour, cour, hommage, cp. 7, 46.
9 *Paroil* ; je ne me rends pas compte de la diphthongue *oi* ; je la retrouve 24, 18. Le tableau de la conjugaison ancienne de *parler*, donné par Cornu dans Romania IV, 457, n'offre que *parol*. Le ms. a même *paroill*, qui indique clairement un *l* mouillé (cp. *voil* = volo, it. *voglio*).
11 *Par*, adverbe, lat. valde, cp. 23, 38.
18 *Faire effroi de*, faire du bruit de qqch., s'en glorifier.
21 *Espoir*, peut-être.
26 « Rien qu'à y penser ». — 27 « Et d'autre part je suis... » ; telle est la valeur de *resui*.
29 Pour *gesir*, être couché, employé comme réfléchi, cp. *se dormir*, *se morir*. — *S'en porchasser* = la pourchasser (desirer).
30 *El*, autre chose. — *S'i anoier*, y trouver du chagrin.
33 *Esta* = lat. stat. Sur cette forme du verbe *ester*, voy. Burguy I, 297, et Diez II, 216. — *Malement m'esta*, je suis en mauvais état, all. es steht schlecht mit mir.

6 (pp. 12-14).

Cette chanson atteste que le trouvère a longtemps séjourné à l'étranger, en pays de mécréants (*en terre maleürée*) ; c'est là qu'il l'a composée.
7 *Avoir santé*, guérir.
10 *Lerme* découle de *lairme* (lacrima), comme *serment* de *sairement*.

11 *Ouan*, maintenant, actuellement ; cet adverbe s'interpose un peu brusquement entre le subst. *jors* et son déterminatif *d'esté*. Je ne pense pas qu'on puisse traduire, en écrivant *ou an* : « le plus beau jour en la saison d'été; *ou* p. *el* devant *an* me semble inadmissible.

23-24 Le souhait introduit par la conjonction optative *car*, revient à dire : « Puissé je changer de place avec celui qui l'a épousée ! » — *Eüst presté* = prestàst, comme *avoir sauvée* v. 22 = sauver (idiotisme bien connu).

25-32 Sur les irrégularités métriques de cette strophe, voy. les notes sous texte.

32 *Gesir en biere*, être mort ; terme fréquent. Mieux vaudrait *tuit* que *tout*.

34 *Crueus*, nom. sing. de *cruel*, adjectif à genre commun, qu'il ne faut pas confondre avec *crueus*, fém. *crueuse*, = lat. crudosus.

38 *Chiere ;* sur l'accord de l'adverbe avec le subst. objet ou sujet de l'action verbale, voy. l'étude de Tobler dans la Zeitschrift de Gröber II, 399-404 ; cp. ma note de Bueves de Comarchis, 418 (Sa prouece li ert ja vendue trop *chiere*); ib. v. 1069 (Si nous venderions *chiers*). — Cp. 9, 9.

7 (pp. 15-16).

3 *Agencer* = estre *gent*, plaire ; synon. de *abelir* ou *estre bel*, *agreer*, *atalenter*.

7 *Faire une tence*, lutter. — 9 *Has*, voy. pl. haut 3, 9.

11-12 « L'aveu d'une passion a de grands inconvénients, tant qu'on n'est pas rassuré à son égard. » *Qui* = si on ; *primes*, d'abord ; *qui primes* équivaut donc à « quand on en est encore au point de... »

15-17 Il faut réduire ces trois vers à deux, car il ne doit y avoir qu'une seule rime en *ire ;* d'ailleurs le pronom *li* dans le 3ᵉ est sans rapport ; je propose donc de fondre les vv. 16-17 en un seul : *Qu'al derrain l'estuet savoir.*— *Al derrain* (en fin de compte) fait opposition à *primes*, et *le* se rapporte à *le voir* (la vérité) du v. 12. La forme *derrain* est aussi légitime que *daerrain*; l'une et l'autre découlent de *dererain* (inusité), prov. *dereiran*.

18 *Ansdeus*, litt. *ambos duos*; l's devant *d* est donc légitime.
22 On aimerait mieux *vole et vaine*, expression fréquente.
23 *Mettre à bandon*, livrer à discrétion, offrir à bon marché.
25 *Par raison*, comme *de raison*, selon le cours naturel des choses.
32 *Perius* = *perils*. « Une situation telle que l'on ne sait à quoi s'en tenir, est périlleuse ». Nous avons ici à faire à ce tour bien connu de l'ancienne syntaxe qui consiste à placer en tête d'une proposition le substantif attribut et de mettre le sujet à la suite du verbe en lui préposant la préposition *de*, p. ex. *haute chose est de proëce* = proece est haute chose; *douce chose est de femme* (Jubinal, Jongl. et trouv. p. 29). Je renvoie le lecteur, au sujet de ce phénomène syntaxique que j'ai eu fréquemment occasion de relever dans mes commentaires, au travail spécial du prof. Tobler dans la Zeitschrift de Gröber, I, 3 et ss.
33 *Auques*, quelque peu. — 34 *Teus*, sc. *afaires*.
34 *Li* se rapporte à *on*; nous dirions aujourd'hui *vous*.
36 *Atraire* est bien vague: chercher à se rendre agréable, à gagner la bienveillance.
38 *Failli*, qui lâche prise, qui abandonne la partie; synon. de *faintis*, *recreant*.
41-42 Dinaux rappelle ici les vers de Rutebeuf dans le Lai de Brichemer:

  Autele (Din. *En tele!*) atente m'estuet fere
  Com li Breton font de lor roi.

Voy. à ce sujet la note de Jubinal (Œuvres de Rutebeuf I, 109). — *Atente*, ici action d'attendre, v. 46 *service*, hommage.
46 *Venir*, = convenir, valoir; cp. II, 26.
47 Tournure équivalant à « passivement, patiemment ».
52 *Argüer*, tourmenter, harceler. — 55 Le sens et le système prosodique indiquent ici une lacune de deux vers; elle se trouve dans les deux mss., et Dinaux ne s'en est pas aperçu.

La pensée exprimée était à peu près : « d'implorer sa merci, mais je ne parviens à l'exécuter ».

58 « Tout mon parler ne sert à rien ».

8 (pp. 17-19).

Les quatre strophes de cette chanson, quoique étant d'une facture identique, diffèrent de longueur ; la 2ᵉ et 3ᵉ compte deux vers, la 4ᵉ quatre vers de moins que la 1ᵉ, et il y a lieu de croire que cette irrégularité n'est pas le fait de l'auteur. Dans le plan primitif, elles devaient sans doute se composer toutes, comme la première, de 4 quatrains monorimes et d'un refrain. Les quatrains sont construits de façon que les rimes féminines alternent avec les masculines, et offrent cet artifice que chaque fois les vv. 1 et 4 et 2 et 3 se terminent, sinon par le même mot dans une application différente, par un mot de même famille. Ce système est exactement observé dans la 1ᵉ strophe. Dans la 2ᵉ il est vicié au 2ᵉ quatrain, où je soupçonne la chute des deux premiers vers, dont l'un se terminait par *legiere*, le second par *doblier*. [Au 3ᵉ quatrain, nous voyons se correspondre *chier* et *chiere* ; ce ne sont pas deux mots congénères, mais en tout cas l'auteur les envisageait comme tels.] Dans la 3ᵉ strophe les 2 derniers quatrains seuls sont conformes au plan ; les deux premiers sont non seulement dérangés, mais incomplets de deux vers. La quatrième, enfin, n'a que 3 quatrains, dont le dernier ne laisse plus de trace de l'artifice qui caractérise la versification de notre chanson.

2 *Termine*, temps, saison ; le mot accuse un type *terminium* (accent sur *mi*), tandis que *terme* vient de *terminus* (accent sur *ter*) ; il survit encore dans le wallon *termène*.

4 *Luminer*, expression peu commune ; peut-être faut-il *k'il-lumine*.

6 *Lent*, adv., lentement ; au v. suiv., adj. ; lent à accorder, tenace.

9 *Atente*, ici service d'amour ; au v. 13, sens ordinaire.

10 *Asentir*, actif, incliner. — 11 *Sentir*, connaître.

12 *Entendre*, intentum esse, porter son esprit, se préoccuper.
15 *Alongier=eslongier*, verbe actif, mettre ou tenir à distance, s'éloigner de, peut se traduire ici par « fuir » (au sens figuré), ou aussi par « faire attendre ».
17-18 *Consirer*, à la forme active, a d'ordinaire la valeur « désirer ardemment, poursuivre, pourchasser », mais ce sens ne se prête guère en notre endroit, et je suis porté à croire qu'il y revêt le sens corrélatif de « trouver, obtenir ». Les deux sens sont également propres au latin *consequi* ; *pourchasser* passe également du sens « chercher à avoir » à celui d'acquérir (angl. *purchase*). Notre refrain paraît donc exprimer : « Celui qui ne compte pas arriver à ses fins, peut s'attirer de grands chagrins. » Toutefois entre « désirer » et « obtenir, rencontrer », on pourrait encore placer la nuance « s'attendre à ».
20 *Envier*, litt. lat. *invitare*, inviter, solliciter, prier ; cp. Roman des Eles, 344.
22 *De doçor et de proier* sont des déterminatifs de la manière : « en douceur et par supplication ».
23 *Doblier*, double, équivoque, trompeur, peu sérieux.
26 *Tenir son cors chier*, se faire respecter.
28 « Sans craindre les méchantes langues ». *Fol parlier*, cp. *saige parlier* v. 25, et *mal parlier* 11, 32.
30 *Manier*, adj., de bonnes manières, cultivé, distingué.
36 *Souffraitous* (de là le mot moderne *souffreteux*), qui est dans la *souffraite*, diseteux, gêné, peiné.
37 *Entous*. Je trouve l'adj. *enteus* traduit d'une part par « entendu, sage », d'autre part par « honteux ». De ces significations, la première pourrait convenir au besoin. Peut-être faut-il lire *sientouse*, *sientous* (savant, instruit) ?
46 *Et* a ici la même fonction que dans la phrase de Corneille : Plus grande en est la peine, *et* plus grande est la gloire. — *Angoisseus*, ici = *destrois*, gêné, contraint, peiné ; au v. suiv. = qui met dans la peine, pénible.
54 Notez l'hiatus *se ele*.
55 *Gontiers*, apposition du sujet à la 1e personne ; « moi Gontier ».
56 Cette phrase dépend encore de *set*. — *S'aïrer à*, se fâcher sur, se plaindre de.

59 Otez la virgule.
61 *Consire*, subst. verbal masc. de *se consirer*, se sevrer, se priver ; ailleurs *consirer*, p. ex. « Amours m'ochist et mi lonc *consirer* » (Mätzner, Altfr. Lieder XII, 13).

9 (pp. 20-21).

1 *Mois*, comme *an*, saison.
4 *Truis*, je trouve ; cp. *pruis*, je prouve, *ruis*, de *rouver* (rogare) ; au subj. *truisse*. — *Dangereus*, difficultueux, peu complaisant (de *danger* = autorité, puissance, opposition) ; *sauvage*, syn. de *fier*, revêche.
6 *S'aseürer*, jouir en sécurité, pleinement. — 7 *Eür*, succès ; au v. 26, j'y vois le sens de « destinée, position dans le monde. »
9 *Lente* est un adverbe mis en accord avec le sujet féminin ; voy. ma note 6, 38. Cet accord fait défaut dans la chans. préc. v. 6 : *L'amor ki si mé vient lent*.
17 *Gentillise*, noblesse, haut rang.
19 On peut douter si *met* est la 1e ou la 3e personne ; cependant, je crois que le sens est : « Mais, quelle que soit son intention, je m'en rapporte entièrement à sa générosité. »
24 *Simple*, modeste, humble.
29 *Noureture*, éducation. — 30 *Nule riens*, personne.
31 *Faiture*, figure, syn. de *semblant*, *vis* ; ce bon mot ancien p. *facture* (cp. pour son rapport avec *facere*, le lat. *facies*) a survécu dans l'angl. *feature*, trait de la figure.

10 (pp. 21-25).

5 *Grans dolors est de penser* ; ce tour est au fond le même que celui que j'ai relevé 7, 32 ; cp. 27, 13 (Grans dolors est de trop amer), Carasaus 3, 17 (coi que soit de santé).
6 *Ki*, quand on. — 8 *Escondire*, sens passif : être refusé.
10 La régularité métrique réclame ici un vers féminin de quatre syllabes.

11-12 J'avoue ne pas saisir le sens métaphorique de ce passage; *cire* doit-il exprimer la dureté ?

14 *Mençoigne*, variété de *mensonge* (anc. féminin), est analogue à l'ital. *menzogna*. *Ogne* et *onge* se correspondent comme *agne* et *ange* (*estragne* — *estrange*); aussi *soigne*, au v. 16, n'est-il pas la forme féminine de *soin* (ital. *sogna*), mais une variante de *songe* (ital. *sogno*); « je préfère me bercer de rêves et d'illusions à son égard que de coucher avec une autre en réalité (*sans songe*) ».

22 *Mence*, forme normale (lat. *mentiat*); cp. *bache* (v. 74) = *batte*, *meche* = *mette*.

26 *Em presence*, dès à présent.

39 *Fourfait*, sens actif : qui a mal fait, coupable; cp. *meffait*, (p. 243, v. 1242), *fouragi* (Jean d'Estruen 3, 15), etc.

52 *Sans signourage*, à part (abstraction faite de) sa haute naissance (?).

56 *Gaigier parage*, renoncer à son rang. Je donne cette signification sur l'autorité de Mätzner, qui traduit par « renoncer » le terme *gager* dans ce passage d'Adam de la Halle : Pour çou ne puis veoir que cil bien aint Ki pour goïr d'amours sousfranche gaje (Altfr. Lieder, XIII, 3-4); le savant allemand s'en rapporte à son tour à l'expression *gager service* consignée par Roquefort.

59 Suppléez *le* devant *li*.

71 *Pour qui* a pour antécédent le pronom *ele*, v. 69 ; mieux vaudrait une virgule à la fin.

74 *Bache*, subj. de *battre*; voy. v. 22.

75 *Mache*, masse de bouffon, marotte (attribut de la folie); aussi *maçue*, Meraugis de Portlesguez, p. 104 : Aussi come fols et maçue Doivent toz jours aler ensamble.

81 *Souhait*, chose faite à gré.

86 *Cortoisie*, ici « vérité digne d'être connue d'un homme *courtois*, c.-à-d. bien élevé ».

87-88 *Se garder sans* = se garder de.

89-90 *Asambler sa compaignie*, se lier de compagnie ; *en tel lieu*, avec telle personne. Sur cette valeur de *lieu*, voy. Bast. de Bouillon, Notes p. 271, v. 2389 et p. 278, v. 2885.

92 *Villonie* est suspect pour deux raisons : il répète le mot final

du v. 88, puis il est insuffisant à la mesure, qui exige une syllabe de plus.

99 D'autres préciseront de quel comte de Bourgogne il s'agit ici.
100 *Despoigne*, subj. de *despondre*, exposer ; forme concurrente de *desponde* (Caupain 3, 19).; cp. *respoigne* 12, 5.

11 (pp. 25-27).

4 *Poureuc*, pour cela.
6 *Esploit*, résultat, fruit du travail ou du service, succès, récompense ; cp. 13, 9.
11 *Siecle*, le monde, les gens. — 12 *Remaint*, cesse, se dissout.
16 *Loist*, de *loisir*, être permis. — 17 *A veüe*, ouvertement.
22 *Por bien de li*, pour son bien, dans son intérêt.
23 *Son blasme*, le blâme dont elle serait l'objet ; cp. v. 43 *sa rotruenge*, la r. dont elle est l'objet.
26 *Venir*, convenir, être utile.
29 *Mescreance*, méfiance. — 32 *Entr'aus*, ensemble, faisant bande à part ; ou est-il synonyme de *el mont* (v. 29) ?
36 *Fu* a ici la valeur d'un futur passé. « Si jamais elle aura donné des preuves de bon sentiment, ç'aura été, quand... »
45 *Prendre autre conroi*, prendre d'autres dispositions, changer sa conduite.

12 (pp. 27-30).

L'*Hist. litt.* donne quelques extraits de cette chanson.
1 *L'an*, la partie de l'année, la saison.
2 *S'areste*, se fixe.
4 *En* = sur, comme souvent (p. e. pendre *en* la crois).
5 *Respondre* construit avec *à* (v 6), et avec *de* (v. 7) se justifie par le double sens du verbe : « répondre » et « s'expliquer, se prononcer ».
8 *Contreste*, subst. verbal de *contrester* (contra-stare, faire opposition), est devenu, par confusion avec *contestari*, le

fr. mod. *conteste*. Le mot moderne *contraste* nous est venu par l'italien.

9. *Jugement*, ici la question à juger.
16. *Deffier*, rendre méfiant. — 17 Lisez *mechine*, médecine, remède. — 18 *Garroit* = gariroit.
22. *Comuné* complète ou plutôt renforce le mot *toute*, cp. l'all. *all-gemein*.
23. *Plus* est une négligence de l'auteur ; le mot devrait logiquement être supprimé, à moins de prendre *plus covoiter* dans le sens de préférer.
25. *Lonc*, selon ; *esploitier*, pourchasser, rechercher.
26. L'expression *sa chascune* a de l'attrait : Littré n'en connaît d'exemple que du XVᵉ siècle (Louis XI, Nouvelle XIX : Ils s'en allèrent chacun à sa chacune).
28. *Se tient*, se retient, s'abstient ; *s'aüne* (litt. s'assemble), se lie ; cp. 10, 89 *asembler sa compaignie*.
36. *De bone estraine*, pr. de bon don (bon à donner ou à prendre), puis, en général, de bonne qualité.
37. *A tesmoing*, terme analogue à notre « à preuve ».
44. *Venir*, croître, se développer.
45. *Coser*, choser, gronder.
51. En bonne grammaire, il faudrait au prés. indicatif, la voyelle radicale étant tonique, *aeure*, de même au v. 53 *labeure* et au v. 85 *secure* ; par conséquent aussi au v. 57, la forme *meure* (mûre) p. *moure*.
53. *Poi l'en est*, elle se soucie peu.
54. *Puis que*, une fois que ; *s'atiller* (prov. *s'atilhar*), se disposer ; le mot *atiller* (ajuster, orner, attifer) est encore dans Cotgrave. Diez, vu la forme esp. *atildar*, orner, est amené à conjecturer pour étymon le bas-lat. *attitulare* (designare) Dict. 4ᵉ éd. I, 30 vᵒ attillare.
56. *Periller*, faire naufrage, succomber.
58. *Volatile*, volage ; ce mot à forme savante et dont le pluriel *volatilia* s'est francisé par *volaille*, est remarquable, quand on tient compte de l'époque. On peut, du reste, aussi admettre un type lat. *volatilius*, comme on fait venir *nobile* non pas de *nobilis*, mais de *nobilius*.

13 (pp. 30-32).

1. *Saison*, temps (état de l'atmosphère), *s'agencer*, s'embellir.
2. *Ramier* = rameau. On voudrait faire changer leur place aux mots *ramiers* et *vergiers*.
3. Otez la virgule.
6. « Au printemps j'ai été en grande pénitence deux ans entiers » ne se comprendrait pas ; il faut donc prendre les vv. 5-6 pour une parenthèse.
7. *Keudra*, bonne forme de futur de *cueillir*, comme *saudra* de *saillir*. « Cueillir une semence » p. « en recueillir le fruit » est un peu hardi.
9. *Esploit*, profit, voy. 11, 6.
10. *Deservir*, lat. demerere, all. abverdienen, faire un service ou un travail en vue d'une récompense, mériter.
11. *Consence d'amors*, union amoureuse.
14. *Movoir*, susciter.
16. *Pautonier*, ital. paltone, paltoniere, homme de rien, vagabond, qui bat la campagne ; d'après Diez II⁴, 388, du lat. *palitari*, vagabonder (Plaute).
21. *Desconfire*, sens passif, succomber ; cp. v. 48 destorber = estre destorbé, 58 *gaber*, p. être gabé.
24. *Meffaire*, comme *forfaire*, 31, 12, mériter (un mal, une peine).
32. *Que* = car. — 34 *Sans fait*, sans cause réelle.
35. « S'il m'est permis de me justifier, d'affirmer mon innocence ».
41. *Se douter*, ici = douter.
44. Mettez plutôt une virgule.
51. *Mais* = or, désormais, cp. all. *nunmehr*.
54. *Recovrer*, réussir, arriver à ses fins.
57. *En avoir la signorie*, l'emporter, triompher.

14 (pp. 32-34).

4. *Nel* = ne la. — *Laie* de *laier*, forme concurrente (mais distincte d'origine) de *laissier*, voy. Diez I, v° lasciare. On voit alterner avec *laie* les formes *lait* (29, 44) et avec un s

intercalaire *laist* (Carasaus 4, 17 ; Fremaus 2, 34). Comment les expliquer ? *Lait* renvoie à un infinitif *laire,* qui cependant n'a pas encore été observé ; quant à l's dans *laist,* il parait fondé sur une confusion avec le concurrent *laissier* ou une contraction de la forme *laisset.*

7-8 Ces 2 vers pèchent contre la rime et la mesure ; on s'attend à 2 vers de 6 syllabes et rimant en *on.* D'ailleurs *sans ocoison* ne prête que difficilement un sens.

9 *Noif,* litt. = lat. *nivem.* — *Chaie,* subj. de *chaoir, cheoir,* variant avec *chiée, chiece.* D'après Burguy II, 20 *chaie* est spécial au dialecte bourguignon.

12 *La gensor,* la plus gente. Ce comparatif se trouve, sous la forme *gencior,* dans la liste des anciens comparatifs organiques, donnée par Diez, Gramm. II, 68. Burguy ne la cite pas.

18 *S'amesurer,* se modérer.

22 J'aurais mieux fait d'écrire *s'espavente ;* cependant Diez explique notre forme actuelle *épouvanter* par la succession suivante : *espaventer* (it. spaventare) — *espauenter* — *espoenter* — *espoventer* (*v* intercalaire).

23 *Joies,* voy. pl. h. 1, 3.

25-26 Ces deux vers sont d'une syllabe plus courts que les correspondants de toutes les strophes suivantes.

29 *Couraige,* sentiment.

33 *Esragier* ou *s'esragier vif* (nom. sing. *vis*) est une locution courante pour « perdre la raison ». Mais que veut dire *vif ?* vivant ou vivement ? Dans le dernier sens, on ne s'explique pas l'addition de *tos,* et d'autre part on se demande ce que c'est que « enrager vivant ».

34 *Mar,* malheureusement, funestement.

40 *Solent* (lat. solent) ; en bonne grammaire il faut *seulent.* Un cas analogue se voit Trouv. Belges p. 53, v. 35 où l'on trouve (hors rime) *se dolent.*

41 *De si petit,* par si peu de chose ; *estre sire,* vaincre, réussir, cp. *avoir la signorie* 13, 57.

55 *El defin,* enfin ; cp. 16, 53 *au defenir.*

60 *Et si* (*sel* = si le), et d'ailleurs.

15 (pp. 34-36).

9 *Li vilains ;* nous disons aujourd'hui « la sagesse des nations, le bon sens populaire ».

10 « Belle mine enhardit un homme de généreux sentiment » (telle est la valeur de *franc*). Un autre proverbe du 13ᵉ siècle, consigné dans Leroux de Lincy, dit : « Biaus samblans fait musart liet. »

18 *Quant,* « quam multi, quot ».

20 « Ieus del front », expression banale des chansonniers.

22 *Dont ;* cette forme de subj. présent se trouvant en rime, elle doit être celle familière à l'auteur. Ailleurs nous trouvons *doint* 30, 16, *doinst* 23, 13 et *doigne* 10, 106.

35 *Sosprendre,* troubler.

36 *Taut,* forme picarde p. *tolt, tout,* de *tolir,* enlever. — *Encient,* conscience, all. besinnung ; cette forme est déduite de *escient* par le même procédé phonétique qui a produit la concurrence des mots *essai* et *ensai, eslire* et *enlire, esvanuir* et *envanuir,* et sur lequel voy. Förster, Chev. as deus espées, p. L, et Gröber's Zeitschr. I, 560.

41 *Faire les mos en chant* signifie-t-il « composer les paroles pour la mélodie » ou « la mélodie pour les paroles » ? Je ne suis pas au clair là-dessus.

43 *Vergant,* forme insolite, analogue à *perchant* (perche) Bast. de Bouillon 1710.

16 (pp. 36-39).

6 Je trouve pour la 1ᵉ ps. sg. du prés. indicatif de *faire* les formes suivantes : 1. hors rime *faic* G. Soign. 8, 13 ; — *fac,* id. 29, 5 ; — *fai* Cisoing 7, 39 ; — *fais* Cis. 2, 15 ; — *fas* ou *faz,* G. Soign. ici, 7, 5 et 42 ; Caras. 4, 26 ; 5, 34 ; 2. en rime *fas* G. Soign. 5, 26 ; Caupain 4, 36. — *Assai,* essai (*e* atone changé en *a*).

8 *Là,* à cela. — 9 *Recovrer,* réussir, cp. 13, 14.

14 Biffez la virgule.
16 *M'en consir*, en suis-je privé ? — Les vv. 16-17 sont surnuméraires ; cela fait comprendre l'emploi de la forme *faic* à côté de *fas* (v. 6).
19-22 Vers d'un sens peu clair ; d'ailleurs le premier est contraire au mètre, on pourrait en faire jaillir un sens en corrigeant ainsi :

>Porroit Dieus endurer
>Que tant couvient pener ?
>Bien puet l'omme afoler
>Longement consirrer ;

ou bien, quant aux deux derniers :

>Bien puet l'om afoler
>Par trop lonc consirrer.

26 *Guencir*, se tourner. — 30 *Se trespenser*, être soucieux?
33 Notez le datif *li*. — *Vic*, je vis ; le *d* radical du lat. *vidi* converti en *c*.
38 *Acoillir*, prendre ; cp. Trésorier 2, 34 : *merci acueillir*, prendre pitié, et Rom. des Eles, 537.
47 *Seuc*, je sus ; forme picarde pour *soi*, voy. Diez, Gramm. II, 224.
52 *Par el passer*, faire autrement.
54 *En merchi ester*, demeurer en sa merci, sous sa dépendance.
64 *Converser*, habiter.

17 (pp. 39-41).

Dans cette pièce, qui est ce que l'on appelle un serventois, le poëte joue avec le mot *sourd* et ses dérivés, en prêtant à ce terme les sens métaphoriques de « morne, sombre » (v. 1, 8), « insensible, indifférent » (2, 3). Dans le ms. de Berne, le seul où on la trouve, les *s* doux et forts sont généralement écrits par *x* entre deux voyelles ; on y rencontre continuellement des formes orthographiques telles que *prixon*, *raixon*, *atixier*, *conxeus* (conçus), *osaixe* (osasse), etc. ; donc aussi *li xours*. Celui qui connaît ce fait doit trouver fort étrange l'opinion émise dans l'Hist. litt. de Fr, XXIII,604, et reproduite par Dinaux, Trouv. brab. p 278, selon laquelle l'auteur, en adoptant cette orthographe, aurait eu l'intention de se moquer de l'accent espagnol que la jeune princesse Blanche de Castille avait introduite en France. Dinaux en tire même la preuve que Gonthier doit avoir fait un long séjour à Paris. J'ai, dans mon texte, abandonné l'*x* comme d'autres particularités graphiques du ms. A. — Dans les citations faites dans l'Hist. litt. (p. 604) je remarque, contrairement au ms., v. 6 *ordement* p. *xordement* et v. 15 *melleur* p. *veullent*.

5 « Désormais, qui sollicite la moindre chose du bien d'autrui. »
6 L'emploi transitif de *respondre* est connu.
7 *Porprendre*, envelopper, puis occuper entièrement, remplir ; le ms. avait *porçaint*, qui dit la même chose, mais qui convenait moins à la rime.
9-10 « Chantez, réjouissez vous, vous qui venez de la cour, mais laissez l'humeur sombre (*sorderie*) à celui qui est triste. »
12 Le pluriel *devroient* se rapportant au collectif *clergiet* n'a rien d'irrégulier. — *Chastoier*, corriger.
13 *Sen* (all. *sinn*), esprit, savoir.
14 *Engingnier Dieu*, user de ruse envers Dieu.
15 Il manque 2 vers après celui-ci, l'un rimant en *ier*, l'autre en *ant*.
23 On aimerait mieux, au lieu de *ke*, soit *quant* ou *k'à*.
24 *Sor*, plus que ; *failli*, terme d'injure : homme de rien, ou bien infidèle, sans foi.
26 *Venra* est impersonnel, = *ce venra* ; cp. *ce vient* 18, 23. — *Juïs*, forme insolite pour *juïse* (= lat. *judicium*), que j'ai déjà relevée Enfances Og. 7387. On la voit encore, m'écrit M. Tobler, Huon de Bord. 66 (desc'au jor de juïs), et Raoul de Cambrai 204, 209.
27 *Li martir*, les misérables.
32 *Suet*, présent de *soloir*, équivant virtuellement à l'imparfait *soloit* du v. suiv. ; cette dernière forme gênait la mesure, et d'ailleurs on a remarqué que dans le verbe *soloir* le présent faisait à la fois fonction de passé. — *Non*, dignité, ordre, cp. Roman des Eles, 37.

35-39 « Maintenant c'est tout au plus si les barons leur donnent la table et, dans le cours de tout un an, un petit cadeau, et si ce don (*dongier*) est quelque peu considérable, encore se fait-il longtemps attendre ». *Dongier*, en notre endroit, est-il bien identique avec le *dongier* (Chev. au lion 1444, Erec et Enide 810, et plus loin Gér. de Valenciennes 48), forme antérieure et concurrente de *dangier* (autorité, puissance, etc.)? Si cela est, sous laquelle des significations variées de ce mot (voy. mon Glossaire de Froissart) faut-il le ranger ? Sans doute sous celle de « consentement, concession ». Toutefois, le terme se présente ici avec une application si spéciale à un don, à une largesse, que je me suis laissé aller à formuler une conjecture. *Dongier*, dans l'esprit de l'auteur, paraît offrir un rapport de parenté avec *doner*, et sur cette donnée on est tenté d'admettre la filiation suivante : *donarium, doniarium, donger* (cp. *viridarium, viridiarium, verger*).

44 *Remaint*, fait défaut, cp. all. *ausbleiben*. — 48 *Loer*, conseiller.

18 (pp. 41-42).

3 *Ne puet muer*, voy. ad 4, 4. — *Li*, à celui.
4 *Eskieue*, présent de *eskiever*, fuir (auj. *esquiver*).
5 Opposition de *savoir* et *cuidier*.
6 *Li*, dans cette première application du refrain, se rapporte à *boine amors*.
8-10 Gonthier avait donc porté ses visées jusqu'à une princesse de France, car la personne désignée ici est, selon moi, à la fois celle qui lui transmet la fâcheuse nouvelle et celle qui en est l'objet. Si je comprends bien l'auteur de la notice de l'*Hist. litt.*, celui-ci distingue entre la personne qui inspirait des méfiances au poëte et la grande dame qui les entretenait par ses rapports.
12 *Vauroie* = *voroie* (voudrais). — 16 *Tant aie*, quoique j'aie.
18 *Se croire en*, se confier à. — 25 *Recovrier*, récompense.
26 Les belles de l'époque présentaient donc à leurs galants aussi

des oreillers : détail archéologique qu'il vaut peut-être la peine de relever. Ailleurs (23, 57), le poëte fait mention d'un gage plus usuel : Seür m'en fist Par le don de se *mance*.

38 *Tenchier*, se combattre ; cp. *faire tence* 7, 15.

19 (pp. 43-44).

2   Paris et Dinaux ont *retraist*, qui serait le défini. — Le sens du mot n'est pas ici « retirer », mais « ramener ».
13 *Se deshaitier*, se chagriner.
14 *Fait*, comme *affaire*, état, condition. Toutefois, *de riche fait* pourrait aussi signifier « généreux, large ».
16 *I trouver plait*, en être écouté, bien accueilli.
19 *Un grant termine*, pendant longtemps.
31 Quel est ce *Gauthier ?* Il est inutile de faire des recherches, puisqu'il ne s'agit que d'un intermédiaire entre l'auteur et sa dame. Il n'est guère admissible que le nom désigne le poëte et soit p. *Gontier* ; d'abord le ms. écrit toujours *Gontier*, et puis l'auteur peut-il s'adresser une prière à lui-même ? ce serait par trop subtil.
33 *Un* = un seul. — 34 La correction que je reproche à Dinaux d'avoir introduite et qui est à la fois incorrecte et contraire au sens, a été prise par lui dans le texte donné par l'*Hist. littéraire*, p. 603.

20 (pp. 45-47).

3   *Et si*, et cependant.
10 J'ai substitué *bor* (= *öuer*) à *bon*, que portait mon ms., ce dernier adverbe n'ayant pas, à ma connaissance, le sens de « bona hora » ; je ne connais pour ce sens que la forme *bone*, citée par Diez v° *ora*.
13 *Ravoier*, pr. remettre en bon chemin, ici redresser, consoler.
18 *A mon aé*, = *à mon vivant* (v. 34).
28 *Gascot*. Il s'agit de Gace Brulez, sur lequel voy. Hist. Litt. XXIII, 564. Dans mes Trouv. belges, p. 282, j'avais, rela-

tivement à l'âge de ce chansonnier, puisé un argument en faveur de l'opinion de M. Paulin Paris, dans la circonstance qu'il se trouve cité dans une chanson de Quenes de Bethune ; mais la paternité de cette chanson étant, pour de bonnes raisons, contestée à Quenes par le prof. Bartsch (Gröber, Zeitschrift, II, 478), mon argument tombe à néant. Le savant romaniste que je viens de nommer, maintient l'opinion que Gace est contemporain de Thibaut, roi de Navarre.

32 « A moi n'importe ». Je préférerais la var. *moi n'est il noient*.
45 *Affier*, assurer, affirmer.

21 (pp. 47-48).

6 *Par mesprison*, à tort, injustement.
11 *Prison*, ici masc. et synon. de *prisonnier*; au v. 15, fém. = captivité. — 12 *Mesprisier*, = *mains prisier*, voy. ma note Trouv. belges, p. 277.
13 *Souprison* = *prison*, captivité, état de gêne.

22 (pp. 48-50).

1 *Pert*, « apparaît ». — 2 *Fors* = all. *sondern*, mais.
3 *Lonc*, qui tarde. — 4 *Dire*, composer.
9 *Avec*, adv., avec cela, en même temps.
11-20 Strophe malaisée à débrouiller sous le rapport de la construction. Quel est le verbe de la phrase introduite par *que* v. 13 ? En admettant qu'il faille prendre pour une parenthèse *Ce sache.... du requerre*, les mots *por cele* se lient difficilement à *sui covoitos del servir* (13). — 14 *Droit*, adv., à juste titre. — 15 *Osée* ; ce féminin viole les règles de la syntaxe.
23 Vers trop court d'une syllabe. — 24 *Se sentir*, être disposé.
26 Vers trop court et obscur.
33 *De mon bon*, de mon gré.
37 « Qui est tout à sa discrétion ». — 38 *Escondire*, refuser ; le sens réclame le conditionnel *escondiroie*.

40 *S'en avoir chier*, s'en féliciter.

43 *Avison* est une forme que je vois pour la première fois ; elle est cependant conforme au génie de la langue : cp. *ocoison, oraison, mesprison, leçon*, etc. Lacurne ne connaît ni *avison*, ni *avision*, mais il donne le dérivé *avisonner* (rêver), pour lequel il cite un passage de Gace Brûlé. Le prof. Tobler m'écrit qu'il a rencontré la forme trissyllabique dans Audigier 39 : « Si en fist un beau trait par avison » ; il ajoute que dans de nombreux passages où l'on écrit *avision* il faut lire *avison*, ainsi Renaut de Montauban 112, 19 : Une avision voil dire que jou ai enpensé ; Wace, Saint Nicolas 1171 : Mès vëue ai une avision Qui anuit m'a mult effreée ; ib. 585 : Lors surent bien tuit li baron Que vëu l'ont en avision. Je trouve cependant *avision* en quatre syllabes Baud. de Condé **230**, 761 : Lors me vint une avision, Que m'ostoit satifacions. Dans Guill. de Palerne, *avision* a 4 syllabes v. 5112 (Or pues t'avision veoir), 3 syllabes v. 5179 (Une avision vëue avoit).

46 Littré n'a pas d'exemple ancien du mot *fleuraison* ; l'emploi figuré de *estre en floroisons* (au comble du bonheur) est intéressant. — La terminaison moderne *aison* est irrégulière, le type étant *floritionem*, prov. *floricio*.

23. (pp. 50-53).

2 *Fuel,* masc. p. *fuelle* (feuillage) ; cp. Bartsch, Rom. et past., III, 18, 2 : Lés le brueill D'un vert feuill Truis pastore sans orgueill.

12 *En sa baillie*, en sa puissance, synon. de *en son dangier*.

21 *Sain* prend ici l'acception « favorable, propice ».

34 Proposition subordonnée à *tant* ; omission de *que*. — 37 L'anc. fr. *remirer* (contempler) a son analogue dans l'it. *rimirare*.

38 *Par* est ici l'adv. « valde » ; cp. 28, 20, p. 210, v. 277 et p. 211, v. 309.

42 *Mettre ariere*, négliger, repousser, cp. l'all. *hintansetzen*.

46 *Je n'en criem pas* ; *cremir*, au sens absolu de « estre en doutance » v. 54 (pour lequel on trouve plus souvent *se cremir*

ou *se douter*), peut-il se construire avec le génitif? Ou avons-nous à faire à l'idiotisme de syntaxe dont j'ai traité différentes fois et partic. dans Berte aus gr. p., p. 181, v. 2485 et auquel récemment M. Tobler a consacré une étude spéciale fort remarquable (Gröber's Ztschr. II, 389)? Dans ce dernier cas *n'en* équivaudrait à *ne la*.

51 *Franc*, noble, généreux.
55 Le changement de *pro* en *pra* ne m'est connu que dans *promettre*; serait-il fondé sur une assimilation avec le composé *tramettre*?
79 *Mar* a ici la valeur de « difficilement ». — 80 *Entrelais*, interruption; cp. l'all. *unterlass*. Nous verrons le verbe *entrelaissier* 29, 1.
86 *Sor tote rien*, plus qu'à toute autre créature.

24 (pp. 53-56).

8 *Amors loingtaine* peut être entendu comme une passion dont le succès se fait attendre (cp. 23, 3 *lonc secors*, et 31, 6 *longe promesse*), ou un amour que l'on cultive *loin* de celle qui en est l'objet.
13 « Ce que j'en sais — et bien entendu par les rapports d'autrui — m'a si conquis... » Il est important de ne pas se méprendre sur la valeur de *c'est* (notre « c'est-à-dire » moderne).
17 *Que foux*, comme fou, follement.
19 « Je ne l'ai jamais abordée »; cp. 1, 6. — 20 *Si*, et néanmoins.
22 *Graignor* est un superlatif absolu.
28 Proposition subordonnée sans *que*, constituant un nouveau régime direct de *quier*.
29 *Laissor*, largesse; le mot dérive de *laxus* au sens de « libre, sans restriction ». Ailleurs *laissor* signifie liberté d'agir, p. ex. Guill. de Palerne 6991 : Por ce vos di, s'or ont laissor, Ja m'ociront à deshonor.
30 *Au chief de tor*, en fin de compte; cp. Trouv. belges, notes, p. 275.
34 « Plus qu'honneur et estime ».
38 *Pour* exprime ici la cause, synon. de *par*.

1ᵉ STROPHE DE LA NOTE. 2 *Ma dame* est un datif. — 3 *Mès que*, si ce n'est que, pourvu que. — 4 *Estre bien de qqn.*, être en bons termes avec lui. — 6 *Mais*, jamais.

25 (pp. 56-58).

5 « Qu'elle ne m'échappe, qu'elle vienne à cesser »; le sujet est *ma vie*. Le mot *faille*, toutefois, est fautif, car il contrarie la rime; il faut un mot en *aire*.

8 *Entresait*, absolument, sans faute; voy. Roman des Eles, 613.

15 *Esclairier*, s'illuminer. — 17 *Douaire*, dotation, ici lot.

18 *Del tout*, tout à fait. — 21 *Escrit*, gravé.

31 *Respit*, atermoiement, hésitation.

33 *Parfit* (cp. Roman des Eles 187) est la bonne forme représentant le lat. *perfectus* (cp. lectus *lit*, confectus *confit*, electus *ellit* v. 35); la forme *parfait* (Dampierre 2, 6) est le participe de *parfaire*.

34 *Losengier* est ici le verbe.

37 *A paines*, avec peine. Notez aussi l'emploi absolu du verbe *pener*, se mettre en peine.

38 *Reprovier*, proverbe; le sens premier de ce substantif est « reproche »; de là *tenir à reprovier*, Cisoing 2, 43.

42 *Nel*, ne la; voy. ma note, Trouv. belges, p. 313.

45 *Desmentir*, sens absolu, manquer de foi ou de parole; emploi réfléchi 31, 19.

26 (pp. 58-61).

5 *Et j'ain*; sur l'emploi de *et* après un vocatif ou une interjection, voy. Diez, Gramm. III, 371.

6 *Recovrer*, arriver à ses fins. — 11 *Sire*, en possession, en jouissance.

15-17 Le poëte veut dire : « Pour moi, je ne suis pas à même de choisir le bon parti; il faut que chacun agisse selon ses moyens, aussi je préfère... » On voit par là que la leçon de mon texte A, que j'ai abandonnée, était à la fois contraire à la rime et au sens.

21 *Prous, preus,* vaillant, distingué, est, comme on sait, un adjectif des deux genres.

24 *Querre,* adresser une sollicitation, se construit avec le datif, comme les analogues *demander, prier* ; cp. 29, 26.

32 « En leur faisant honneur et par de gracieux discours ».

33-34 « Mais ses marques d'affection ne dépasseront jamais les bornes de la convenance ».

44 Le nominatif *fier* est conforme à la syntaxe ancienne.

45 *Aparler* mériterait bien d'être réhabilité ; cp. lat. alloqui, all. anreden.

27 (pp. 61-63).

2 Ellipse habituelle de *le* devant *lor*.

4 *Se sentir,* être affecté, touché.

6 *Entre la gent,* dans le monde. — 7 La grammaire veut *grant*.

13 Sur ce tour, voy. pl. h. 7, 32. — 14 *Qui,* quand on ; notez l'emploi réfléchi de *joir*.

21 *L'autre* est un datif. — 22 *Enfreté = infirmitatem;* cp. *ferté, freté* (forteresse) de *firmitatem.*

24 *Por tant se =* parce que.

28 *Mais ke =* n'était que ; *li lieus,* l'occasion ; *soffraindre,* manquer, primitif du subst. *souffraite,* d'où *souffraitous, souffreteux.*

34 *Vauroit* de *voloir.* — 36 *Kien,* forme picarde de *chien.*

37 *En avoir conseil,* s'en tirer, ici s'en défendre, en avoir raison.

43 *Cels* (première forme de *ceus, ceaus, ciaus*) se rapporte à *chil qui l'ont en lor pooir* (v. 35).

51 L'*e* de *rie* fait syllabe. La syntaxe exige le subj. *chante.*

52 *Là où =* simple *où.* On voit même parfois cette expression se condenser en une seule syllabe.

28 (pp. 63-66).

1 *Se soffrir* de, se passer de.

3 Ellipse de *le* devant le datif *me.*

5 Ici *cels*, au v. 12 *ceaus*.
11 *Boine aventure*, bonne chance, réussite.
12 *Par giller*, en trompant. — 13 *Par covreture*, faussement, faintement.
14 *Outrepasser*, aller son chemin.
23 *En prendre le baston*. Ste-Palaye s'appuie de notre passage pour prêter à cette expression le sens : prendre le dessus, avoir la préférence.
30-33 *Faus = fous ?* « Il se repentira celui qui lui chaussera l'éperon ; si jamais je l'atteins devant ma lance, je lui en mettrai à cœur-joie (*à bandon*) la pointe à travers le corps. » *Gonfanon*, propr. la flamme qui se mettait au-dessus du fer de la lance. Notre poëte prend ici des airs de chevalier : l'était-il ?
42 *Amor por amer*, expression synonyme de *amor fine*.
46 *Avourer = aourer ; v* intercalaire comme dans *avoutre* (adulter), *douvaire*, *povoir*, etc., voy. 3, 56.
51 *Meller*, brouiller, fig. désunir.
56 *Sosduire*, fourvoyer, déconcerter.
60 En bonne grammaire il faudrait le nomin. *ambedui*.

29 (pp. 66-68).

4 *Joies*, voy. 1, 3. — 9-10 « N'est pas fort soucieux d'amour celui qui y renonce pour le mal qu'il en retire ».
14 « Qu'il ne peut être question de m'en séparer ».
15 *De moi*, à mon égard. — 16 *Qui* = si on ; *les errements*, comment vont les choses, la situation, les circonstances.
17 *Eslongier*, pr. tenir à distance ; puis s'éloigner de (30, 14).
23 *A quel tort*, pour quel méfait ?
25 *D'autre faintis*, infidèle à une autre.
32 « Elle m'en a gracieusement imposé ». *Blandir*, circonvenir par la flatterie.
34 *Escondire* qqn. d'une chose est ce que, par une fausse interprétation étymologique, l'on appelle depuis le 15ᵉ siècle, « l'en éconduire ». La phrase *escondire* (ex-cóndicere = refuser) *qqch. à qqn.* a tourné en « *escondire qqn. de qqch.* »

Le ms. D a, contrairement au sens et à la rime, *escondis* (la 1ᵉ pers.). Le poëte veut dire que sur la foi des douces paroles de sa belle, il ne s'est jamais tenu pour assuré (*fi*) de son amour et qu'elle de son côté ne le lui a jamais catégoriquement (*del tout*) refusé. — On sait qu'une signification secondaire de *escondire* est « tirer hors d'une mauvaise cause, excuser, justifier ».

37 *Mais* (ultérieurement) peut se traduire ici par « depuis ».
38 *Saisir* qqn., en prendre possession, s'en rendre maître.
45 *Assamblé* ne serait plus admis aujourd'hui pour une entrevue de deux personnes ; jadis c'était le mot propre, de là la signification « combattre ».
46 *Esbahir*, perdre contenance, se troubler.
51 *Cuer*, ici synon. de *talent, volenté*.
54 *Avoir prové*, avoir acquis la preuve.
55 *Je m'en consir*, je m'en passe, j'en suis éloigné.
58 *Por pou*, à peu d'effort.

30 (pp. 68-69).

Pièce composée hors de France (v. 9).

10 *Il*, c'est-à-dire *li maus* (v. 1). — Le gérondif après *sans* est fréquent, bien que Diez n'en fasse pas mention dans sa syntaxe ; cp. Jean de Condé II, 89, 1297 *sans point arrestant* ; 255, 195 *sans point detriant*.
13 *A qui* paraît impropre ; on voudrait *par* ou *de qui*. Cependant n'avons-nous pas encore un *à* marquant origine, provenance dans « prendre à un tas, acheter à quelqu'un » ?
17 *S'en deporter*, s'en priver, y renoncer. Sur les diverses applications de *deporter*, voy. mon Gloss. de Froissart.

34 (pp. 69-71).

2 *Fueille*, feuillage, cp. Guill. de Palerne, 3205 *Par la fuelle queut la meschine Les nois, le glant et la faîne*. Nous avons rencontré le masc. *fuel* 23, 2.

3 *Ton*, chant ; syn. de *note*.
4 *Felons*, terminaison forcée au profit de la rime.
6 *En lonc respit* (à long terme) est la définition de *longe*, épithète de *promesse*.
11 *Là*, en cette circonstance.
17 *S'atendre à*, compter sur, cp. Cisoing 7, 9.
22 « Je ne sais ce qu'elle éprouve à mon égard ».
29 *Conforter*, se consoler.
33 *Finer*, payer ou obtenir? les deux traductions offrent un sens acceptable ; dans le cas de la première, *amors* serait un datif. Peut-être, toutefois, faut-il corriger *en amors* et traduire : Ainsi les choses doivent-elles se terminer en amour.
38 *Car*, particule exhortative ; *joious*, jouissant.
39 *Couvent*, convention. — 40 *A estrous*, absolument, définitivement. Burguy II, 291 rattache ce mot à *extrorsum*; cela laisse quelques doutes, mais il est difficile de trouver un autre étymon (le son *ou* fait écarter *extrusus*).
47 *N'avoir conseil de soi*, ne savoir que faire, se désespérer.

II. JAQUES DE CISOING.

1 (pp. 72-74).

1 Le point qui termine le vers est une erreur typographique.
11 *Devis*, souhait ; ailleurs manière (Frem. 3, 44).
13 *Failli*, terme général pour « qui manque à son devoir ».
24 *Bon pris*, bonne réputation.
25 *Jouvent*, gaîté = *joliveté*; de même Gonth. Soign. 29, 4.
27 *S'asseoir* exprime ce que nous rendrions par « se porter sur ».
28 *Lieu, leu* (4, 6), en langage d'amour, = personne, cp. pl. h. G. de Soignies 10, 89. — *Veraiement*, sincèrement.

2 (pp. 74-75).

Ce serventois, dirigé contre les mauvais usages qui ont envahi la chevalerie, se trouve en partie reproduit dans l'Hist. litt. XXIII, p. 633.

4 *Anuier*, v. intransitif, être désagréable.
5 *Courtois*, je le rappelle, implique toutes les qualités d'un homme de bonne éducation. — *Debonaire*, par sa facture (*de bon aire*), n'est pas susceptible de pluriel.
6 *Huchier*, appeler ; pl. b., v. 21, *atraire*.
7 *Par*, à cause ou par le fait de.
8 Autre formule du proverbe : « Qui se ressemble s'assemble ». — *S'aairier*, se nicher (de *aire*, nid), se loger ; cp. Caupain 3, 27 : En eus s'aaire fine amors : Barbazan, éd. Méon, I, 127 : Cuers en cui grans anuis s'aaire.
9 *Plaidier*, faire de beaux discours.
10 Lisez *barons* p. *larons*. — « S'il ne sait soutirer aux seigneurs leur bien (les rançonner, gruger) ».
11 D'après la tournure usuelle il faudrait *à* (ou *por*) *bon consellier*.
13 « Hélas, à l'heure critique il ne les estimerait nullement ou peu ». J'ai lu *ou gaire* ; mais il se peut que l'auteur ait écrit *on*.
17 *Merveille*, chose incroyable.
19 Lisez *espiier* ; je ne comprends pas comment, contrairement aux deux manuscrits consultés, le mot *esprisier*, qui d'ailleurs donne un sens très-convenable, m'est venu sous la plume dans ma copie définitive.
20 *Mais qu'il paire*, pourvu que les apparences soient sauves (?).
22-24 Les conseillers qui inspirent aux barons cette ignoble avarice sont comparés aux fauconniers, qui en dressant leurs oiseaux au leurre (*au loirier*), leur mettent des entraves (*ges*, jets) si durs qu'ils leur font perdre les ongles. — *Jet* est encore aujourd'hui reçu en termes de fauconnerie.
25 Je considère la leçon *gruier* de mon ms. C comme une faute de lecture ; elle ne donnerait guère de sens, car je ne sache pas que le terme *gruier*, qui exprime une dignité forestière, ait été employé pour désigner la puissance ou l'esprit entreprenant.
26 *Afaire*, besogne, entreprise.
27 « Qui ne s'en remette plutôt à... »
28 *Por tant que*, pour peu que.
32 Allusion sans doute à la malheureuse issue de la bataille de la Mansourah (1250). — *L'autre fois*, dernièrement.

34 *Esclairier*, act., jeter de l'éclat sur.
38 « Il (l'amour) le rend tel qu'il n'y a plus matière à l'enseigner davantage. » On connaît la tournure *il n'y a que* = il n'y a lieu de ; en langage moderne, elle dit le contraire, le *que* ayant un caractère tout différent. — *Atirier*, propr. dresser, façonner, d'où former.
39 On s'attendrait plutôt à *fait bon*.
40 *A chief traire de,* venir à bout, puis obtenir, acquérir. C'est ainsi que *finer*, du sens premier « venir à fin, achever », a passé à celui d'obtenir.
41 *Quens* de Flandre peut aussi bien s'appliquer au comte Guy, qu'à son frère Guillaume de Dampierre.
43 *Tenir en reprovier*, tenir pour blâmable.

3 (p. 76).

3 *Raison*, discours, propos.
5 *Resemondre de,* faire ressouvenir de, rappeler à.
9 « Mon vrai mobile » ; cp. 4, 20.
11 *Chant,* chanson ; *son,* mélodie. C'est aussi par mélodie qu'il faut interpréter *mot*. Quenes de Béthune 5, 2 (Trouv. belges, p. 12) ; cette remarque sert à rectifier ma note ib. p. 272.
16 *D'eus,* des yeux.

4 (pp. 77-79).

3 *Prové,* certain, indiscutable.
5 *Si,* toutefois, malgré cela.
9 *Chose,* comme *rien* (ou *rien née* v. 23) = personne, être, all. *wesen* ; cp. Roman d'Alixandre, p. 537, 22 : Ahi, rois Alixandres, france *cose* gentis.
10 *Apendre,* s'attacher. — 11 *A volée,* à la légère.
15 *Aime* ne peut être qu'un indicatif ; le subjonctif *hée* doit être une concession à la rime, à moins qu'il n'existe un infinitif *haer*.
19 *Tres, trais* = lat. *traxi*.

22 *Si*, et cependant. — 23-24 « Car je n'ai pas porté mes désirs amoureux sur une personne dont je pusse raisonnablement espérer quelque soulagement ».

26 *De noient*, faux, faint.

27 *La bée* est, ce me semble, ce que nous appelons la « cour », ou la « brigue ». Ste-Palaye, qui cite notre passage, ne me paraît pas fondé à croire que l'acception du mot y soit étendue au-delà du désir.

34 Parmi les 5 leçons indiquées sous le texte je me suis décidé pour *entent*, comme étant celle de 4 mss. et la plus satisfaisante ; *entendre* signifie *se porter vers* et s'emploie souvent de l'aspiration amoureuse. Un mot plus propre à être associé à *attise* eût été *esprent*.

38 *Soudée*, solde, récompense, synonyme de *loier* (v. 40).

5 (pp. 79-80).

4 *De li à decevoir* ; sur cet *à* pléonastique introduit après *de, pour* ou *sur*, quand ces prépositions sont séparées de leur infinitif par le régime de cet infinitif, voy. Baud. de Condé, notes, pp. 383 et 439, Diez, Gramm. III, 217 et 224, note, et Bormans, Obs. sur le texte de Cléomadès, pp. 202-4 ; cp. Songe de Paradis, 1054 : Pour les grans biens à raconter.

7 *Net*, adv., = lat. pure, plane ; cp. 6, 13 et Fremaus 2, 33 ; l'emploi de cet adverbe au 13ᵉ siècle est digne de note.

11 *Acointance*, accueil fait à qqn. ; plus bas, v. 38, relation amoureuse en général.

15 *Entendance*, inclination ; le *de* qui l'accompagne ne doit pas plus nous surprendre que celui de la locution moderne *à l'intention de*.

19 *Samblance* (cp. Carasaus 1, 21) alterne avec *samblant*, figure, mine ; synon. de *chiere*, *vis* (v. 29).

20 *Savereus*, qui a de la saveur, agréable au goût, puis agréable en général. Cp. *savouré* 7, 50.

21 *Savoir* frise ici le sens de sentiment.

22 Le *que* est repris au v. 24.—*Ligance* (dérivé de *lige*), hommage.

25 *Enfance*, folie, sottise.

26 *Peu*, forme picarde p. *poi*, *poc*.
29 *Por que*, puisque. — 30 *Muance*, changement de sentiment.
32 *A son gré recevoir* doit vouloir dire : faire obtenir ses bonnes grâces.
33 *Montepliance*, abondance. — 35 *Venir à vaillance*, se faire valoir ou agréer. « Mieux vaut la peine couronnée de succès que l'effort sans résultat ». C'est bien là ce qu'il faut tirer des paroles de l'auteur, bien que le sens en soit passablement plat. La même pensée est plus heureusement rendue 7, 27-28.
38 *Contre*, en comparaison de. — *Lonc*, selon.

6 (pp. 81-82).

1 *Repairier*, revenir (Gonth. Soign. 25, 1) ; *se repairier*, s'en retourner, s'en aller.
5 *Reter* qqn. de qqch., l'en accuser, lui en attribuer la faute ; *en reter une chose*, lui en attribuer la cause.
8 Lisez *vueil*. — *Tenir* = abstenir.
9 *Mairier*, maîtriser, cp. Caupain 3, 24 ; sur l'origine de ce verbe, voy. Trouv. belges, p. 300-301.
10 *Saisine*, ici synonyme de sujétion (effet de la prise de possession).
12 *Doctrine*, ici autorité, puissance. — 13 *Net*, cp. 5, 7.
15 *Quidier et traire* n'est pas clair ; je pense qu'il faut lire *widier* (= partir) et prendre *traire* au sens de *retraire*.
18 *Deviser*, ici présumer, s'attendre à, cp. all. absehen. Je pense toujours que les significations variées de l'anc. fr. *deviser* se rattachent à deux mots différents : *de-visare* (fréqu. de *de-videre*) et *divisare* (fréqu. de *dividere*). — Notez la flexion exceptionnelle *devise* p. *devis*. Cette dérogation à la règle exposée plus haut (Gonth. Soign. 1, 13) n'est pas rare ; j'aurai pu la signaler encore G. Soign. 22, 22 : *n'ose* p. *n'os*.
20 *Par eür*, par quelque bonne chance.
22 *Reprover*, reprocher ; « je ne me suis réclamé de mon service que pour... »

27 *Mais que,* n'était que, cp. Gonth. Soign. 27, 28.
31 *Conoistre,* reconnaître, savoir distinguer.

7 (pp. 82-86).

La versification de cette pièce présente la particularité que le dernier mot d'une strophe est repris comme premier de la suivante. — Le mètre varie pour les trois derniers vers de la strophe.

9 *De li,* de celle.
17 *Se criendre,* ici hésiter, reculer.
23 *Creance = fiance* des variantes.
38 J'aurais pu conserver la variante rejetée, puisque la mesure n'est régulière que pour les 7 premiers vers des strophes.
42 *Se mettre en =* notre mod. s'en remettre à.
47 *Tant* est une faute typographique pour *tost.*
51 *Hamin;* l'Histoire litt., XXIII, 63, écrit *Hanin,* nom en effet très-usuel dans les pays du Nord (abréviation de *Jehannin*), de même que *Hennin, Hennequin, Hannot.* Il se peut que notre *Hamin* soit identique avec *Hanin* (*m* p. *n*), mais il se peut aussi que ce soit un nom distinct, peut être même une forme variée de *Hamion,* nom Artésien bien connu (voy. Trouv. belges, p. 308), lequel vient d'*Ami* comme *Jacquemon* de *Jacqueme;* on sait que le dialecte picard offre fréquemment *amin* p. *ami.* — On lit également dans l'*Hist. litt.* que le ms. D fait suivre notre v. 53 des 3 vv. ss.

Ore ne chantera plus
Hurelaribu
Tout a li moines perdu.

Je crois en effet me souvenir de les y avoir vus, mais il ne m'est pas venu à l'idée d'y voir autre chose que le griffonnage d'un copiste en bonne humeur.

Strophes 4 et 5 d'après les mss. EGHL.

33 *Tel leu* est à prendre adverbialement comme *cele part, nule part.* — Le sens exige *faire avoir.*
35 *Assener,* diriger. — 37 *Mercier.* Dans sa notice critique sur

mes Trouv. belges (Gröber's Zeitschr. II, p. 475 et suiv.), M. le prof. Bartsch voudrait, dans la chanson 1 du duc de Brabant, v. 7, corriger *mercier* en *meriter*, prétendant que le premier de ces verbes ne peut rimer qu'avec des mots en *ier*. Selon moi, c'est précisément des mots en *er* que réclame en rime le mot *mercier* (litt. = mercedare), aussi bien que *oblier* (= oblitare), et notre passage me donne raison.

38 *Sans favele* = sans fable (en vérité). *Favele* représente la forme latine *fabella*. Il existe aussi un *favele* signifiant flatterie, mais celui-ci est p. *flavele* (cp. *foible* p. *floible*) et tient du lat. *flabellum*, éventail ; il est le primitif de *afaveler*, flatter, cp. Guill. de Palerne, 210 : Mult le blandist et *afavele*.

39 Suppléez *que* devant *serai amés*.

8 (pp. 86-89).

3 *Dist*, 3ᵉ ps. sg. de l'indic. présent, est un trait du dialecte picard ; la forme normale est *dit*. — De même 9, 29 *ocist* p. *ocit*.

5 Corrigez *cuers*.

6 *Qui* = quem. — 8 *Querroit* = crerroit v. 17 (croirait).

12 *Acheson* = ochoison.

13 *Que* = ce qui. — 16 *Don*, récompense, succès.

21 Lisez *ou cuer*.

31 *Se tenser*, se garantir, résister.

35 *Destempré* (à la lettre notre mod. *détrempé*), ici fig. mélangé ; voy. les exemples cités par Littré vº détremper.

37 *Ferait à loer*, laudandus esset ; cp. Carasaus 2, 26.

39 *Esprouver*, apprécier par expérience.

40 *Failli*, privé de sa récompense, de sa joie (v. 60).

44 « Qui ont faussé son jugement par la médisance et la tromperie. » Lisez *malbailli* en un mot.

50 *Choisir* (voir) suivi d'un infinitif m'est nouveau.

52 *Faire gas* = se gaber.

56 *S'umilier*, condescendre, consentir.

9 (pp. 89-91).

1. Tous les manuscrits de Paris, sauf B, ont, au lieu de *rossignos*, *cincevis* (Brackelmann lit *cincenis* ou *cincejus*); le ms. de la Vaticane (notre N) et celui de Siena portent, dit Brackelmann, *cincepuer*. Quel est cet oiseau? Est-il identique avec le *chinchevent*, dont je me suis occupé Jean de Condé, t. II, p. 329? On y voit le *cochevis*, mais cela veut être démontré. — Les textes qui ont *cincevis* ont aussi, au v. 2, *fevrier* au lieu de *mai*; il s'agit donc d'un oiseau qui se fait entendre à la fin de février.
12. Je préférerais la variante *n'onques*.
13. *Coup d'escremie*, attaque.
21. *Comparrai*, j'expierai, je paierai cher.
23. *Detrier* une chose, la faire attendre; le sujet est *ma dame* (v. 19). Ou faut-il traduire : « car elle (*merci*) tarde à m'être accordée »?
24. *Metre devant*, représenter, rappeler.
26. *Poli* équivaut à gracieux, séduisant. Je retrouve *gorge polie* Caupain 3, 7.
27. *S'aatir*, s'acharner.
35. *Double*, subst., fois, synon. de *tems*, fie.
39. Vers trop long; on peut supprimer *hé* ou *ja*.

10 (pp. 92-93).

4. *Cist*; on voudrait plutôt *cil*. « Un trait de l'ancienne poésie française est l'emploi du démonstratif *cel* à la place de l'article défini... Il est difficile d'admettre que le pronom ait ici une valeur emphatique », Diez, Gramm. III, p. 72.
11. *Est remez* (mieux *remés*), a cessé (de *remanoir*).
12. *Faintis corage*, relâchement, découragement.
15. *Langor*, prob. = *malage* (v. 20), maladie. — 17 *Assai*, épreuve.
21. Les verbes *grever* et *assouagier* sont ici impersonnels : « que les temps soient durs ou doux ».

III. CARASAUS.

1 (pp. 94-96).

10 *Sorcuidance* = *outrecuiderie* 3, 16.
13 « Elle le veut, je m'y soumets ».
16 *Ma dame* est peut-être un datif.
19 *La bele*; sur l'article accompagnant le vocatif, voy. Diez, Gramm. III, 19.
25 *En balance*, en danger; voy. mon Gloss. des poésies de Froissart.
27 *Avancier*, venir au devant, prévenir, ici préserver.
32 *Neïs*, pas même; forme contracte *nis* 2, 7 et 5, 29; sans négation = même, cp. Caupain 4, 83, Songe de Paradis, 73.
36 *Oublie* doit être un subjonctif, dont la forme usuelle est *oublit*; cp. Caupain 1, 23 *otroie* p. *otroit*.
39 Notez *oser* construit avec *à*; Diez, Gramm. III, 207, n'a pas noté cette construction, mais il signale le portugais *ouso a ver* (Lusiade, 5, 86).
40 *Achiever*, sens absolu, arriver à ses fins, réussir, cp. 2, 5; on voit aussi le simple *chiever* Jehan Fremaus 1, 18.
42 Le passé *ert* répondrait peut-être mieux à la pensée de l'auteur.
46 *Berengier*; personnage inconnu.
48 *Valor*, dans le langage des trouvères, répond à notre *vertu* au sens général.

2 (pp. 96-98).

8 *Nis*, voy. 1, 32.
9 *Coi*, paisible, ici modeste, doux. — 10 *Amender*, s'améliorer, s'adoucir; sens transitif 3, 5 : redresser, réparer.
12 Mettez une virgule à la fin du vers.
15 *Plus bien* est choquant; nous trouvons également l'absence de *de* 3, 8 : *tant pité*, mais le cas paraît différent; cependant comparez 3, 24 : *trop courtesie*.

22 *Devéer,* bas lat. *de-vetare.*
27 *Assener,* ici = *assignare,* décerner, donner ; plus loin, 3, 8, nous aurons son homonyme, dérivé de *sen* et signifiant diriger.
28 *Entier,* mot remplacé dans la langue moderne par la forme savante *intègre* ; nous lui trouvons le sens « parfait » 5, 25.
29 *En qui dangier,* en la puissance de qui.
32 *Cuidier à* est insolite.
43 *Deffier,* ici inspirer la méfiance ; c'est le contraire de *affier.*
45 La rime veut *servi,* mais la grammaire *servie* ; un manque d'accord analogue se voit 4, 23 *enduré* p. *endurés,* et passim.
49 *Dompierre* est le même mot que *Dampierre* ; *dominus* fait *dom* et *dam.* Je renonce à rechercher le personnage désigné ici par le poëte et auquel il a dédié aussi notre chanson 5 ; le trouvère du même nom, dont je produis deux chansons, a pour prénom *Jaques.*

3 (pp. 99-101).

2 La syntaxe moderne se contente du *que* sans *ce.*
9 *Tant* équivaut à « au même degré », ce qui explique l'absence de *de* (*tant pité*).
10 *Bien* doit se lier à *emploie.*
13 *Avoir osté* = oster ; l'acte en question envisagé comme accompli : tour usuel dans l'ancienne poésie ; au v. 18, *a desiré* ne dit pas plus que *desire* ; cp. ma note Gont. Soign. 6, 23-24.
14 *Dont,* alors. — 17 *Coi que soit de santé* veut dire : « sans s'inquiéter si cela peut profiter ou nuire à sa guérison ».
23-25 « Chanter l'amour ne suffit pas pour être l'objet de ses faveurs ; c'est servir qu'il le faut ; son culte produit de si puissants effets », telle me paraissait être la pensée du poëte quand j'ai mis mon texte sous presse. En relisant le passage et en rédigeant cette note, je m'aperçois que je me suis fourvoyé du tout au tout. Il faut, comme fait Mätzner,

lier le v. 23 au v. préc., le terminer par un point, et diviser ainsi les 2 vv. suiv. :

> Nus ne porroit avoir trop courtesie (= empressement)
> A li servir ; tant a grant signorie.

26 *De tant me vaut*, j'y attache une telle importance.
27 J'ai négligé de remarquer dans les notes sous texte que la correction de Mätzner (*qu'ensi* p. *que si*) est confirmée par la leçon de M.
30 *Parage*, rang social ; *garder*, faire attention à, tenir compte de.
34 La traduction de Mätzner me paraît fautive : « Hélas, je me suis toujours réjoui dans mon cœur, sans jamais avoir pu en obtenir aucun bien ». Je n'approuve donc ni sa suppression de *et*, ni sa leçon *joï*, et je préfère traduire : « Hélas, j'en ai eu sans cesse, de ces ennuis et de ces blessures, dans mon cœur, car... » Pour l'emploi de *et* après une interjection, cp. ma note Gonth. Soign. 26, 5.
35 *Seuc*, ailleurs *seu* ou *soi* (je sus).
37 « Il n'en sera pas ainsi (= je ne me désespèrerai pas), j'ai prononcé là un mot inconvenant ».
42 *Ele*, c.-à-d. la dame ; *son*, c.-à-d. de l'amour.
47 On ne peut douter qu'il ne s'agisse ici du duc Henri III de Brabant, le chansonnier bien connu.

4 (pp. 101-103).

3 *Saisi*, mis en possession, doué.
5 *Desmesuré*, comme *outrageus* ou *outrageur* (nom. sing. *outragiere* 5, 35), ne dit pas autre chose que notre mot moderne « coupable ».
10 Ce *qui* (= cujus) se rattache-t-il à *ma dame* du v. préc., de manière qu'il y aurait ici un enjambement d'une strophe sur l'autre ? J'en doute, et je comprends plutôt ainsi : « Celle dont je suis l'homme lige, je veux l'être à toujours » (cp. Caupain 2, 18-19) ; *et* ne fait pas difficulté. Ou bien, liant notre v. au suiv. : « Celle que je sers et veux servir toujours, quand il lui plaira, j'en serai bien vite payé de retour ».

IV. ERNAUT CAUPAIN.

Avec cette dernière traduction il faudra échanger le point-virgule du v. 10 contre une virgule.

13 *Tout mon aé*, pl. b., v. 33, *tout mon eage*.
17 *Laist*, ici indicatif, v. 27 subjonctif; voy. Gonth. Soign. 14, 4. — *Remanoir*, faillir, succomber.
21 *Poour, paour* paraît signifier ici respect ou timidité.
27 *Mon desirier veoir*, voir, toucher le but que je poursuis.
35 *Mieus valoir*, avoir plus de mérite.
37 *Faintis*, lassé. — 43 *A heritage*, à toujours, = *à durée*.

5 (pp. 103-105).

1 *Movoir*, commencer, entonner. — 8 *Descreüe*, de *descroistre*.
12 *Despont* (de *despondre*), je fais connaître.
13 La virgule est de trop. — « Mes yeux et l'amour me font éprouver des douleurs dont je dois augurer ma mort prochaine »; je ne saurais comprendre autrement.
17 *Doublier*, équivoque, faux. — 19 « Et cependant elle m'est si dure » (*fiere*).
22 *Droiturier*, équitable. — 23 La grammaire l'emporte ici sur la rime, qui veut *joiant*.
28 *Fin* est adverbe du participe *amant*.
32 *Divers*, étrange, bizarre.

IV. ERNAUS CAUPAINS.

1 (pp. 106-107).

Chanson dévote à la Vierge.

14 *Aroser*, inonder, au sens figuré de combler, serait évité aujourd'hui ; Calvin disait encore : « En nous arrosant de sa grâce invisible ».
17 *Se cointoier*, s'enorgueillir, se féliciter.
21 *Faire present* = présenter, offrir, ici recommander.
23 *Otroie*, forme secondaire de *otroit*, de même 29-30 *ravoie, raloie* p. *ravoit, raloit*.

26 *Recroire*, se relâcher. — 28 *Metre hors de mautalent*, reprendre en sa grâce.
30 On voudrait plutôt *au bien*.

2 (pp. 108-109).

7 *En autre liu*, à autre personne.
14 Je ne comprends pas bien ce vers ; faut-il détacher *com am. p. gr.* en une proposition exclamative séparée ? ou veut-on dire que la fidélité et les peines qu'elle cause se correspondent ?
25 *Nouvele*, propos, rapport.
28 Notez l'alternation de *à* et *de* dans le même rapport.

3 (pp. 109-110).

2 Changez le point en virgule.
12 *Nos gens*, nous autres gens.
13 *Ne savons que faire* (pr. n'avons besoin) n'est pas clair ; veut-on dire « nous n'avons pas mérité » ?
14 Ce vers n'est qu'une cheville, = à dire vrai, à parler franchement.
16 *De mal aire*, contraire de *de bon aire* ; plus souvent *de put aire* ; toutes ces formules peuvent s'écrire en un mot.
24 *Maire*, voy. Cisoing 6, 9 ; *qui* = *quos*.
26 « Car, pour tous biens (toutes faveurs), elle est à la fois avare comme une marâtre et prodigue comme une mère. »
27 *Eus* ne peut se rapporter qu'à *biens*, de sorte que *s'aairier*, propr. se nicher, se loger (voy. Cisoing 2, 8), paraît signifier ici figurément « se complaire ».
29 *Conestablie*, propr. corps d'armée ; ici au figuré : troupe, compagnie.

4 (pp. 111-115).

1 *Entre*, suivi de l'accusatif, ensemble, conjointement. *Entre Godefroi et Robin*, tout en ne représentant qu'une préposi-

tion suivie de ses régimes, n'en est pas moins le sujet de *gardoient*. Comment cet idiotisme, qui se présente à chaque instant dans l'ancienne langue, s'est-il produit ? A-t-il des analogues dans les langues sœurs ? Se présente-t-il dans le rapport de régime ? Tout cela mériterait d'être examiné de plus près. Pour moi, je crois que la formule *entre Godefroi et Robin gardoient* est une simple métamorphose de la formule *Godefrois et Robins gardoient entr'eus* (ensemble). *Entre* est allé se jeter devant le sujet composé en conservant sa nature de préposition, bien que dans cette position il soit devenu réellement un adverbe.

2 *Un chemin*, détermination adverbiale du lieu.

4 *Sapin*, bois de sapins. — 8 *Joins* (sing. *joinc*), joncs ; *feuchiere*, forme normale ancienne de *fougère*.

9 *Chahute*. Littré cite notre passage d'après les mss. de Sainte-Palaye, mais il le range à tort sous le XIIe siècle. Notez la rime *chahute : muse*.

15-20 Les strophes de notre pastourelle sont systématiquement construites du v. 1 à 14 ; mais à partir du 15e commence une partie libre composée de réminiscences ou refrains puisés dans d'autres chansons ou poëmes. Ainsi M. Bartsch retrouve nos vv. 15-16 dans une pièce qu'il a publiée dans son recueil sous le n° II, 44, vv. 7-8 ; de même vv. 19-20 se présentent comme refrain aux vv. 1101-2 de la Prison d'amour de Baudouin de Condé.

26 *Nois*, nom. de *noif*, neige. — 28 *Laice*, lace, enlace ; ou faut-il prendre *laice* p. *laisse*, « qui m'abandonne » ?

29 *Oltraige* frise ici le sens de maladresse, puisqu'il ne s'agit que du bris d'une cruche (*buire*).

35 Il faudrait, en rime stricte, *mas*.

37 *Muir*, je meurs. — 38 *Ne vos est gaires*, il ne vous chaut, peu vous importe ; cp. 5, 33-34 : De tout son dit li est petit ; Guill. de Palerne 2373 : De ce n'ert gaires à la beste.

44 *Dorenlot* se rencontre sous deux significations : 1) = *dorelot, dorlotin* (5, 22), favori (favorite), bien-aimé (bien-aimée), angl. *darling* (anglosax. *deorling*) ; 2) refrain, comme ici, cp. Bartsch, Past. et Rom. II, 22, 10 Et en lor muse à frestel Vont chantant un dorenlot ; ib. II, 70, 7-9 La voix qui respont

Et espont La note du *dorenlot*. Ce dernier mot vient sans doute du refrain favori *dorenlo!* — Nous rencontrerons le mot, avec son sens habituel, dans la pièce suivante, v. 8.

54 Bartsch, sans alléguer de raison, pense qu'il faut supprimer *tenés ;* le mot offre un sens excellent et toutes les strophes, sauf la 1e, ont pour 14e vers un octosyllabe.

55-56 Bartsch cite, comme à peu près identiques, les vv. 15-16 de la pièce II, 59 de son recueil et 5-6 de II, 84.

59 *Chi a* (ici il y a), = voici.

65 *Retenir*, en langage d'amour, agréer, accepter.

69 *Affaire*, état, condition. — 71 *Ki portés* équivaut à « puisque vous portez ».

74 « Prend sciemment le mauvais parti ».

78-79 La même phrase revient dans la pastourelle suivante, vv. 79-80.

85 *Effroi*, émotion ; cp. v. 47 le verbe *effroier*.

87 *Aval* n'exprime pas précisément un mouvement descendant, mais qui s'étend sur un espace donné dans toutes les directions, voy. mon Gloss. de Froissart vv. *aval* et *avaut ;* cp. la signific. du wallon *awâ*.

90 Le vers manquant doit se terminer en *age* et avoir pour sujet un substantif ou un pronom désignant la pastoure.

97-98 Cp. l'all. Wer sich nicht nach der decke streckt, Dem bleiben die füsse unbedeckt ; en anglais : Stretch your legs according to your coverlet.

103 *Errer*, aller son chemin. — 112 *Faus* = *fous ; prover*, essaier, tenter.

114 *Remontés*, remettez-vous en selle.

5 (pp. 115-119).

Comme celles de la précédente pastourelle, les strophes de celle-ci ont une longueur inégale ; la régularité dans l'agencement métrique et la succession des rimes ne s'y étend que sur les 10 premiers vers ; les 3 ou 4 derniers sont des refrains empruntés à d'autres poëmes.

IV. ERNAUT CAUPAIN.

9 *Diva*; sur cette interjection, voy. Burguy II, 400 et Diez, Dict. II, c, v° da.

14 Cp. Roman de Dole, dans Keller Romvart, p. 504, v. 19 :

> E[n] non Deu, sire, se ne l'ai,
> L'amor de lui, mar l'acontai.

28 Notez la rime *Robin : tendi*.

32 Sur *et* introduisant une proposition principale succédant à la subordonnée, voy. Diez, Gramm. III, 317.

34 *Li est petit*, voy. 4, 38.

42 *Ki*, à qui ; *li* est pléonastique.

52 *Abandoner*, livrer spontanément, sans sollicitation.

53-54 Cp. Trouv. belges, p. 50 (duc de Brabant 4, 17-18) :

> On tient plus chier la chose desirée
> Que ce qu'on a abandonéement.

58 *Qui se tient pour fole*, qui se croit jouée.

64 *Jeter*, infinitif-impératif, voy. Diez, Gr. III, 195. — *Puer*, lat. *porro*, cp. Roman des Eles, 568.

81 Ce *ja Dieus n'i soit* (= n'en rendez pas Dieu responsable, car il n'y est pour rien) est rendu dans le passage analogue de la pièce précédente (v. 80) par : *Deaubles li aprendera* (c'est le diable seul qui pourrait le lui apprendre).

85 *Vostre vente empire*, votre marché se gâte.

86 *Avant*, tout à l'heure, ou plutôt, je pense, « la première ».

89-92 J'ai, en préparant mon texte pour l'impression, mal compris ce passage ; j'en serais presque honteux, si je ne voyais le professeur Bartsch verser dans la même erreur. Les mots *O retornés* jusqu'à *arés* sont prononcés par la *damoisele*, qui se ravise un instant ; il faudra donc ponctuer ainsi :

> « N'encor n'ai ». — « O retornés,
> « Et se volés,
> « M'amour arés. »
> — « Cuite vo claim atant.... »

92 *Clamer cuite* (quitte), rendre la liberté, donner congé.

108 Le reproche de *couardise* est fondé sur ce que Robin a renvoyé la demoiselle par peur de la jalouse Marot.

V. JEHAN D'ESTRUEN.

1 (pp. 120-122).

L'adversaire de Jehan est *Sandrart*, sans doute le trouvère Artésien dont parle Dinaux, Trouv. Artés. 426-429 et l'Hist. litt. XXIII, 756. L'article de Dinaux se termine par la reproduction des trois premiers couplets de notre pièce, mais il y malmène le texte selon sa manière habituelle.

2 *Soutieu*, subtil, fin (Din. en a fait *soucieux!*); *entendant*, intelligent.
9 *Legier*, facilement; suppléez « je vous le dirai ». Il est amusant de voir l'auteur des *Trouv. Art.* écrire ce vers : *Jehan Legier si con je croi*; il fait de *legier* un nom propre et gâte le rhythme par l'introduction arbitraire de *si*. — L'auteur de la notice consacrée à notre Jehan dans l'Histoire litt. tient également *legier* pour un nom de famille et introduit ainsi dans sa revue des chansonniers français un articulet particulier sous la rubrique de *Jehan Legier*.
12-13 « Que tout en le servant dûment, on peut avoir une récompense inférieure au mérite ».
15 *Souffisant de*, digne de.
17 *Marescoi* (Dinaux en fait un nom propre) est un terme inconnu pour moi. Le mot tient-il de *maresc*, marais, de sorte que le sens serait : « Vous vous embourbés, vous pataugez joliment en me répondant ainsi » ?.
21 *Mendier de* = faillir à.
24 *En abandon*, à discrétion.
25 *Par anoi*, oiseusement. — 28 *Avancier de*, gratifier, favoriser.
29 *Mainsnie* est bien dans le ms.; mais la bonne forme est *maisnie*, famille.
32 *Nel* = *ne le* (*le* féminin); ainsi *jel* = je la, Fremaus 2, 43. — *N'a renon*, ne peut se réclamer, se prévaloir.
35 *S'apoier*, pr. s'appuyer, faire fond, ici donner créance.
37 *A le fie*, parfois.
38 Otez la virgule et traduisez : « En tant que l'espérance dont

vous me parlez a pour objet un doux accueil, je prétends
qu'elle vous le fait bien souvent manquer. »
43 *Boufoi*, orgueil. — 44 *Ventant*, présomptueux.
46 *Mestrie*, habileté, finesse.

2 (pp. 122-124).

Sur *Colart le Changeur*, trouvère d'Arras, voy. Dinaux,
Trouv. Artés. 146.
3 *J'ante*; on a opposé à l'étymon *ambitare* que j'ai mis en
avant pour le verbe *hanter* (voy. mon Dict.), l'*h* aspirée de
ce mot, mais les exemples pullulent pour prouver que dans
le principe il ne l'avait pas ; cp. 4, 13 *par l'anter* et Songe
de Paradis, 343 *que l'antaisse*.
4 *Faire mise*, gager.
5 « Qu'elles feront de moi tout ce qu'elles voudront. » L'étymologie du subst. *avel* (désir, caprice), proposée par Diez, savoir :
lat. *lapillus*, pierre précieuse, est contestée par Gaston
Paris, Chansons du 15ᵉ siècle, p. 7. — *Avoir son avel* ou *ses
aviaus*, c'est faire sa volonté, arriver à ses fins, cp. Trouv.
belges, p. 71, 63 et 155, 36.
6 *Cavel*, forme picarde de *chevel* (cheveu).
7 *Hageter* doit être, d'après v. 18, un synonyme de *tirer*. Je
laisse à d'autres à en découvrir l'étymologie ; serait-ce le
lat. *agitare* (remuer) avec un *h* prosthétique ?
8 Je ne sais que faire de *manser* ; est-il = lat. *mansare*, fréqu.
de *mandere* (mâcher) ? Ou faut-il y voir notre mot actuel
masser, que Pihan rapporte à l'arabe *mass* (manier)? Je
m'abstiens, tout en jugeant que le dernier sens ne se prête
pas mal. — M. Paulin Paris, dans l'Hist. litt., ne me paraît
pas avoir rencontré juste en prenant *hageter les caviaus*
pour « arranger les cheveux » et *manser la gorge* pour
« peigner la barbe sous le menton ».
9 *Gorge* est ici synonyme de *haterel* (nuque) v. 15.
10 *Dru* de, désireux, avide (sens insolite).
13 *A briés prières*, sans ambages.

14 *Par nulle prise*, de quelque manière qu'on s'y prenne.
16 *Li piaus*, la peau. — 17 J'aurais, à la rigueur, pu conserver *char*, en prenant pour sujet de *poroit* le mot *l'autre*.
19 *S'en esmovoir*, s'y engager.
21 *Deux bergières* est de mauvais goût, mais la rime demandait un pluriel ; et encore *une bergière* eût-il été de mauvaise application ; un nom de personne ne doit pas servir comme terme de l'appréciation d'une chose (*vo sens*). On conçoit l'expression dans une phrase telle que : Je ne vous prise pas plus qu'une bergière ; mais ici notre poëte a été maladroit dans le choix de son terme.
22 *S'aviser*, réfléchir.
24 *Pos* ne se comprend pas ; il faut sans doute *cos*. Le sens : « Vous mériteriez d'avoir de mes deux bouchères (*lanieres*) trois pots de vin » ne satisfait nullement.
25 *Miaus*, Meaux. — 26-27 « Quand vous prétendez enlever à ma passion ce qui lui donne le plus de charme ». Je ne sais si j'ai bien compris. — *Rostér* = *oster*.
28 *Gave*, mot picard signifiant jabot, gorge (généralement appliqué aux oiseaux), primitif de *gavion* et d'*engouer*. — *Eschehez* m'est inconnu ; le mot semble altéré : *eschirer ?*
30 *Argüer*, provoquer, menacer.
33 *Boisieres*, synonyme de *bourdeur* v. 25.
34 *De mal* = *mal* (adv.)
35 *Graus* (orthographe du ms. : *grax*) appelle un infinitif *grauser*, qui m'est inconnu. Je soupçonne une erreur du scribe p. *garc* (de *garder*, avoir égard, avoir souci). Une explication forcée serait celle-ci : *graus*, forme picarde p. *grous*, indic. prés. de *grouser*, variante de *groucer*, murmurer, se plaindre, pris au sens actif « plaindre ».
36 *Goheriel*, en wallon *goherai*, *gorai*, collier de cheval. Les patois du Nord disent encore *gourelier*, *gorlier* p. harnacheur, bourrelier.
37 *Entours* ; *s* caractéristique de l'adverbe. — *Pour enarmer*, pour servir de défense.
39 *Grau*, griffe ; forme féminine *groe* (Berte aus gr. p., 860).
41 *Confinoiere*, quid ? Je n'y vois pas plus clair en lisant : *divers* (étrange) *con finoieres*.

42 *Tiesmoins* est un prés. ind. à la 1e pers. sing. (l's ne fait pas difficulté) ; « j'en atteste mes cheveux gris ».

44 *Raviser*, ressembler (encore en usage chez les Wallons); propr. rappeler à l'esprit ; ailleurs « reconnaître ».

45 *Loqu.* velu ; M. Tobler a eu la bonté de me communiquer les citations suivantes : Jérusalem 6379 (*teste locue*), Ren. de Montauban 250, 10 (*chape locue*), Gaydon (*chief locu*). — *Floquiel*, flocon.

46 *Fautrer*, décheveler. Ce pourrait aussi être le sens de ce mot dans Gilles de Chin, 3607, où Gachet le traduit par « bâtonner » :

> Mais là le puet batre et fautrer
> Vilainement sans amender.

C'est un terme se rapportant à la première opération de la préparation du feutre. — *Bourel*, bourrelet.

47 *Sans noer*, sans être noué.

52 *D'engien*, d'intelligence. *Nes c'une enprise* m'est parfaitement inintelligible.

53 *Barbiere*, collerette. Jean de Condé I, 179, v. 379 : *Desous le hiaume en la barbiere*.

55 *Les coronciaus*, les deux bouts (dimin. de *coron*) ? ou faut-il lire *cordonciaus* ?

56 *Pourran*, contraction de *pourra on*. — *Labiaus* ; label est la forme antérieure à *lambel, lambeau* ; avant son acception héraldique le mot doit avoir signifié une espèce de collerette, puisqu'en allemand le terme héraldique *lambel* se traduit par *turnierkragen*.

57 *Nouvellement*, par innovation.

59 *Piauchelu* — dérivé de *piauchele* = *pellicella*, petite peau (Barbazan-Méon IV, 263, 246) — doit vouloir dire quelque chose comme éraillé, écaillé. M. Tobler a bien voulu puiser pour moi dans ses riches trésors lexicographiques et en a tiré les citations suivantes : *Magres estoit et piaucelus Par astinenche*, Mahomet 7 ; *Le vis ot pale, piauchelu et oissié*, Ogier le Dan. 8366. Le mot *pezelous*, cité dans Du Cange v° *pessarius*, est identique.

60 *Pert* = paret (est mis à nu), ou = se pert (est détruite) ?—*Four*

entendu, que j'ai substitué à l'inintelligible *four estendue* du ms., signifie « inintelligent, insensé » ; la valeur négative de *four*, *for* est bien connue.

3 (pp. 125-126).

1 Ce *Robert* est peut-être le même que le contradicteur de Mahieu de Gand, dont j'ai parlé Trouv. Belges, p. 309, et qui s'appelait Robert de le Pierre.
15 *Fouragie*, quid ? Le verbe *fourrager* n'offre aucun sens plausible ; je suis donc amené à admettre ici un participe *fouragi* (qui agit mal), analogue à *meffait*, *forfait*, *fourentendu* (2, 50). Ce mot *fouragi*, si mon interprétation est la bonne, offrirait un intérêt tout spécial en ce que l'ancienne langue ne présente aucune autre trace du verbe latin *agere* ; notre verbe *agir* n'apparaît qu'au XVIᵉ siècle.
18 *Ce que sui desirans* n'est qu'une paraphrase de *voulentez*.

4 (pp. 126-128).

1 *Jehan amis* ; le mot *ami* a-t-il ici sa valeur naturelle ? ou peut-on inférer de la rubrique « Andriu Douche à Jehan ami » qu'il représente le nom de famille de notre trouvère ? Je n'oserais répondre à cette question. Andriu Douche, qui a proposé le jeu-parti, a son article dans les Trouv. Artés. de Dinaux (pp. 72-76), où notre pièce est reproduite en entier (p. 73).
4 *Dont... de son cuer* = *de cui coer* ; négligence syntaxique fréquente chez les trouvères.
5 *Puis que*, depuis que. — 6 *Ne çà ne là*, locution = en aucune manière.
8 *Laissier ester*, planter là, y renoncer.
10 *Aloié* (alligatus), attaché, engagé.
13 *Par l'anter*, par la fréquentation, à la longue.
14 *Merler*, variante de *mesler*, comme *marle* de *masle*, etc.
17 *Pau* ; pl. b., v. 21, *poi*.

20 J'ai laissé la dernière syllabe du mot final en blanc, parce qu'elle était illisible ; malgré l'*u*, que je crois avoir lu après l'*f*, je ne doute guère que le mot voulu soit *refroidiés*. Dinaux, toujours peu scrupuleux dans l'établissement de ses textes et qui a parsemé celui de notre jeu-parti des plus étranges balourdises, a mis ici (avec un point d'interrogation toutefois) le mot monstrueux *réfuissi*.
27 *Surmonte*, sens intransitif, l'emporte, prend le dessus.
28 *Adrecier*, diriger.
34 *Et car* ; exhortation renforcée. — 37 *Nul point*, nullement.
38 *I*, dans l'amour.
44 Mettez un point-virgule à la fin du vers. — 45 *Son amour* p. *s'amour* ; voy. sur cette irrégularité, dont les cas ne sont pas rares même avant le XIVe siècle, Diez, Gramm. II, 97.
48 J'ai déjà touché, dans les notes sous texte, la curieuse méprise de Dinaux, qui prend *nichetes* pour le nom d'une maîtresse d'Andrieu.

VI. JEHAN FREMAUS.

1 (pp. 129-131).

3 Je regrette de ne pas avoir corrigé, avec Mätzner, *doit* p. *doi*, en prenant *amender* au sens intransitif de s'améliorer.
5 Le *seut*, dans la variante de N, est sans doute mal lu par Keller p. *seuc*.
7 *Bien à guarder*, bene servandam ; cette représentation du participe futur passif latin (à la suite du substantif) n'est pas très-commune dans les anciens textes, bien qu'elle nous soit familière dans les phrases telles que « chambre à louer ». Mätzner cite de Garin le Loherain (éd. Fr. Michel, II, p. 64) *Ils vos tolroient honor à maintenir.*
8 *Par haut choisir*, en portant mes visées trop haut.
9 *Afoler* ne veut pas dire « rendre fou », comme pense Dinaux, ni « endommager, blesser, détruire », comme propose Mätzner, mais plutôt, comme l'all. *zum narren halten*, « jouer, éconduire » ; voy. sur l'origine et les significations du verbe

affoler, l'opinion de Tobler, résumée dans mon appendice de la 4e éd. du Dictionnaire de Diez, p. 719.

11 *Recovrer*, réussir; *i* = en amour.

14 *Oublier* a deux régimes : 1. *moi*; 2. *que ne face....*; pour le 2e, il est traité comme les verbes *craindre, laisser, empêcher*, etc., ce qui explique le *ne* dans la proposition subordonnée. Sur l'emploi de la négation dans les subordonnées, voy. Perle, Die Negation im Altfranzösischen (Gröber, Zeitschr. II, 10-14.

18 *Chiever* = *achiever*, voy. Carasaus 1, 40. Dans le même sens on voit plus souvent *chevir*. Pour Dinaux *chiever* signifie « manquer » !

20 *Sens retorner*, synonyme de *sans repentir* (v. 15).

29 « Je dois puiser ma consolation dans la mort ». Tandis que moi, je convertis *doit* (leçon de C) en *doi* (leçon de N), Mätzner s'en tient à *doit* et traduit : « Ce qui me doit consoler de la mort, c'est que je ne pourrais mourir d'une plus belle mort, car... » Cette traduction est fondée sur la circonstance que le ms. N au v. 30 porte *que* (au lieu de *quar*), ce que j'ai négligé d'indiquer sous le texte.

31 « Car en mourant je ferai des chansons ».

35 *Faillir*, faillir à récompense, être frustré.

41 *Furnir*, satisfaire.

47 *Assambler*, se joindre.

49-50 « Laquelle merci elle (*l'amour*) laisse s'affaiblir en elle (*la dame*) par sa tolérance [au lieu de la provoquer] ».

2 (pp. 132-134).

3 Le *si* après *por ce* est conforme aux règles. *Trovée*, = controuvée, fausse, est une épithète oiseuse de *faintise*.

4 *Movoir*, neutre, surgir. — 7 *Atornée*, dirigée.

9 *En bone estance*, en bonne condition, avec bonheur.

10 *Norrir* a ici le sens intransitif « être nourri, grandir, se fortifier »; cp. Baud. de Condé p. 108, v. 35 : Envie envenimée ù *neure* Tous maus... ; Jacques de Baisieux, Des trois chevaliers, 168 (*Trouv. belges*, p. 167): Coardise en cui paürs *neure*

12 *Que.. ne* est subordonné aux mots *jamais n'iert destornée* du
v. 10. — *Douer,* mettre en possession, syn. de *saisir.*
13 *Esleü,* exquis, de bon aloi. — 14 *Voir,* certes.
15 *Amender,* ici faire prospérer.
16 « Sa vertu se double de modestie ». *Muebler* est intéressant ; le sens propre paraît être « pourvoir ». Le plus ancien exemple du verbe *meubler* dans Littré est du XVIe siècle.
26 *Fors por ce que,* si ce n'est que.
31 *Deffention,* résistance.—« Si mon service ne suffit à la fléchir ».
32 *Muer de mue* est une redondance ; c'est comme si l'on disait « changer par changement ».
33 *Toz nés,* tout net (cp. Cisoing, 5, 7) ; adverbe fléchi, voy. Gonth. Soignies 6, 38.
34 *De li n'est curée,* elle ne s'en soucie pas, elle n'en a *cure ;* cette acception de *curer* est moins connue que celle de guérir.
35 *Sans retenance,* sans lui faire accueil.
36 *Sans autre recovrance,* sans y gagner autre chose.
37 *Fiever,* inféoder, synon. de *douer, saisir.*
38 *En a faite l'issue,* s'en (*del cors*) est échappé.
41 *Coneü* paraît avoir ici un sens actif (cp. *entendu, aperceü, obeï* (3, 5), etc.) et signifier reconnaissant.
42-43 Construisez : Que, par son gré, ele doint que jel serve à celée s. o. f. — *Ochoison faussée,* faux prétexte.
50 *Avancier,* prévenir, empêcher.

3 (pp. 134-136).

5 *Obeï,* obéissant. — 7 *Ententif,* préoccupé.
15 *Me rueve* (de *rover*), m'invite. Notez l'emploi de l'infinitif pur après ce verbe, cp. Songe d'Enfer, 621.
19 *Detrier,* tarder, se faire attendre.
23 « Car j'en ai pris sur moi une si lourde charge (*fais*) ».
24 *M'en sent,* je m'en ressens.
32 « A tel point que je ne me possède plus ».
39 *Hautement,* au-dessus de mon rang. — 40 *Despit,* dédaigné.

46 Quoi qu'en disent Dinaux, Stecher (Biogr. nationale) et d'autres, il est difficile d'identifier le personnage, à qui notre trouvère envoie sa chanson avec Guillaume de Béthune, le frère de Quenes. D'abord ce dernier est mort en 1213 et Jehans Fremaus-appartient, dit-on, plutôt à la deuxième qu'à la première moitié du XIIIᵉ siècle ; ensuite l'avoué de Béthune à qui nous avons à faire ici, s'appelle *Gui* et non pas *Guillaume*.

49 *Recueillir*, synon. de *retenir* (Caupain 4, 65).

VII. LE TRÉSORIER DE LILLE.

1 (pp. 137-138).

3 *Refraindre*, voy. Gonth. Soign. 1, 2. — 6 *Seut* = solet.
8 *Bonement*, humblement ; 2, 20, avec résignation.— 10 *Tenant de*, en possession.

2 (pp. 139-140).

Les strophes 1 et 2 de notre chanson se trouvent imprimées dans le recueil d'Auguis, t. I, p. 453. On y rencontre la variante *sans aler aillors* (v. 4), que je n'ai remarquée dans aucun des mss. consultés ; *fi* p. *si* (v. 5) est sans doute une faute du typographe.

4 *Changier aillors*, se tourner ailleurs ; expression digne de note.
9 *Sanz partir*, sans partage.
10-11 Laborde néglige complètement *l'un sol* en traduisant : « Mais amour fait languir les siens, il leur fait souffrir des peines continuelles ».
12 *Gehir* n'est pas, comme traduit Laborde, « se plaindre », mais « avouer, déclarer ».
14 *Retor*, retraite, refuge.
19 Laborde traduit *chierir* par « craindre » ; lisait-il *cremir* ?
20 Mieux vaut la leçon *et bonement souffrir*.

23 « Ne donnez pas un démenti à votre réputation ». Laborde : « N'affoiblissez point ce que vous valez ».
25 « Car je préfère mourir plutôt que de vous voir frappée de déshonneur ». — Le ms. de Dinaux porte l'orthographe *desenors*, qu'il interprète par « dissuasion ».
27 « Et alors il n'y aura plus lieu d'ajouter à vos mérites ».
29 *Perie*, perdue (faite en vain). *Labor* était jadis féminin comme *amor* et *honor*.
32 *Cort*, fig., petit ; cp. en all. « kurz zugeschnitten ».
34 *Merci acueillir*, prendre pitié. — 25 *Aumosne*, bonne œuvre.

3 (pp. 141-142).

10 *N'afiert*, ne convient. — 12 *Enganer*, tromper, ital. *ingannare*, voy. Diez, Dict. I, v° inganno. Diez rattache ce mot à l'anc. haut-all. *gaman*, jeu, plaisanterie ; M. Baur (Gröber, Zeitschr. II, 503) conteste cette étymologie et propose le lat. *gannire*, murmurer, gronder, bavarder, devenu *gannare* en bas-latin. — Le mot est, nous le répétons, un synonyme d'*engignier*, cp. Guill. de Palerne, 7736 : Jamès ne fust ensorcerés ne engigniés ne *enganés*.
19 *Umilité*, condescendance, bienveillance ; ce mot si fréquent est de facture savante ; la bonne forme française est *humbleté*, Ajol 1009 : Belement lor respont par *humleté*.
26 « Et quant au corps, qu'elle fait tant souffrir, personne ne le lui disputera ».
36 Je ne puis voir dans *tresorier* autre chose qu'un vocatif, (ce qui m'a fait substituer *voi* à *voit* ; il faut bien que le couplet d'envoi indique le destinataire. *Tresorier* (il faudrait d'ailleurs *tresoriers*) *tout abouté voit le siecle* dans le sens de « Moi, trésorier, je vois... » est tout-à-fait improbable. Je conteste donc à cette chanson la paternité du Trésorier de Lille. — *Abouté* = *bouté*, poussé, engagé.

VIII. PIERRE LE BORGNE.

1 (pp. 143-145).

Comme la 7e chanson de Jaques de Cisoing, celle-ci présente l'artifice de versification consistant dans la répétition du dernier mot de la strophe par le premier de la suivante. Chaque strophe se compose de 8 vers octosyllabiques, et de 2 vers à mètre varié, représentant des refrains tirés d'autres chansons. Les 5 strophes sont rimées de même en ce qui concerne les 7 premiers vers ; la rime du 8e est subordonnée à celle du 2e vers du refrain.

3 *Me fait* a pour sujet à la fois le contenu des vv. 1-2 et celui des vv. 4-5.
17 *Requerrai* = *recrerrai* (cesserai).
18 Ce vers est le seul à son rang qui ne soit pas octosyllabique.
26-28 « [En joie plus grande] que si on voulait, tout à mon gré, me couronner roi de France et me tenir pour le seigneur de ce pays ».
33 *Si*, et cependant. — 36 *Meller à*, brouiller avec.
37 *Querrez* = *crerrez* (croirez).
40 *Od soi* = secum ; au v. suiv. à la reprise, = cum ea.
42 *Que sevrer*, car s'en séparer. — *Error*, souci, inquiétude.
43 Je pense que *con m'oez* est une mauvaise leçon p. *comme oez*.
44 *A son tor*, « chacun à son tour », ou « en tournant sa roue » ?

IX. JAQUES DE DAMPIERRE.

1 (pp. 146-147).

1 Pourquoi a-t-on abandonné le bon mot français *faiture* (cp. G. Soignies, 9, 31) au profit de *facture*.
2-4 « Que, rien qu'à être vu, il inspire un amour profond à tel qui ne s'en est jamais soucié ».
9 *A cuer* est peut-être mal lu pour *u* (= *ou*, *el*) *cuer*.

13 *Muer*, faire autrement. — 14 *En aventure*, en courant, a chance.

15 Le terme *atendre* ne me semble pas rendre la pensée du poëte qui doit être plutôt *ateindre*, parvenir.

17 *Estre en ardure de*, brûler. L'anc. langue avait les deux formes *ardure* et *arsure*. Le suffixe *ure*, en thèse générale, ne peut s'appliquer qu'à un thème de supin latin (armat-ura, *arme-üre*, d'où *armure* ; ars-ura, *arsure* ; tort-ura, *torture*) ou à quelques adjectifs dont le thème se termine par une dentale (*droiture*, *froidure*, *laidure* v. 22, *ordure*, *verdure*) ; *ardure* présente donc un cas de formation exceptionnelle ; le suffixe *ure* n'y correspond pas comme dans *rompure, tenure*, etc. à anc. *eüre* (= atura, itura), et semble fondé sur une confusion avec *orem* (ardorem). Diez (Gramm. II, 321) cite les cas analogues ital. esp. *calura* de *calor*, ital. *paura* de *pavor*, *rancura* de *rancor*. Notre mot *ardure* est encore dans beaucoup de dictionnaires et je ne vois pas pourquoi Littré l'en a exclu.

19 *Faitis* (litt. = lat. *factitius*) a restreint son sens en « bien fait, beau ».

22 *Laidure*, affront, synon. de *laidenge*.

2 (pp. 147-149).

1 *Vertueus*, efficace. — 5 *Eschis* (nom. de *eschif, eschiu*), qui fuit, qui s'abstient.

7 *Avis*, exhortation, encouragement.

10-11 Voy. les notes sous texte.

15 *Se cointoier*, s'enorgueillir.

17 *Blesmir* ; l'histoire étymologique de ce mot (voy. Diez II, c, p. 526 et Append. p. 754) nous apprend qu'il s'y attache une idée foncière de meurtrissure.

19 *Preu*, subst., profit (*proufit* v. 4). — 22 *Acueilli*, saisi.

29 *Confit*, fait d'une certaine manière, confectionné.

33 « Où, selon les probabilités naturelles, je ne puis espérer quelque succès ».

34 *Metre sus*, mettre sur le compte de, imputer à, justifier par.

35 « Et si les choses tournaient mal ». On dit plus souvent *du pis* ou *du pieur*.
39 *Peuture*, nourriture, pâture ; mot formé du participe franç. *peüt* (de *paistre*), tandis que *pâture* vient directement du lat. *pastura*. — *Familleus*, affamé ; mot fait avec le suffixe *osus* sur le thème du lat. *famel-icus*. On trouve aussi le verbe *familler* (voy. Roquef. v° lisoit).
40 *Rasis* (rassis) aurait-il ici déjà le sens figuré que les modernes attachent à ce mot : calme, posé, mûri, opposé à léger, remuant, volage ; je le croirais volontiers, car je rencontre, avec une valeur analogue, le terme *asis* dans Guillaume de Palerne, 761 : [Ses paroles n'étaient nullement] *laides ne foles Mais asises et delitables.*
43 *Souffi*, content, satisfait. Ce mot n'est pas commun ; mais on trouve *asouffir*, satisfaire, dans Godefroid de Bouillon (voy. Gachet).

X. LAMBERS LI AVULES.

(Pp. 150-152.)

3 *Plaisseïs*, lieu clos de haies.
9 *Regreter*, sens ancien : rappeler avec douleur une personne qui vous est ravie. — *Soi*, je sus.
14 *Esguarder*, regarder. — 20 *Musart*, sot ; *abaubi*, comme *esbaubi*, propr. interdit, troublé, mais ici et ailleurs « niais, nigaud ».
25 *Tremois* est encore en usage : blé de mars, blé de trois mois ; du bas-lat. triticum *trimense* (Isidore) ; Pline *trimestre*.
27 *Champenois* fait opposition comme l'homme simple, sincère, inoffensif au raffiné *François* (v. 30).
31 *Defois*, défense, opposition. — 33 *Sor vostre pois*, contre votre pensée, malgré vous ; cp. Jaques de Baisieux 1, 56 (Trouv. belges, p. 164) : *sor vo voloir* ; voy. aussi ma note Jean de Condé, I, p. 395.
34 « Personne ne viendra vous défendre ».
36 *Pas des mois*, locution fréquente p. jamais.

38 Le point d'interrogation est une faute typographique.
43 *Sois*, plur. de *soif* (lat. *sepes*), haie.
44 *A un baston*, au moyen du bâton ; le sens et la répétition de *baston* 3 vers plus bas me font conjecturer la leçon *à un randon*.
45 *Qui donc veïst*, peut se traduire par « il fallait voir alors... » Il y a là une proposition hypothétique avec ellipse de la proposition principale, comme dans nos phrases optatives : « Si je pouvais dormir » ! et sembl.
47 Mieux vaudrait un point d'exclamation à la fin du vers.
49 « Aussitôt me voilà filé ». Notez la construction *es m'en vos*.
50 La ville de *Mâcon* doit à la rime et au mètre de servir ici de terme pour renforcer la négation *n'i vosisse estre* ; on connaît les chevilles *por tot l'or de Surie, por l'or d'Aragon,* [*N'i vosist estre*] *pour l'anor* (le domaine, le pays) *de Paris* (Couronn. Loeïs, 2512) ; mais l'emploi du nom simple d'une localité se présente moins souvent.

XI. GERARS DE VALENCIENNES.

1 (pp. 153-155).

1 Dinaux pense que le *sire Michel* pourrait être le trouvère douaisien Michel dou Mesnil (voy. ses Trouv. de la Flandre, p. 320) ; je ne possède aucun argument solide ni pour ni contre cette conjecture.
5 Qu'est-ce qu'un vrai amoureux doit préférer ? Connaître le sentiment de sa belle, ou savoir qu'elle connaît le sien ? Tel est le thème du jeu-parti.
9 Le ms. de Berne a, selon son habitude, pour notre *sui*, la forme *seux* ; Dinaux, toujours malheureux, traduit le mot par *seul !* — *Estre pourpensé*, c'est réfléchir, méditer, ici chercher à, se mettre en mesure de.
10 *Maintenant*, aussitôt.
13 Le pronom *lor* n'a pas de rapport explicite ; mais on le devine : il s'agit des dames en général.
21 *Aatie*, entêtement, obstination.

24 *Atente* peut être pris soit pour *attention*, égard, considération, ou pour l'objet, le but de l'*atente*, récompense ou *merchi* (var. de D).
29 Ce vers s'adapte difficilement au suivant; le sens ne peut-être que celui-ci : *K'il* (car il) *n'est nule, coi c'on die, ki ne soit de telle baillie* (qui ne se gère de telle façon).
32 Le sujet de *vodroit* est *fins amans* (v. 27).
34 *Guarant*, preuve, argument, cp. p. 159, v. 94.
40 *Amolloir* p. *amolier* ou *amolir* est insolite.
48 *Dongier* (forme autorisée p. *dangier*, voy. Gonth. Soign. 17, 37), autorité.
50 *Arramie* du ms. D me semble exprimer ce que nous appellerions « parti pris ».
51 *Remanoir*, abandonner la partie.
52 *Cheoir*, échoir. — 54 *Forjugier*, réprouver, repousser.
55 Pensée peu claire; *et blanc et noir* est-il une expression proverbiale signifiant « en sens divers » ?

XII. DIT DE JEAN DE CONDÉ (?).

3 *Mot* = *dit* (poëme didactique).
4 *Perdre sa raison*, parler en vain, cp. v. 22.
5 *Reprendre* (cp. v. 15), syn. de *retraire, conter*; auj. le mot ne s'emploie plus dans un sens aussi large, et ne signifie que récapituler, résumer. — Ailleurs = reprocher vv. 16 et 25; blâmer v. 118.
11 *Fauvain estriller*, propr. étriller, frotter, caresser son cheval, fig. user de flatterie. Allusion au roman de Fauvel. Un proverbe, cité dans Cotgrave, disait : « Tel estrille fauveau qui puis le mord »; dans Palsgrave on trouve l'expression *estrille-faveau* comme traduction de l'angl. « curryfavell, a flatterer ».
12 *Pour ce*, c'est à-dire pour flatter.
17 *Deporter*, excepter, exempter, ménager.
19 Notez l'infinitif pur après *enorter*.
20 *Plessier*, fléchir (lat. *plexare*).
28 *De plus plus* = d'autant plus; expression remarquable.

XIII. LE MOULIN A VENT.

32 *Servir au Temple,* servir pour rien.
45 *Obscur,* contraire, répugnant.
48 *Destourner,* empêcher, cp. v. 148.
61 *Mettre du sel* à un récit, l'envenimer ?
72 *A placebo,* par complaisance ; l'expression a sans doute pris naissance dans le monde clérical.
81 *Afolé,* anéanti, syn. de *confondu* ou *tourné à desconfiture* (v. 85). Sur les diverses applications et l'origine du mot (adject. *fol*), voy. Tobler dans Kuhn's Zeitschrift, XXIII. L'éminent romaniste de Berlin infère la distinction étymologique de *afoler* endommager, blesser, ruiner, et de *foler* fouler du fait que les deux verbes ont des *o* d'une nature différente et ne riment jamais ensemble. Notre cas ne contrarie nullement cette opinion, car ce ne sont pas les radicaux *fol* et *foul* qui sont en rapport de rime, mais leurs terminaisons.
84 *Se demoustrer,* se montrer, apparaître ; Froissart dit plus souvent *s'amoustrer.*
86 *Encore dont* ne m'est pas clair.
87 Je ne trouve pas cette sentence dans la Bible, mais bien dans le Roman de la Rose (éd. Michel, II, p. 189) : Mès verités ne quiert nuls *angles* (coins, détours).
94 *Garant,* preuve. — 95 *Plus avant,* davantage.
102 *Plenier,* en vogue, en estime.
109 *Teus* ; plus bas, v. 139, en rime *tés.*
127 *I faire force,* en tenir compte ; voy. ma note Enfances Ogier, p. 245.
131 Notez la reprise du *de* déjà énoncé dans *d'iaus.*
149 *De mal à faire,* voy. pour cet emploi pléonastique de *à,* Cisoing 5, 4.

XIII. LE MOULIN A VENT.

3 Une *dame Sarain* (régime direct de *Sare*) se présente aussi dans le Congé de Baude Fastoul, 564.
4 *Bauke,* poutre = all. *balke,* est encore en usage dans les patois picards ; on trouve aussi le masc. *bauc, bauch* (voy. mon Gloss. Froiss.). Ste-Palaye a accueilli *bauke* dans son

Glossaire en citant notre passage ; je vois à cette occasion qu'il a fait de notre *Leurens Wagons* (v. 1) *l'eureus Wagons* et de *rue* (v. 3) *vue*. — *Rain* ; est-ce branche, perche (*ramus*) ? ou une variété orthographique de *ren*, *rien* ? Cette dernière interprétation m'est suggérée par le fém. *faite* du v. suiv.

6 L'auteur a peut-être écrit *venteeur* ; la répétition de *menteeur* est suspecte.

11 *Maure*, forme picarde pour *mouré* (moudre).

17 *Douce*, subj. prés. de *douter* ; flexion bien rare dans les verbes de la 1ᵉ conjugaison.

18. *Travelouce* se trouve aussi dans Fastoul 281 (*Maistre Jaquemon Travelouce*).

19 *Estake*, poteau. — 21 *Buhote* ; je trouve dans Corblet et Hécart le masc. *buhot* avec le sens « sommet du tuyau de la cheminée ».

24 L'expression fig. *en bonne veine* se voit aussi dans le roman de la Rose (voy. Littré) ; cp. Baud. de Condé 336, 1987.

27 *Encore*, quoique ; de même v. 34 et 179.

29 *Suele* doit signifier soit fondement, plancher, ou seuil.

31 Il s'agit du chansonnier artésien *Wibert Kaukesel*, sur lequel voy. Dinaux, Trouv. artés., p. 231.

34-35 Que *Wailly* et *Mentenai* soient des localités réelles des environs d'Arras ou non, toujours est-il que *Mentenai* est choisi à dessein pour faire un jeu de mot avec *mentir*. Il en est de même de *Blangi*, vv. 51 et 78 (*blandir, blangir* v. 206, flatter, vanter) (1).

37 *Arcure*, archure : « pièces de menuiserie, en forme de coffre, qui sont placées devant les meules d'un moulin » (Littré).

41 *Estevenes* : prononcez *estev'nes* ; cp. les mots analogues *orghene* (v. 63), *virgene*, *angele*. — Peut-être faut-il lire *Mouchi*, de même au v. 207, *Mouci* ; je vois un Jehan de Monci dans Fastoul 434.

45 *Blanc* ; bien que généralement envisagé comme la couleur de la pureté, de l'innocence, cet adjectif se produit plusieurs fois dans notre pièce comme l'attribut de la vanité et de la

---

(1) Wailly et Blangy sont en effet des noms de villages des environs d'Arras.

fausseté. Ainsi on appuye v. 108 sur la *cire blanche* du sceau de Robert Nazart ; v. 153 on rappelle les *blankes gens* demeurant *en l'Estrée* ; enfin la mention du roman de *Blancandin*, v. 181, n'est-elle pas due à la conformation de ce nom ? Cette application de BLANC à ce qui est vide, vain se reproduit peut-être aussi dans nos expressions *faire chou blanc* (au jeu de quilles), *vers blancs, nuit blanche*.

47 *Ruee*, prononcez *reue* (roue).

48 *Faumouner*, quid ? l'élément *mouner* est-il le même que celui de *se-moner* (submonere) ? Il est difficile d'y voir *moiner* = mener.

53 *Clapete*, soupape ? — 54 *Papeter* est connu avec la signification « manger à la façon des enfants », mais ici ce doit être « bavarder » (cp. all. *papern, pappeln*) ou « distribuer des coups de batte » (cp. *pape* coup, dans le composé *soupape*). Dans ce dernier cas, la *papoire* du v. suiv. signifierait la batte d'Arlequin, d'où le sens « coup de batte, correction » dans Gautier de Coinsi (voy. Roquefort) : Nos vos donrons tele *papoire* Se jamais entrez ça dedens. Le sens bavarder, cependant, est rendu probable par le v. 59.

56 *Clapoire*, lieu de débauche (selon Roquefort). De la même famille que *clapier* ?

64 *Jehan Bretel*, le célèbre trouvère Artésien, sur lequel voy. Dinaux (Trouv. Art., p. 283) et Hist. litt. p. 636. Cp. le Congé de Jean Bodel, 241.

66 *Tourtre* ; Littré v° tourte 1 (n° 6) : « pièce de la lanterne d'un moulin ».

70 *Fusel* ; d'après Littré, on appelle *fuseaux* les bâtons de la lanterne d'un moulin.

71 *Poinile* répond à un type latin *pectinilis* et signifie ailleurs « crines circa pudenda » (p. e. Jean de Condé, Sentier battu, 73). Ce que le mot, dérivé de *pecten* (peigne), peut vouloir dire en termes de meunerie, m'échappe ; prob. un mécanisme ou instrument à dents. — *Li pautres* ; *Le Pautre* s'entend encore souvent comme nom de famille ; je n'en connais pas le sens primitif ; dans la Brie, dit Littré (v° *peautre*), *pautrain* veut dire polisson, mauvais drôle ; le mot est également mentionné avec la valeur de canaille.

75 *Qui le puist croire que desist...* est un tour de syntaxe bien connu : le sujet de la proposition secondaire annoncé dans la principale à l'état de régime.
77 *Anstier*, fabricant de *hanstes* (lances, bâtons, manches). Dans le Congé de Fastoul on rencontre 49 Pierre li antiers, 328 Kamin Lanstier, 505 Adan Lanstier.
81 *Blancandin* est le nom d'un roman d'aventure édité en 1867 par M. Michelant ; sa mention démontre la vogue dont il jouissait, mais aussi le peu d'estime qu'en faisait l'auteur de notre satire.
84 *Puelie* poulie ; cp. *ruee* roue.
91 *Amoier* ; ce verbe se présente parfois avec le sens de jeter ses visées, se diriger, tendre vers, aspirer (voy. ma note Baud. de Condé, p. 444), aussi diriger, faire tendre vers un but (cp. Jean de Condé I, 255, 1) ; mais ce sens ne convient pas ici. Un second *amoyer* existait au sens du bas-lat. *admodiare*, donner à bail ; il faut également en faire abstraction. J'ai donc recours au subst. *moie*, meule, tas, monceau, d'où je tire un verbe *amoier*, que je traduirai par grossir, ballonner.
94 *Aüner*, sens intransitif, s'assembler.
96 *Sawales* (ou *Sawalés ?*) ; dans Fastoul je vois v. 235 *Sowale Wion*, 608 *Sowalon le maieur*. — *Durpain* est un nom comme *Caupain*, *Blanpain*.
79 Fastoul, 491, nomme un *Grart Faverel*. Nous aurons encore un *Faverel* au v. 165. — *Liefru*, de *levre ?* donc = lippu ?
98 « Celui-ci aussi est (*rest*) bien frappé à leur marque ».
100 *Refuséles* = refusez les ; cette façon d'encliticiser le pronom *les* à l'impératif du pluriel est étrange et je n'en ai pas d'autre exemple.
101-2 « Je n'ai pas besoin de votre assistance pour en mettre d'autres à leur place ».
104 Un *Robert Nazart* est cité dans le Congé d'Adam de la Halle, 122, et dans celui de Fastoul, 446 (« Celui ki maint en Kievremont »).
110 *Mait*, ancienne forme de *maie*, huche, auge, pétrin. Littré n'a pas d'exemple remontant au delà du XVIe siècle.
113 Dans Baude Fastoul apparaissent deux *Wagon* ; l'un, Guil-

laume, v. 218 ; l'autre, au prénom de Symon, v. 566. — *Rastiere*, râteau ?

114 *Estiere*, gouvernail, voy. Diez, Dict. II, c, v° esturman ; Marie de France I, 462 : A l'estiere vait guverner. « Tenir estiere », c'est donc = être maître, s'y entendre. Dans Phil. Mouskés 12222, l'expression est construite avec un datif de personne et paraît signifier « tenir la main haute sur » : Les Sarrasins apprirent

>   Que Karles, li buens crestiiens,
>   Li buens rois, li fors justiciere,
>   Ki tous jors *lor tenoit estiere*,
>   Estoit mors et alés à fin.

119 *A sen oes*, à son égard ? ou « pour son intérêt » ? On veut dire, je pense, qu'à son grand détriment ses voyages à Paris l'ont rendu hypocrite et faux.

125 *Aleron*, « petites planches qui garnissent les roues d'un moulin à eau et qui servent à la faire tourner » (Littré, v° aileron) ; mais cette définition ne convient pas ici, où il s'agit d'un objet servant à ramasser la farine ; on voudrait y voir *paleron* (palette, petite pelle).

129 Avons-nous à faire ici au *Jean de la Fontaine* de Tournai, dont j'ai reproduit la seule chanson connue à la page 152 de mes Trouv. belges ? Je ne m'engagerai pas dans cette recherche.

130 *Quarantaine*, carême. — 131 *Bon jour*, jour saint, cp. angl. good friday.

132 *Ses cors* = il.

134-35 *Ortoile* (cp. wall. *ourteïe*, Hainaut *ortile* = urticula) est sans doute « ortie » ; mais *trailleres*, qu'est-ce ? Un dérivé de *traille* = tragula, herse, de sorte que le *trailleur* serait un laboureur, fig. rustre ?

139 *Sieré* (serré), près. On dit encore en Picardie *tout sérant de* ; mais je ne trouve nulle part une mention de la préposition *sieré*.

140 *Halot*, auj. *hallier*, est encore du picard.

147 La *queue* d'un moulin à vent est une « grosse pièce de bois

qui sert à orienter le moulin de manière que les ailes prennent le vent » (Littré).

148. *Reskeue*, subj. de *reskeure* (re-excutere), délivrer.
149. *Tourment*, auj. *tourmente*.
152. *Estrée* est sans doute un nom propre ; ou faut-il traduire « en rase campagne » ou « sur la grand'route. » ?
159. *Mousnier*, meunier ; *s.* épenthétique.
161. *Droiture*, règle. — 162 *Bauduin*, le nom de la fable pour âne.
163. *Plumete*, girouette ?
160. *Vimi* comme nom de localité se voit aussi dans Baude Fastoul, v. 399.
176. *Glui* p. *glu* n'est pas rare ; comment expliquer cette forme ?
180. *Preuc* (= *poruec*) *que*, pour autant que, pourvu que.
183. *Atemproire* ; Ste-Palaye, qui cite notre passage, ne sait pas de quelle pièce du moulin il s'agit. Le mot doit signifier quelque chose comme modérateur ; aussi je pense qu'il désigne le même objet que *trempure*, qui est ainsi défini par Littré : « appareil qui sert à communiquer un mouvement d'abaissement et d'élévation au palier et à la meule courante d'un moulin ».
186. *Face refaire* = *reface*. Sur l'emploi périphrastique du verbe *faire*, voy. Tobler, Jahrb. für roman. Literatur, VIII, 349 et Bast. de Buillon, notes ad vv. 2727, 3871.
193. « Jouer aux barres en mer sans se mouiller » était peut-être un dicton courant pour « faire l'impossible ».
196. Ce vers ne se comprend pas facilement ; *faire aliu* signifie d'ordinaire dépenser, sacrifier, ainsi dans Fastoul, 479 : Je vois de mon cors faire aliu. *Aliu* ou *alieu*, *aleu* est le subst. verbal de *allouer* (allocare), dépenser, livrer, cp. Baud. de Condé, 188, 21 : Escars d'alieu et de douner ; Songe de Paradis, 1108 : Où il n'a ne coust ne aliu. Ailleurs, dans le même Fastoul, v. 166, on lit : Puisque mes cors est en aliu A faire la volenté Diu ; ici le mot frise le sens de « disposition, volonté » ; notre vers signifierait-il : Qui fait aux mauvais leurs caprices ?
209. *Espavigneus*, affecté de l'esparvin ; mettez une virgule après ce mot.

210 *Desdaigneus*, fier ; je doute qu'on puisse donner ici à cet adjectif un sens passif : « à dédaigner ».

216 Notez la variation de la voyelle radicale des trois mots congénères *maure* (11), *mousnier* (159) et *meuture*.

XIV. LA PRISE DE NOEVILE.

1 (pp. 170-175).

On n'attendra pas de moi qui je lève toutes les difficultés auxquelles se heurtera le lecteur de cette bizarre composition, quelque familier qu'il soit avec les mots et les tours du vieux langage : toutefois je veux bien frayer la voie dans l'explication d'un texte dont la cacologie fait le mérite. L'auteur nous produit le récit d'une expédition militaire, entreprise par des villageois flamands contre le château de Noevile dans un but et pour une cause qu'il est difficile d'indiquer, et il revêt ce récit d'une forme burlesque, d'abord en parodiant les allures de la grande poésie épique, puis en se servant d'une langue factice, c'est-à-dire d'un français bariolé de brocards flamands. Qu'un idiome bâtard semblable à celui qui nous est débité dans ce morceau, ait jamais été parlé sur les confins septentrionaux de la région romane, est parfaitement admissible, et il n'y a pas lieu de s'étonner qu'un trouvère du Nord se soit passé la fantaisie de faire la charge à la fois d'un événement, plus ou moins historique, où les Flamands paraissent avoir eu le dessus, et de la manière dont les vainqueurs malmenaient la langue des vaincus. Je ne sais si quelque érudit abordera jamais l'examen des circonstances qui ont fait éclore le poëme héroï-comique, dont le ms. de Paris ne nous a conservé malheureusement que le commencement ; peut-être cette recherche parviendra-t-elle à découvrir, parmi les nombreux Neuville qui existent en Belgique et dans la France du Nord, celui qui y est en cause ; pour ma part, j'y renonce et continue à me renfermer dans mon rôle grammatical.

Les traits caractéristiques de la langue que le poëte a forgée pour ridiculiser le parler français des habitants de la Flandre, sont : 1) L'introduction de mots ou phrases flamandes, particulièrement de *van* (de) et *de* (le, la) ; 2) l'altération des sons (voyelles et consonnes), ainsi *haiclin* (aclin), *frurin* (frarin), *farlet* (varlet) ; cette altération vise parfois à produire une confusion prêtant à rire, p. e. *blanquecluque* (v. 33) p. bancloque, *cul* (v. 161) p. coeur, *singe* (v. 97) p. songe, *pelé* (v. 65) p. pené, *miroracle* (v. 160) p. miracle. L'inconséquence qui se remarque à cet égard est peut-être imputable au scribe, qui, involontairement, retombait dans les formes naturelles ; 3) l'insertion de lettres ligatives ou euphoniques à la manière de ce que nous appelons aujourd'hui des cuirs et des velours ; ainsi 48 *vo nostel*, 53 *vo nante*, 114 *avoec luis aporter*, 144 *si leut*, 148 *cuide lestre*, 150 *un sauberc* ; 4) l'emploi du masculin pour le féminin : *bons estuires* 10, *sin spede* 82, *d'un cordele* 88, *sin geule* 100, etc. ; ainsi que celui du pluriel pour le singulier et vice-versa ; p. ex. v. 8 *dot* p. doivent, 10 *dist* p. dient, 35 *stront* p. sera.

1   *Sot* p. *soit* ; cp. *dot* (doit) 8, *tros* (trois) 16, *ramentos* 58, *pro* 67, *savor* 69, *volot* 90, etc.
2   *Van rui*, le roi. — *En de croc*, en la croix. — *Fou*, plus souvent *fu*.
5   *Hoillequin* serait-il une défiguration de *Guiteclin* ?
8   *Dira* p. *dirai* ; ainsi *vaura* (34), *l'a* (35), *sera* (40), etc. p. voudrai, l'ai, serai, etc. De même *fat* (35), *sa* (52). *Dot* (doit), sing. p. pluriel. — *Prins* = pris ; cp. 10 *escrins*, 11 *suerins*.
9   *Stront*, seront ; le mot paraît valoir *sont* vv. 78 et 122. — *Frurin* ; u p. a, cp. *custel* 14, *drugie* 143, *lariflume* 169.
10 *Estuire* (masc.), *ui* p. *oi*, cp. *rui* 2.
11 « Ce fut vers les Rogations, que le temps était doux ». *Rovison* est du bon français. *Suerins* = seris. Pour *van*, cp. v. 140.
12 *D'alusete*, l'alouette ; cette forme rappelle le prov. *alauzeta*. Il faut une virgule à la fin du vers.
13 *Le los* = *l'os* (l'armée). Cette agglutination de l'article (qui a donné au français littéraire les mots *lendemain*, *lierre* et

XIV. LA PRISE DE NOEVILE.

autres) se voit encore dans *laukant* 31, *laïmant* 36, *lourse* 100, *lariflume* 169. — *Kiie*, part. de *kier* (p. *keïr*), tomber, cp. vv. 109 et 167 ; la signification *tomber*, cependant, ne satisfait pas ; on voudrait *meüe* (mise en mouvement). — *Estrins* p. *estrin* ; on connaît l'expression *à pute estrine*.

15 *Sunt stoumie* = ont estourmie ; pour la chute de l'r, cp. *bosoflé* 97.

16 *Sanlé*, assemblé ; cp. pour la chute du préfixe *pareilliez* 48, *douber* 49, *ceré* 83, *cerin* 152, *pielé* 101, *viéré* 111, *coler* 137.

17 *Boidekin*, dimin. de *Baudouin*, cp. 41.

20 Corrigez *barbier* p. *larbier*. — *Roelin*, Roland.

23 Vers difficile : « Tous le brocardent (?), chacun lui dit *esquietin* ». Que veut dire le dernier mot ? Ne faut-il pas *eskiepin* ?

24 *Escavecant*, chevauchant ? opposé à *courant sor se patin* (21).

26 *Larmant*, v. 45 *larmain* = germain.

28 *Warla*, v. 41 *warola*, parla.

30 *Biauliant* Bethléem ; v. 164 *Belliant*.

31 *Le laukant* = li auquant.

33 *Va là*, voilà ; *blanquecluque* p. *bancloque* ; *babin-balant* = bim bam bum.

34 *Mi* est un dativus ethicus.

35 *Froubeter*, fourbir. — *Loisant* ; *oi* p. *ui*.

39 *Surti* (sorti), consulté le sort ; cp. *purte* 55 p. porte, *pusterne* 61.

40 *Eskepin*, échevin (chef de la commune).

41 *Pramiers*, cp. *sané* (p. sené) v. 64, *framé* v. 81, *craver* 99, *mané* 110.

42 « Ne serai-je donc pas votre neveu ? »

44 *Here*, mot flamand = messire ; cp. v. 53 *vrouwe Lisse*.

46 « Je serai chef de compagnie ».

48 *Nostel* ; *n* prosthétique, cp. *nante* v. 53.

49 *Valier* pour *chevalier* ; cp. *voré* p. devoré 102, *mosniere* p. aumosniere 142, *porions* p. esporons 106.

53 Lisez *Lisse* p. *Eisse*.

56 *Dona*, donnai, cp. *nuira* 47.

57 *Neustes* ; si l'*n* n'est pas prosthétique comme dans *nante*, il représente le pronom *en* ; de même dans *nert* v. 138.

60 *Eskiever*, mener une affaire à bout. — *D'argens*, l'argent.

61 Peut-être faut-il envisager l's de *s'apent* comme joint au mot *i* en guise de velours : *is apent*.

65 *Pelé* p. *pené* ; cette mutation, sans doute recherchée ici par intention comique, est devenue normale dans le mot *orphelin* ; le peuple dit volontiers *velin* p. *venin*, *calonier* p. *canonnier*, etc.

69 *De grant bailon*, le grand bailli ? c'est sans doute à *Tisterant* (35, 70) que s'applique ce titre. — *Tos*, tôt. — 71 *Poiant*, puant ; *boité* = *bouté*, cp. 78.

73 *Se lever*, partir.

74 *Qui* = *que*, comme v. 11 ; le wallon offre la même mutation pour la conjonction *que*.

76 *Ambas* = *wambais*, *gambais* (vêtement contrepointé, porté sous l'armure). De là *wambesié* 122, doublé, bourrelé.

77 *Molekin*, étoffe fine et molle ; *plos* = *plois* (pli) ; *sané* quid ?

78 *Vorre*, bourre ; *quiton*, coton.

80 *Parmi lu*, litt. = *par milieu*.

81 *D'infer*, corruption intentionnelle p. *de fer*. — *Framé* p. *fremé*, *fermé* (fixé).

82 Je ne comprends pas *van manefle custé*.

83 *Salouwart* doit être le nom de *sin spede* (c'est aussi le nom de celle de Liepin v. 152) ; si cela est, *signié* pourrait bien être le verbe *ceindre* revêtu du défini épique en *ié*, donc = ceignit.

84 *Il saque* ; mieux valait peut-être *i l' saque* (il le tire). — *Foure* = *fuerre*, fourreau.

85 *Solier*, soleil, forme burlesque.

86 *Siele batiere*, ici et 153, selle couverte d'un bât, ou simplement bât. Ste-Palaye, en citant nos deux passages (v° batière), pense que ce terme signifie escabeau ou sautoir pour monter à cheval. Il a peut-être bien rencontré, car ce meuble — un escabeau (*sella*) pour se mettre en *bât* (selle) — serait ici parfaitement en situation, aussi bien que la corde par laquelle Maquesai se fait lier sur son cheval. La phrase *qu'à d'estré ne sot grés* (il n'eut recours à l'étrier), loin de contrarier cette interprétation, pourrait plutôt la confirmer.

88 *Loé* p. *loié*, lié.

91 *Varser* (94 *versé*) ; cp. 150 *vasti* (120 *vesti*).

XIV. LA PRISE DE NOEVILE.

92 *Ruveleus = reveleus*, rebelle, rétif. — *Haner*, hennir.
95 *Porpisser*, burlesque défiguration de *porpenser*; ainsi encore v. 104 *pisserés* (penserez).
95 *War* (flam. *waer*), où.
97 *Singe* p. *songe*, comme *sin* p. *son*.
98 *Devers de mer*, du côté de la mer.
99 *Me oes*, mes yeux; l'hiatus est surprenant.
100 *Baielé* diminutif de *baé*.
101 *Haignon*, quid? agneau?
102 *M'eut* (sic dans le ms.) p. *m'eust*; la forme contracte se voit aussi dans *vistes* 76 p. *veïstes*, *n'eustes* 57 p. *n'eüstes*; cependant au v. 173 on trouve *l'eüst*.
103 Vers peu clair; faut-il lire *movrés* (partirez)? *Singes* paraît devoir représenter ici *sires*.
105 Le sens est-il: « Je ne crois pas que vous me fâcheriez » (de *courcier*, courroucer)?
106 *Porion* p. *esporon* (forme employée v. 155); cp. pl. h. v. 49.
109 *Kia*, voy. v. 13; *paumé* p. *pasmé*.
112 *Revint*, reprit connaissance.
113 *Capelier*, chapelain.
114 *Cocus dominus*, corpus domini.
117 *Farlet*, prononciation germanique de *varlet*.
118 *Agrie* p. *agrée*.
120 *Bruille = brugne, brogne* (cotte de mailles); *truillie*, gâté de *trelice*?
121 *Broque*, pique; *millier = mineur*?
125 *Amacier*, quid? faut-il lire *amatier* p. *amatir* (au sens d'*empirier*)?
127 *Sin la pris* p. *si a pris*. — *Bricuel*, bricole?
128 *Sot*, au v. suiv. *seut*; *le* n'a pas de sens.
129 La valeur de *dostrefort* et de *bondrie* m'échappe.
130 *Main manefle*, quid? main gantée? cp. v. 82. — *Croserie*, signe de la croix.
132 *Puis = puisse*. — 133 *Wissebel = Isabelle*?
134 *Scourcie = courcie* (attristée); à la lettre notre mot signifie « troussée ».
135 *War se gane*, mots flamands = où vont-ils?
138 *Juera*, jurerai; *nert = en ert*? cp. v. 57.

139 *Viner*, changement de conjugaison comme *kier, haner, retinter.*
140 *Embouzera,* épouserai ; on comprend le double sens : *embouzer* = embouer, salir.
141 *Bons,* volontés. — 142 *A l'or,* au bord ; je ne pense pas qu'il s'agisse d'or.
143 *Shitoual* = *citoual,* fr. zédoaire ; *canovele* = canamela (baslat.), canné à sucre? *Drugie,* dragée.
144 « Il y avait encore dedans des griffes (*graus*) de milan et quatre noix muscades ». — « Griffe d'escoufle » doit être le nom de quelque épice.
151 *Ruebelin* = *rouvelent* (rouge, vermeil)? ou = enrouillé (cp. esp. *robin* rouille)?
155 Ce vers est cité par Littré, d'après Ste-Palaye, à l'historique du mot *patin.*
158 *Pullins* = *pullent,* méchant.
159 *Harcesaclin* = architriclinus.
161 *De cul fin ;* on voit que le poëte vise avec plaisir les métamorphoses vocales à double sens. — *Croc,* crois (verbe).
167 *Le jour,* illo die. — 169 *Lariflume,* oriflamme.
170 *Kiière,* quid? Corrigez *tuletant ;* je n'en découvre pas le sens.
173 *Mengnier,* manger, est la forme usuelle des dialectes du Nord. — *En moille,* en soupe?

XV. RAOUL DE HOUDENC.

1. Songe d'Enfer (pp. 176-200).

8 Ce vers offre une grosse exagération, car le voyage a été accompli en trois ou quatre jours.
13-14 Le mot *voie,* voyage, fait rime avec *voie,* chemin.
17 Phrase équivalente à : « Pour ne pas fastidieusement allonger mon récit ».
35 *Sans plus contremander,* mauvaise cheville pour renforcer *tantost.*
46 *Se porchacier,* se donner de la peine.
49 *Durer,* subsister. — 50 *Mès plus* est une redondance ; cp. en all. nicht mehr länger.

54 *A un seul mot*, sur-le-champ, cp. Songe de Paradis, 212.

62 Cette mention du *Poitou* et des *Poitevins* (76, 85) comporte une explication, mais je ne saurais la donner ; il faut croire que ce pays était en mauvais renom.

63 *Justice*, sens concret (cp. angl. *justice*), magistrat suprême, seigneur justicier.

64 *Prendre sa promesse* ne m'est pas clair : *promesse* = fruit des fausses promesses qu'elle fait ou qu'on lui fait ?

70 *S'en efforce*, s'en fortifie.

72 Le pronom *aus* n'a pas de rapport explicite et la variante est, pour cette raison, préférable.

74 On voudrait *qui quel* (que le).

77 Ce vers est difficile à lier au précédent ; le complément direct de *sai* ne peut être que la phrase introduite par *que* au vers suiv. Je pense donc qu'il faut interpréter *des Poitevins* « par les Poitevins » et notre vers constituerait une opposition et reviendrait à dire : « Et ceux-ci doivent connaître leur état ».

81 *Estre de conseil à parlement*, locution curieuse pour « être de connivence ».

88 *Departir*, se séparer, en parlant d'une réunion (car *veille* équivaut à *veillée*); cp. v. 350 *dessambler*.

102 J'ai longtemps hésité, s'il fallait lier ce vers au précédent ou au suivant, et le parti que j'ai pris pourrait bien être contesté ; on lèverait les doutes en corrigeant *Et, ce que d. v. devoie, El p. ch.....*

121 *Estre du mains*, avoir la moindre part, être peu estimé.

131 *Recreüs = recreant*, vaincu, timide.

138 *S'aatir*, s'empresser ; la var. *m'ahasti* est fondée sur une fausse étymologie du verbe *aatir* (voy. Diez II, c), que l'on supposait connexe avec *haste*.

143 *Ampasser, empasser*, faire des pas, marcher.

145 *Nier*, forme concurrente de *noyer* (necare), cp. precari *prier*.

148 *Vieus*, nom. sing. de *vil*, méprisable, laid.

154 *La nuit*, cette nuit-là ; *entier*, parfait, irréprochable.

155 *Atret*, attirail, moyens, occasion, motif.

156 *Mesconte*, tricherie en calculant ; *mestret*, tricherie au jeu (en *traiant* le pion).

165 La ville de *Chartres* était donc renommée pour ses pipeurs. Je trouve dans le Roux de Lincy le proverbe :

> Le chanoine de Chartres
> Peut jouer aux dés et aux cartes.

166 *Dui lor ami* ne se dirait plus aujourd'hui, mais bien « deux miens amis ».

167 Les allusions renfermées dans ce passage, seront-elles jamais éclaircies ?

170 *Sans meffez* = sans mesprison, sans mensonge.

179 Ce vers constitue une parenthèse ; *qui* = si on.

188 Ellipse de *qui*.

182 *Atraire*, ici invoquer, se réclamer.

190 On a vu dans ce vers une allusion à Adam le Bossu d'Arras, mais, outre que la chronologie s'y oppose, il est clair que *boçus* et *artisiens* sont des qualificatifs de *Jehan*, et d'ailleurs, il s'agit ici non pas de poëtes, mais de taverniers de Paris et de leurs tapis verts.

191 *Fardoilliez*, quid ? serait-ce un synonyme de *fardeliers* qu'a la var., donc porte-faix, crocheteur ? l'un venant de *fardel*, l'autre de *fardoille*.

192 *Bricon*, sot, niais.

197 J'attends de plus instruits que moi des renseignements sur *Michel de Treilles*, autre mauvais sujet de renom, sur *dant Sauvage* et sa gent (199), et sur leur victime *Girart de Troies* (201). — 204 Lisez *de ci*.

208 *C'est lor beance*, c'est à quoi ils visent.

212 *Esbaudi l'afere*, prit plaisir à la chose (litt. la rendit plaisante) ? La construction naturelle serait *s'esbaudi de l'afere*.

213 Je n'aurais pas dû laisser subsister *tuites*, qui est fautif, p. *toutes*.

219 *Versez* n'est pas, comme on l'a dit, le représentant des buveurs, mais celui des amateurs d'escrime, des lutteurs de cabaret ; il ne s'agit pas de *verser* à boire, mais de *verser* (ou renverser) à terre. Si ce nom devait personnifier les buveurs, le poëte ne l'eût pas présenté comme *fils*, mais comme *père* d'Ivresse. Il ne faut pas confondre notre mot avec *guersai* (ivrognerie), qui est le titre d'un poëme

imprimé dans les œuvres de Rutebeuf, II, 435 et qui se dit aussi *guersoi* (voy. Diez, I v° guari).

223 *Gautier l'Enfant*, sans doute le nom d'un lutteur célèbre de l'époque.

225 *Le* (accusatif) est remarquable.

228 *Effort*, force de résistance.

229 *S'apareiller vers* qqn., l'égaler.

236 *Tout pié estant*, tout aussitôt, lat. *stante pede*. — *Tenir cort*, presser, cp. v. 608.

241 *Guinelant* et *Vuitier*; allusions qui me restent impénétrables.

246 *Talevas*, bouclier de bois; mot transposé de *tavelas* = ital. *tavolacio*, de *tabula*.

250 *Auçoirre* désigne prob. une sorte de bois blanc provenant d'Auxerre et dont se faisaient les bâtons d'escrime.

253 *Aler, venir à*, attaquer.

255 et ss. Je me dispense de préciser la valeur des termes d'escrime employés dans ce passage; je dirai seulement que *retraire* v. 255 doit signifier « reculer » et au v. suiv. « revenir à charge »; *venir à trait* (257), porter un coup.

265 *Remest*, de *remanoir*, cesser; *chaude*, vive attaque ou lutte (je ne sais si cette signification a déjà été relevée).

269 *Tresgeter* est évidemment ici un terme d'escrime et équivaut à l'expression *faire* ou *geter un tresget* qui se trouve dans le roman de Rou (éd. Pluquet, v. 2520): [Richard s'entendait parfaitement à] *Saillir devers senestre e treget tost geter; C'est uns cols damagus, ki ne s'en seit garder*. Les méprises des éditeurs sur le sens de *treget* ont été relevées par Foerster (Groeber, Zeitschr. I, 151), qui, à cette occasion, expose savamment les diverses acceptions de *tresgeter*, sans toutefois préciser ce que le mot exprime en termes d'escrime.

272 *Li cops de sormontée*, le coup décisif de la victoire?

274 *Entester* paraît signifier ici « étourdir ».

278 *Jambet*, croc-en-jambe, subst. verbal de *jambeter*, culbuter; cp. Roman du Rou, 13221-2: *El fossé les unt fet ruser* (lisez *ruer*), *Chevals e homes jambeter*.

285 *Compaignie*, politesse, courtoisie; voy. mon Gloss. de Froissart. — *En son devant*, sur ses genoux.

286 *A chief de pose*, après quelques instants.
292 *Guillaume de Salerne*, autre lutteur célèbre du temps de Raoul, sur lequel je n'ai pas d'information.
295 *A un tor*, à un seul tour.
298-9 Le second vers sort de la construction : il faudrait *de teus dont*.
306 « Et moi de mon côté je ne veux pas cesser de… » *Li* est un régime d'*obeïr*, que l'auteur a négligé ensuite en en donnant un nouveau à ce verbe (*à sa volenté*).
325 *Le faire*, se porter ; expression fréquente.
334 *Entre*, voy. Caupin 4, 1.
341 *Abet*, tromperie, du verbe *abeter*, tromper, propr. faire mordre ; voy. Diez II, c., v° beter.
360 *Monjoie* peut signifier tout simplement montagne ; cependant il me semble qu'il s'y attache ici l'idée de « point culminant » ou de « lieu le plus recherché », cp. Songe de Paradis, 889 et Leroux de Lincy, Chants histor. I, 143 : Bien ai veü De biauté *la monjoie* (la perfection). Sur l'origine du mot (ou plutôt des deux mots) *monjoie*, voy. Gachet et Diez. Je remarquerai que Palsgrave fait de *montjoie* la traduction de « exceeding pleasure ».
361 « Elle porte ce nom à juste titre par la raison que… »
362 *Mort-Soubite*, suicide ?
363 *Travers = trespas*, passage, distance.
365 *Soufle*, dans cette acception métaphorique, est curieux à relever ; Littré n'a pas d'exemple du mot en général au delà du XVI° siècle.
368 *De tant*, d'autant plus. — 369. Notez la répétition de *que* après l'incidente.
375 *Tenir à poverte*, prendre pour une misère (= chose à dédaigner).
378 *Trait*, synonyme de *vait*.
380 *Aporter* ; nous dirions aujourd'hui « rapporter ».
388 *A droit* = en vérité. — 398. *Concire*, forme habituelle p. *concile*, cp. *navire* p. *navile* ; je rappelle toutefois que, d'après Tobler (Romania II, 242), *navire* est pour *navie*, l'*r* étant intercalaire, et vient de *navigium*.
398 Jubinal, en écrivant *à Vernon*, avait oublié l'*Avernus* des anciens.

399 *Parut* quoi ? qu'ils étaient *du plus grant renon* (397) ?

401 Ce vers n'est pas clair ; *peri aval* me semble suspect, et de quelle église peut-il être question ?

413-16 Cette réponse de Raoul peut-elle servir comme un élément biographique et constater les multiples pérégrinations du poëte ? *Bien ai cerchie* (parcouru) *toute terre* énonce-t-il une réalité ? Rien ne s'y oppose.

432 Les professions de ce bas monde que le poëte a de préférence vouées à l'enfer, pour y servir de diverses manières à l'usage des démons, sont : les *usuriers* (on fait de leurs peaux des nappes et de leur chair un excellent ragoût), les *popelicans* (v. 438), les *tisserands* (439), les *putains* (442, 479, 578), les *champions* ou brétailleurs (451), les brigands (*larons murtriers*, 472), les hérétiques (*bougres* 490), les mauvais avocats (*faus pledeors* 527), les huissiers (*bedel* 590), les *papelars* (590), les *moines noirs* et les *nonains noires* (592, 594), les *vieilles prestresses* (593) et les *sodomites* (595).

433 *Dois*, table ; du lat. *discus* (d'où aussi angl. *dish* plat et *desk* pupitre).

437 La grammaire veut *mes sieges fu*.

438 *Popelican* ; d'après les dictionnaires ce nom s'applique à des hérétiques de la secte des Manichéens ; il serait tiré de celui de leur chef, Paul de Samosate ; *poplicanus* serait ainsi une altération de *paulicianus* (!). Il est incontestable que le terme a été appliqué aux mécréants (les preuves abondent), mais cela exclut-il la possibilité qu'il ait en premier lieu signifié les *publicains*, comme l'indique sa facture ? En de nombreux passages, comme ici, ce sens conviendrait tout aussi bien.

444 *Un petit près*, à peu près.

450 *Estout*, d'habitude « outrecuidant, hardi », se rapproche ici du sens « fort », resté à l'angl. *stout*.

456 *Lor droiture*, ce qui leur revenait de droit, leur paiement.

458 *D'autrui chatel*, du bien d'autrui.

461 Sur ce pluriel *doie* (doigts), voy. ma note ad v. 410 de la Mort du roi Gormond ; j'ai, depuis, rencontré le sing. *doie* dans Guill. de Palerne, 7080 : L'une tint l'autre par *la doie*.

465 *Faintié = faintise*; sur la formation de ce mot, voy. plus loin Roman des Eles, 97.

466 *Daintié*, friandise; voy. Diez, II, c.

479 *Aplaqueresse*, quid? M. Tobler, que j'ai consulté à ce sujet, ne connaît pas ce mot; s'il y avait *aplagneresses*, dit-il, le sens serait clair: les caressantes, de *aplaignier*, caresser, choyer, cp. Chans. des Saxons II, p. 101: Costume est de traîte: ce que redote *aplaigne*; cp. *aplanoier*, Froissart, Poésies, II, 218, 57, où le lévrier dit au cheval: Et s'on voit que tu soies liés On t'aplanoie sus le dos.

480 Je ne saisis pas la pensée de l'auteur; *crevace* a-t-il un sens obscène?

481 *A verde saveur*, à la sauce verte? *Saveur* signifie parfois assaisonnement, sauce.

484 Prenant *dois* = doigts, j'ai mis de mon chef, sur la dernière épreuve, *lor* p. li; je révoque cette correction, car *dois* peut signifier soit plat, soit table (voy. v. 433). *Qui li puoient* équivaut à « dont ils puaient ». Ou faut-il lire *qu'il i puoient*, *puïr* étant pris au sens actif de flairer, sentir? cp. v. 582.

489 *Deparler*, faire l'objet de la conversation, discuter, vanter, aussi (selon le cas) décrier.

490 *Uller*, brûler (du type latin *ustulare*), aussi *urler* (p. *usler*), Perceval 39840.

491 *Parisée*, faite à la mode de Paris? — Corrigez *grant*.

492 *Devisé*, ici imaginé?

498 Il faudrait, selon la grammaire, *tot chaut* et v. 500 *aporté*. — *A toute*, avec.

502 *Complot*, compagnie.

507 *Loèrent*; je prends occasion de remarquer ici que je n'ai pas conséquemment muni la flexion *erent* d'un accent grave; je me suis même proposé d'y renoncer tout à fait, par la raison que les puristes prétendent qu'il faut un accent aigu (l'*e* répondant à un *a* tonique latin) et que ma conviction n'est pas encore faite sur ce point.

508 Notez l'emploi de *sus*; *sus la table* signifierait-il, comme l'all. *über der tafel* (cp. lat. super coenam), pendant la table?

510 *L'ulleïs*, le brûlé. — *Savoir* doit avoir ici le sens naturel du

XV. 1. SONGE D'ENFER.

lat. *sapere:* goûter, sentir; je ne sais pas, si cette valeur du mot a déjà été indiquée.

515 *Poison,* breuvage (forme populaire de *potion*); toutefois ce sens ne satisfait guère.

519 *Gormond d'Argent;* quel est ce *bougre* attendu en Enfer avec sa troupe?

528 *Gaudel,* substantif tiré sans doute d'un verbe *gaudeler,* dimin. de *gaudir.*

540 *Corir,* être en cours, en vogue.

541 *Estre apris de,* être habitué à; cp. la tournure active « l'avoir apris », Rom. des Eles, 388.

546-47 « Là leurs langues ont ce qui leur revient pour le tort qu'elles ont fait et le salaire (*merite*) de leurs faussetés ».

550 *Maistire,* chef-d'œuvre, coup de maître.

551-52 Le premier *loées* veut dire « payées » (de *locare,* payer, rémunérer), le second « liées »; mais dans les deux cas, la bonne orthographe réclame *loiées* ou plutôt, dans un texte picard, *loïes*; je ne sais pas, au moment où j'écris, si c'est ma copie qui est en défaut, ou le manuscrit.

556 *Malice,* masculin comme souvent. — *Hocier,* terme culinaire (d'où *hochepot,* 524), propr. secouer, puis mélanger un ingrédient avec d'autres substances.

559 *Geu de veille,* divertissement inoffensif, puis chose insignifiante; cp. Meraugis de Portlesguez, p. 17 : Car ce n'ert mie gieus de veille. De la grant biauté qu'ele avoit.

561 *Friçon,* friture. — 562 *Maudiçon* est la bonne forme française p. *malédiction*; aussi *maleïçon.*

563 *Embroïer,* fourrer dedans? cp. Richars li biaus, 3902 : Sa lanche en l'escu li *embroie.*

568 *Que ces langues;* nous avons là le même *que,* que quand nous disons : « c'est le plus grand plaisir *que* la reconnaissance ».

585 *Saïn,* graisse (auj. *sain* dans *sain-doux*). La comparaison serait plus juste, s'il y avait *gras* au lieu de *gros.*

586 *Fromage de gaïn,* quid? *Gaïn* (fr. *regain*) signifie aussi automne; donc fromage fait en automne?

587 *Se prendre à,* se comparer; cp. Cléomadès 3144 : Ne *se prendoit* femme nesune A la biauté que ele avoit.

590 *Bedel* (bedeau), huissier ; *beté*, enmuselé ?
592 *Noirs moines*, les frères de l'ordre de St. Benoît.
594 *Cretonné*, un dérivé de *creton*, que Roquefort définit ainsi « lard coupé menu qu'on fait frire dans la poêle » ; le *Ménagier* donne *cretonnée* comme une sorte de mets.
596 Une plus ample description de la cuisine infernale et des personnages qui en fournissent la matière, nous est fournie, en un langage peu voilé, par le *Salut d'Enfer* (dans Jubinal, Jongleurs et Trouvères, pp. 43-45).
613 Ce *qui* reste sans suite.
630 *Il* est sans rapport ; il faut sans doute lire *je*, comme la forme *puisse* le fait également présumer.
636 *Bien* nous montre que nous avons à faire à des adverbes se rapportant à *dire* ; le masculin *bel* n'en est pas une preuve aussi concluante, car on pourrait au besoin revendiquer à *rime* le genre masculin (cp. prov. *rim*) ; il faudra donc traduire *si leonime* par « en vers d'une rime aussi riche ».
642 *Aquit*, subj. prés. 3ᵉ pers. sing. ; voy. ad G. Soign. 1, 58.
643-44 Ici encore on voit la forme du nomin. négligée : il faut *vius teche* et *li plus vius pechiez*.
657 *Sols de deablies*, une monnaie sans doute inconnue aux numismates terrestres.
658 *Biffe*, « pierre ou diamant faux » (Roquefort), mais aussi une certaine étoffe, voy. Littré.
666 *N'oï* au lieu de *ne vi* serait plus naturel.
669 On a négligé le point d'interrogation après *mentiroie*.
676 « Avant qu'il ne revienne d'un nouveau songe » ; c'est, avec v. 681, l'annonce du songe suivant, comme le v. 2 de ce dernier présuppose le Songe d'enfer.

2. Songe de Paradis (pp. 200-248).

9 *S'esmovoir*, se mettre en route, = *mouvoir* (11).
10 *Decheüs*, qui s'abuse, qui manque à son devoir.
14 *S'esploitier*, se dépêcher.
29 *Dieu amour* ; cette inversion du génitif est connue ; le plus ancien monument français, les Serments de Strasbourg, débute par « pro Deu amur ».

XV. 2. SONGE DE PARADIS.

34 *Marir le chemin* (cp. 126), s'égarer. *Chemin* n'est pas propr. un régime, mais un déterminatif adverbial. Voy. sur l'origine du verbe *marrir*, ses signications diverses et ses composés et dérivés, Diez et Gachet.
46 *Faire dangier*, faire des difficultés, refuser.
48 *Biele chiere*, beau visage, bel accueil.
53 *Dosnoi*, propr. galanterie, ici amabilité, courtoisie en général.
54 *Anoi*; la rime semblerait autoriser à considérer cette forme comme celle adoptée par l'auteur, mais il n'en est pas ainsi, car v. 82 nous trouvons *anui* rimant avec *autrui*; v. 465 *anuis* : *conduis*, v. 514 *anui* : *fui*, v. 761 *anui* : *cestui*.
64 *En*, à ce sujet. — 65 *I ot jué*, il y fut joué, on y joua.
69 *Contenanche*, *contenement* (on rencontre aussi *contien*), manière de se conduire.
73 *Nis*, même, contraction de *neïs*.
81 *Preu*, synon. d'*avantage*, profit.
85 *Teles i a*, expression consacrée = *teles* tout court, « certaines d'entr'elles », cp. v. 93, Jean de Condé I, 214, v. 112 : *Et à tez y a si meschiet* (que j'ai mal compris dans mon commentaire), Besant de Dieu, 2741 : *Si come tels i a le font*. Une phrase du même genre est *n'i a celui* = nul, p. ex. Perceval 33924-25 : N'i a celui n'ot de longueur Douse toises à tout le mains.
87 *Chasteé*, forme populaire de *chasteté*, contractée aussi en *chasté*.
94 Otez la virgule.
100 *Ruer puer*; voy. Rom. des Eles, 568. Pour les débordements des Béguines, cp. le dit des Ordres de Rutebeuf (I, 173) et celui des Béguines, ib. 186.
110 *Avoir habit*, habiter.
135 *Compaigne*, forme variant avec *compagnie*.
146 *Basset*, situé au fond de la vallée.
154 *Aroi*, forme apocopée de *aroie*.
180 *S'eümes*, jusqu'à ce que nous eûmes, cp. 185 et 619. Sur *si* = jusqu'à ce que, voy. mon App. à la dernière éd. de Diez, Dict., p. 775; au moment où j'écris, je rencontre une nouvelle étude sur ce sujet, par M. Emile Gessner, dans Gröber, Zeitschr., II, 572-583.

183 *Vaut*, forme picarde p. *vout* (voulut) ; la rime nous prouve que c'est bien celle de l'auteur.

196 *Sousglout, souglout, seglout*, formes anciennes de *sanglot*, ital. *singhiozzo*. Le picard et le rouchi ont encore *souglot* p. hoquet.

222 *Par covens*, en vérité (propr. par promesses).

228 Suppléez *le* devant *li*.

233-34. J'aurais dû plutôt accueillir la leçon de B., qui est plus naturelle.

240 *Par le trespas de* = à travers.

250 *Joïr*, saluer, faire bon accueil ; on voit plus souvent dans ce sens *conjoir*.

258 *Bouté*, heurté ; *desachier*, tirailler, secouer.

262 *Raison*, discours, parole.

270 *Neteé* ; cp., pour la forme, *chasteé* (87), *ducheé, veveé* (Alexis), *parfondeé* (Lai de Tyolet, Roman. VIII, 46).

273 Le *ramoner* moderne ne s'applique plus qu'au tuyau de la cheminée.

275 *Aringnie*, araignée (*ie* = *iée*).

278 *Busquelete*, fragment minuscule de bois ; cp. *bûchette*.

292 *Ne revaut petit*, ne vaut non plus grand'chose ; logiquement il faudrait au v. préc. *et* au lieu de *ne*.

300 *Ne li anuit* équivaut à « s'il lui plaît ».

312 *Acener*, appeler, propr. faire signe ; voy. Diez, Dict. I, v° cenno.

314 *Qui* se rapporte à *Confiessions*.

315 *Peut* = *pot*, cp. 325 *peuc* = *poi*.

318 *Sans grief*, sans déplaisir, volontiers. — 325 *Corage*, cœur.

334 Changez le point en virgule.

350 *Enturle, entulle*, étourdi, insensé. Cp. Rom. de la Rose : Bien seroie fous et entullés ; Alexis (citation de la p. 217) : Mais uns maistres qui ot non Tules, Qui ne fu ne fous ne entules. D'où vient ce mot ? Le thème paraît être *tusl*, ce qui fait penser à l'all. *dusel*, sommeil, étourdissement (moy. haut-all. *tusel* ?).

352 *Vendre*, faire payer ; suppléez *le* devant *lor*.

387 *Maisnie*, ensemble des personnes composant un ménage.

388 *Amaisnier* (ce mot manque dans Ste-Palaye et dans Roque-

XV. 2. SONGE DE PARADIS.

fort), enménager, établir. Cp. Vie de St-Eloi 91*b* : sa maisnie Qui entour lui iert amaisnie ; ib. 49*a* : Soudainement vit amaisnie Devant lui une grant maisnie De povre gent ; ces deux exemples constatent, pour le substantif et pour le verbe, aussi les significations secondaires assemblée et assembler, attrouper.

390 *Route*, troupe. — 411 *Estre*, demeure.

419 *Les lis hochier*, leçon de mon ms., éveillerait l'idée : secouer les matelas ; préférant le sens « appeler le monde pour le coucher », j'ai adopté la leçon du ms. de Paris.

437 *El regart que*, en comparaison de ce que.

447 *Toutes voies*, toujours, doit être lié à *trouviens* du vers suivant.

458 *Quant je revenrai* = « quand j'en serai revenu ». En effet, l'auteur à la suite de son voyage en Paradis, à partir du v. 1031 de ce poëme, nous expose les jouissances et les merveilles de la cité céleste, en citant surtout St. Bernard.

460 *Conduit*, ici conduite (action de conduire), plus bas, v. 466 et 623, conducteur.

465 *Par anuis*, par dépit ; cp. 480 *toute irie*.

468 « Et ce qui me fit tomber dans cette perplexité, fut que... »

473 *Fouc, folc*, troupe, au v. 521 *tourbe*. — *Soteriel*, sot, niais ; voy. sur ce mot, mon gloss. de Froissart. (Chron.). Comme formation analogue notez *lecheriel*, gourmand, Baud. de Condé, 337, 2028.

474 *A reponniaus*, à cache-cache ; voy. mon gloss. de Froissart (Poésies). — Le v. 498 aurait dû m'engager à donner la préférence à la leçon du ms. de Paris : *qui juoient aus tumberiaus* (à faire des culbutes) ; cp. Jean de Condé II, 86, 1223 : Et fist un si lait tumberel Qu'il se rompi le haterel.

481 *Sos*, en sot, sottement.

488 *Fier*, ici furieux, dangereux.

490 « Les habitations de pierre » ; *mansion* est la forme savante de *maison*, cp. angl. *mansion* ; cp. v. 918.

494 *Demourant*, syn. de *coie*, stagnant, tranquille.

498 *Huiseuse* ou *oiseuse*, propr. oisiveté, puis délassement, passe-temps, plaisir.

505 « Que Dieu nous en envoie (*avoit*) l'intelligence » ; sens du verbe *avoier* intéressant à noter.

508 *Lors*; cette forme plurielle, contraire à la grammaire, s'est glissée plusieurs fois dans mon ms. ; je l'ai laissée subsister pour avoir l'occasion d'en constater l'emploi au 13ᵉ siècle.
517 *Pourbeant*, regardant autour de moi.
519 *Savoir*, formule adverbiale = pour savoir.
526 Mieux vaudrait peut-être *contregaitié*.
527 Je n'ai pas mis *m'i* (que le sens permettait), parce que l'on trouve encore ailleurs la forme *mi* faisant hiatus avec le mot suivant ; ainsi v. 533.
544 *Se reslessoit* = *s'eslaissait* (s'élançait) à son tour ; v. 711 *s'eslaissier*, s'abandonner, s'adonner.
546 J'ai abandonné la leçon *kiés* (chef), parce qu'elle est en contradiction avec le v. 541.
557 *Entre aus*, tous ensemble. — 559 *Que nus*, nous dirions « que pas un ».
561 *C'est del mains*, tout au moins.
568 Ici *secouroit*, v. 574 *souscouroient*.
588 *Se metre en abandon*, se sacrifier.
602 *Estraier*, errant, abandonné ; voy. sur cet adjectif, ma note Enfances Ogier, 5762.
610 *Mauvestié*, ici = *mautalent*, rancune.
614 *Que ne remaint* (il faudrait strictement au subjonctif *remaigne*) = sans faute. — *Enqui* = *ancui* (aujourd'hui).
616 *Pour che*, c'est-à-dire pour ce qui m'était arrivé.
620 *Sans retraire*, pr. sans rebrousser chemin.
621 *Sur*, pr. aigre, fig. pénible ; l'all. *sûr*, auj. *sauer*, qui en est l'original, a de même les deux sens.
624 *Duit de*, initié à. La question de savoir si ce participe-adjectif représente lat. *ductus* ou *doctus* est tranchée en faveur du dernier par Förster (Roman. Studien, livr. X, 181) et Havet (Romania III, 326).
625 Les formes *penitanche* et *peneance* alternent dans mon ms.
629 *Sans folie*, en pure vérité.
633 *Bienvegnant* ; on ne trouve le *n* du verbe *venir* transformé en *gn* (à part le subjonctif) que dans notre participe et dans le verbe *bienveigner*, donner la bienvenue. Ce dernier est tiré de la phrase *bien viegnez* (v. 843) ; quant à *bienvegnant*, au sens de *bienvenu*, c'est un abus.

XV. 2. SONGE DE PARADIS.

643 *Jou* est ici exceptionnellement, en ce qui concerne mon ms., = *jel*.

645 *Adrece*, chemin, cp. 834. — 648-9 Enjambement quelque peu violent.

659 La désinence latine *ationem* se retrouve en vieux français sous les formes *aison, ison* et *oison* : ainsi *venaison, venison* (resté en angl.) et *venoison* ; *oraison, -oison* et *-ison* ; cp. au v. suiv. *arestoison*. De là aussi p. lat. *occasionem*, tantôt *ochison*, tantôt *ochoison, occoison* ou *ochaison*.

663 *Eskaillon*, échelon ; *écaillon* est encore du picard.

678 *Carnin*, dérivé de *carme*, charme, ou peut-être directement d'un type lat. *carménium*. — Dans Baud. de Condé, 148, 31 j'ai relevé un homonyme, le subst. *carnin* = carmin. — *Caraudie*, synon. de *sorcherie*, sorcellerie ; cp. *caraude*, sortilège (Guill. de Pal. 7253 Et dist que leus garous estoit Par les *caraudes* sa moillier), *encharauder*, ensorceler, *charaie* sortilège, bas. lat. *caragus, caraius* sorcier. Notre mot suppose un subst. *caraud* qui répondrait à *caraldus* ; mais d'où vient ce thème *car* ? Voy. aussi Diez II, v° *charme*.

684 *Aoeuvre* de *aouvrer*, mettre en œuvre, employer, cp. ital. *adoperare*. Jean de Condé I, 81, 6 : Ainçois voi que cascuns s'aoeuvre Au mal faire et au bien laissier ; II, 97, 14 : Car puis que gentius hon aoeuvre Son cuer à faire oevre vilaine ; ib. 317, 122 Autresi fins larges s'aoeuvre De doner. Je cite ces passages pour redresser l'erreur que j'ai commise en y rattachant *aoeuvre* au verbe *aouvrir*, erreur justement relevée par M. Tobler (Jahrb. VIII, p. 338).

688 *Perechant* aurait pu fournir à Littré un exemple antique pour le verbe *paresser*.

693 *Scienche en viertu*, science effective, cp. v. 683 *vertus en oeuvre*.

707 *Sens en abstinence*, abstinence sensée.

709 « Que Dieu puisse y prendre plaisir et intérêt ».

716 *S'i ahierdre*, y toucher, y atteindre.

718 *Pieté*, d'où, par la chute de l'*e*, *pité, pitié*, dont il partage le sens : sympathie, intérêt, compassion.

733 *Passience*, indulgence. — 741 *Viste*, agile, habile.

746 *T'aies* ; aucun grammairien, à ma connaissance, n'a parlé

de l'élision de l'*u* dans *tu* ; elle n'est cependant pas rare.
756 *Sans decevoir*, sans déception.
758 *Parassommer*, parachever, décrire au complet ; syn. de *paracomplir* 957.
761 *Aproismier* = lat. *approximare*, approcher (cp. p. 69, v. 1) ; ici, faire arriver près de la fin.
769 *Furnir*, parcourir en entier ; nous disons encore « fournir sa carrière ».
772 La locution impersonnelle *il couvient* construite avec un sujet logique mis au cas-régime, a son analogue dans *il faut* : « quels compagnons il te faut ». Cp. v. 803 et 1122.
779 *Huisdive* ou *oisdive* est une autre forme de *huiseuse* (498) ; elle répond à l'adj. *oisif*, mais il est difficile de se rendre compte du *d*. Un fait analogue est *boisdie* mensonge (pour *boisie*) et *voisdie* tromperie (de *voisié* rusé). Diez explique ce dernier par une forme provençale hypothétique *vezadia*, syncopée en *vesdia*, et pense que *boisdie* s'est produit sous l'influence de *voisdie* ; j'en dirai autant de *huisdive*.
780 *Pive*, féminin régulier de *piu* (monosyll.), qui est formé de *piu-s*, comme *diu* de *deu-s*.
785 Notez l'emploi réfléchi de *penser*. — 786 *Quoitier*, presser, cp. 832.
820 *L'iestre*, la situation, l'état.
823 *Aparfongié*, quid ? le sens est évidemment « approfondi » (on connaît *parfongié*), mais comment faut-il l'entendre ?
827 *S'acompegnier* à qqn., le prendre pour compagnon, pour guide, cp. 851.
836 *Dreçant* = dressée ; ce mot peut être ajouté à la liste des participes présents de cette nature, donnée par Tobler dans la Zeitschrift de Gröber, I, pp. 19 et suiv.
850 *Enditer*, recommander.
854 *Estre mestier*, être nécessaire ou utile.
866 *Entier*, entièrement dévoué.
872 *Mesconter*, compter trop peu, ici outrepasser, manquer.
886 *Le pire* ne m'est pas clair ; le sens ordinaire ne se prête pas, puisque la plaine était « delitable » (877). Aurions-nous à faire au mot wallon *pire* = pierre, au sens de rocher ou de gravier ?

886 *Més*, subst., demeure; au v. suiv. *més* est le participe de *manoir* demeurer.
889 *Monjoie*, voy. Songe d'Enfer, 360.
910 *Sans departir*, éternellement.
912-916 L'ordre des Frères Mineurs (aussi *Menus*) ou Franciscains date de 1208, celui des Jacobins ou Dominicains, de 1215, enfin celui des Trinitariens, de 1198. Ces dates, combinées avec celle de la composition du Tournoiement d'Antecrist, où Raoul est mentionné comme un poëte trépassé et qui a été fixée approximativement par Tarbé à l'an 1228, nous permettent d'assigner à nos deux poëmes sur l'enfer et le paradis, la date 1217 à 1228.
914 *Visablement*, face à face.
918 *Mansion*, ici maison religieuse, couvent, cp. v. 490.
921 *Noirs monnes* : les frères de l'ordre de Saint-Benoît.
922 *Riulés canonnes*, les chanoines réguliers de Saint-Augustin.
931 *Biautés*, ici jouissances.
937 *Merites* et *desiertes* échangeraient leur place que cela ne modifierait pas le sens ; l'un et l'autre signifie à la fois la récompense et ce qui la fait obtenir ; aujourd'hui *mérite* n'a plus que le dernier de ces deux sens, et *deserte* a disparu. Cp. G. Soign. 1, 16.
944 *Raviser*, ici, comme le plus souvent, reconnaître ; cp. Jehan d'Estruen, 2, 44.
950 *Sans envie*, sans sentiment défavorable.
969 Je n'ai pas reproduit la leçon *Mikiel* du ms. de Bruxelles ; il n'y a nullement lieu de contester celle du ms. de Paris. La substitution de *Mikiel* pourrait bien avoir été déterminée par une intention frauduleuse. — *Bien l'as fait*, tu t'es bravement comporté.
976 *Tresdont*, depuis (adverbe).
977 J'aurais bien fait de mettre, avec le ms. de Paris, *pule* et *avule*, car au v. 1228 notre auteur fait rimer *pule* avec *nule*.
989 *Rouver* signifie à la fois demander et commander ou recommander (cp. 881), et il se construit, je l'ai déjà dit, avec l'infinitif pur (cp. 1127). — *Pourpenser*, rentrer en soi, se recueillir.
1016 *Trespas*, durée. — 1026 *Doloir*, souffrir ; l'Allemand dirait : « das herz that mir weh ».

1030 Ce vers exprime le désenchantement du poëte.
1044 *De lui* est pléonastique après le relatif *dont*; ce pléonasme est fréquent dans l'ancienne langue, ainsi que dans les autres langues romanes; voy. Diez. Gramm. III, 58, et cp. pl. h. p. 117 v. 42 : Cele *ki* rien ne *li* vaut.
1045 *De* = à cause de.
1054 *Pour... à raconter*, voy. Cisoing, 5, 4.
1061 *S'assentir à*, consentir, se mettre d'accord (v. 1077), ici se mettre à la hauteur de.
1072 D'autres écriraient *s'i* (*si i*), mais je ne le crois pas nécessaire.
1073 *Durance* est resté en anglais.
1082 Le subjonctif *ait* est en quelque sorte une réflexion du subj. *puist* du v. préc.
1084 La leçon *qui* est peut-être préférable.
1101 *Soumondre* se rapporte à *semondre*, comme *soucourre* à *secorre*, *soujour* à *séjour*. — 1102 *Haster*, presser.
1108 *Aliu*, dépense, voy. pl. h. Le moulin à vent, 196.
1115 *Past*, pâture. — 1116 *N'i respast*, qui n'i revienne à santé.
1117 Ne pas confondre le sens antique de *viande* avec le moderne.
1118 *Engrande* ou *engrant*, avide, désireux; j'ai plusieurs fois parlé de ce terme, en dernier lieu dans mon Appendice à la 4ᵉ éd. du Dictionn. de Diez, p. 759. L'éditeur de Guillaume de Palerne (8480, 8662, 8848) et d'autres écrivent *en grande*, ce qui rappelle mieux l'origine de l'expression.
1120 *Sans ravaler*, sans retomber; cheville pour dire « définitivement ».
1121 *Plentif, plentiu*, abondant, riche. — 1123 *Qui* = si on.
1152 *Forsenerie* a ici l'acception « assemblée de forcenés ».
1153 Le suffixe *able*, chez les anciens, revêtait fréquemment une signification active : ainsi *aidable* (qui peut aider), *entendable* (intelligent); il nous est resté *secourable*, *valable*, *semblable*. Il faut ranger dans ces cas notre *souffrable* (disposé à *souffrance*, c'est-à-dire à patience, bienveillance), de même que *nuisable* du v. suiv.
1158 *Degaster*, détruire; au v. 1161, au sens neutre de périr.
1159 *Fors*, mais; *eskaitivé* (excaptivatus), affranchi (des liens du corps).

XV. 2. SONGE DE PARADIS.

1165 La var. *autant* est préférable à *tous jours*.

1170 *Defin*, fin ; ce n'est pas un composé de *fin*, mais le subst. verbal de *definer*.

1178 *Ire*, tristesse (cp. 1344). — 1184 *Pitance = pité*.

1187-8 *De bien* est le génitif d'*esperance* ; mais *de mal* équivaut à « par le mal ».

1204 *Lor tans*, leur existence ; *gaster*, user.

1206 Le sujet de *saront* est *tourmens* (1203).

1208 L'auteur emploie, comme la rime le démontre, à la fois *entier* (cp. 866) et *entir*.

1210 *Li anemi*, les démons, cp. 1219 ; au singulier (*l'anemi* v. 1251), le diable.

1217 *Elas*, 1. cri de douleur, 2. douleur.

1222 *Bieter, beter ;* Diez, qui traite de l'origine de ce verbe (II, c), signale les significations emmuseler et inciter. Je le crois ici synonyme de *abeter*, tromper.

1228 *Oant le pule*, coram populo.

1230 Notez *dolor* traité en masculin (*sentus*).

1243 *Féaument*, avec confiance ; mieux vaut la variante *fiement*.

1264 *Deseverra*, cp. *duerra* p. *durera*.

1282 *Balance*, fig. danger, crise, moment décisif : cp. Carasaus, 1, 25.

1284 *Claufier* a pour type *clavificare* (cp. prov. *ficar*) ; *claufichier* (variante) représente *clavifixare*.

1301-2 Construisez : *Li sien* (pechié) *accuseront cascun de ceaus qui là les porteront* [avant de les avoir expiés par la confession].

1303 *Maufé*, forme habituelle p. *maufet* (malfait), diable. Ce mot, si familier à l'ancienne langue, offre un cas curieux du passage de l'*e* ouvert en *e* fermé ; jamais on ne trouvera *meffait* transformé en *meffé*.

1313 *Par air*, pr. par colère, fig. avec véhémence, effroiablement. — 1317 *Amender* = s'amender.

1320 *Passience*, douleur, remords ; sens insolite.

1321 *Rera* de *rere* ou *raire*, lat. *radere*, gratter, raser, fig. écorcher, blesser. — 1337 *Mont*, monde.

1349-52 Allusion au passage de l'Apocalypse 6, 16 : « Et ils disaient aux montagnes et aux rochers : Tombez sur nous et cachez-

1357 *Eslaver*, cp. *espetiier* (Rom. des Eles, 561). Le *que* appelé
par *si* n'arrive qu'au v. 1361.
1358 Vers parenthétique ; *escars* et son synon. *aver* ont ici la
valeur métaphorique : agissant avec répugnance, sans
vigueur.

3. Li romans des Eles (pp. 248-271).

Hugues de Mery, dans son épopée allégorique, *le Tournoiement d'Antecrist*, fait plusieurs allusions à la composition de Raoul qui nous occupe. En voici une (p. 55, de l'éd. de Tarbé) qui concerne le sujet dans son ensemble :

Dessus ot .i. blanc colombiaus
Qui de Cortoisie ot .ij. eles,
Où ot autant pennes très beles
Com Raoul de Houdenc en conte,
Qui des .ij. eles fist .i. conte.

Le souvenir a fait défaut à Hugues ; la Courtoisie n'a pas deux ailes chez Raoul, mais bien la Prouesse ; la Courtoisie n'est que l'une de ces deux.

1 *Dire*, ici = faire de la poésie ou *trover* (v. 10).
4 *Grant chatel faire*, faire fortune. *Chatel* est la bonne forme française du mot savant *capital* ; il se rapporte à ce dernier comme *hostel* (hôtel) à *hospital* (hôpital). Le sens premier est l'avoir, opposé à la rente ; puis le mot s'est appliqué spécialement aux biens mobiliers et surtout aux biens en bétail. Il s'est conservé dans l'angl. *chattels*, biens, et *cattle*, bétail, néerl. *kateel*, biens, et enfin dans le terme français *cheptel* (propr. bestiaux).
5 *En mon romanz*, en mon langage. On sait que *romanz* et *latin*, tout en formant opposition l'un à l'autre, ont fini tous deux par devenir synonymes de langage en général.
6 *Comans* = commence.
8 *Cortoisie*, l'ensemble des règles dont l'observation distingue le gentilhomme du vilain.

10 *Bel*, adverbe (cp. vv. 81, 243); nous disons encore adverbialement *bel* dans *bel et bien*. La forme *belement* impliquait autrefois le sens de doucement, peu à peu. — *Truis*, 1ʳᵉ pers. sing. indic. prés. de *trouver*; 3° pers. *trueve* (v. 114), et au subj. *truist* (v. 31).

11 *Ki* = si on (cp. v. 490). Cet idiotisme s'explique parfaitement comme la forme écourtée de la phrase: *s'aucuns est qui*, que nous rencontrons au v. 21.

15 *Vient*; le sujet est la courtoisie.

17 *Lige*, subst., chose appartenant à qqn. sans réserve.

18 *Copel*, auj. *coupeau*, sommet; comme *coupet*, *couplet* et autres formes patoises, diminutif de *coppe*, bas-lat. *coppa*, esp. *copa*, flam. *kop*, all. *kuppe*, *koppe*, sommet, cime.

20-24 Traduction littérale : « En fait de courtoisie, il faut nécessairement que, s'il est quelqu'un qui veuille en tenir un tant soit peu, il l'attende (*wet*, 3ᵉ pers. prés. subj. de *wetier*, *guetier*, guetter) et qu'il la tienne des chevaliers et de leur ordre (voy. ad v. 37), car il n'en croît que dans leur domaine ». — La variante *fi* pour *fief*, dans B, est tout à fait insolite.

27 *Seuvist*, = *seuïst*, sût; le *v* doit être considéré comme intercalaire, cp. *pooir* et *povoir*, et v. 543 *jouve* p. *joe*.

28 *Apertenir*, convenir (cp. vv. 37 et 48). Au v. 46, nous aurons comme synonyme *amonter*, au v. 136 *afferir*.

29 *A malaise*, mécontent.

31 « Oui : la chose la plus préjudiciable à leur intérêt et à leur réputation qu'on (*nus*) puisse y trouver, savoir (*si est*) que... »

35 *Si c'est meffais* est une parenthèse-cheville. « Et c'est un grand tort ».

37 Le *nom*, dans tout ce passage, est synonyme de classe, ordre, cp. p. 40, v. 32.

38 *Par droit*, en vérité. — 40 *De sa hautece*, par sa noblesse.

43 *Afaire* signifie : 1° état, rang, dignité (ainsi ici); 2° nature, caractère (v. 161); 3° manière d'agir (v. 84).

44 Il y a ici quelque négligence de style. Le poëte veut dire : Leur classe sociale est si élevée au-dessus de toutes les autres que, s'ils en étaient bien pénétrés, ils reconnaîtraient

aisément qu'ils font bien des choses qu'ils ne devraient pas se permettre.

45 L'auteur affectionne beaucoup ces petites phrases interrogatives pour aider au développement de sa pensée. Malheureusement cela dégénère en manière.

46 *Amonter* signifie tantôt accroître, élever, tantôt (comme *afferir, apertenir* et *monter* tout court) convenir. Cp. vv. 28, 37 et 48.

51 A *droit esgart,* à tout bien considéré. — 52 *Regart*, attention, égard.

53 *Dues* (prononcez *deus*), nom. sing. de *duel*, deuil, douleur, malheur, dommage.

55 *Ques*, contraction de *qui les*, comme *des* de *de les*.

56 Je voudrais changer cette forme irrégulière *vileor* en *viëleor*, mais le mètre s'y oppose, et la rime d'autre part ne permet guère de mettre *viëlor* (*or* désinence contracte p. *eor*). Ces difficultés militent en faveur de la variante *jugleor*.

58 *Merestent, melestent* (62) ou, selon les variantes, *marestant, malestanc*, est un mot négligé par les glossaires ; les vers qui suivent ne font douter qu'il s'agisse de la *pierre de touche,* comme traduit en effet, dans son glossaire manuscrit, Lacurne de Sainte-Palaye en citant notre passage. L'auteur assigne aux ménestrels, en tant que plus familiers avec les habitudes des chevaliers, l'honneur d'être aussi les seuls capables de bien juger cette classe de gens ; il les compare ainsi à la pierre de touche, qui sert à reconnaître le vrai titre de l'or. L'étymologie du mot en question m'est inconnue ; la bonne forme en est-elle *marescant* (les *c* et les *t* se confondent si facilement dans la lecture des manuscrits) et s'agit-il du verbe provençal *marescar*, mentionné par Raynouard avec le sens de marquer (estimer, mettre la marque ?), ou l'élément *stent* cache-t-il le flam. *steen,* all. *stein ? mark-* ou *merk-stein ?*

63 *Sel* = *si le ;* ce *si* est le *si* introductif d'une proposition principale relativement à une incidente.

65 Cette expression *or marchand,* sous la plume d'un écrivain de la fin du XIIe siècle, est digne de remarque. Elle démontre que le sens véritable de *marcheant* (dont la lettre représente

le bas-latin *mercatantem*, ital. *mercatante*) est : qui va au marché, soit homme, soit chose.

66 *Ce est la fins*, cheville d'affirmation comme *c'est la somme* (v. 631). Cette valeur de *fin* = conclusion, vérité sommaire, est analogue à celle de l'adj. *fin*, signifiant : parfait, vrai, et à celle du verbe *affiner*, dans son acception : affirmer, certifier.

68 *Places* fait opposition à *hosteus* ; le mot rend l'idée qui s'attache aujourd'hui à *terrain* = champ de bataille ; cp. v. 362. Le poëte dit que les ménestrels sont le plus en situation pour connaître les qualités dont font preuve les chevaliers soit au tournoi et à la bataille, soit dans l'intérieur de leurs hôtels. Eux particulièrement ont l'occasion d'éprouver cette vertu capitale du gentilhomme, sur laquelle les trouvères, et pour cause, aiment toujours à s'arrêter : la largesse.

72 *Conteres* ; le ménestrel conteur.

73 *Demander*, demander son salaire.

74 *Contremander*, empêcher ; cp. v. 368. Son synonyme ordinaire est *destourner*.

75 *De largece*, en fait de largesse.

76 *Pere* (lat. pareat) *fors*, se fasse jour ; cp. le terme analogue *en isse* (v. 103), en sorte.

80-81 *Mettre s'essongne*, placer, débiter son excuse ; *deviser*, exposer.

83 « La volonté (*talent*) qu'il a de bien faire les choses ».

85 *Tenra*, retiendra, retardera.

88 *Aconqueste* est un mot consigné nulle part ; la signification qui s'impose est : condition, réserve, et elle est difficile à tirer de la facture du mot. La forme *conqueste* ou *conquest*, toutefois, a parfois le sens de profit, avantage, qui à la rigueur pourrait convenir. Les *aconquestes* seraient les petites réductions avantageuses faites dans l'octroi d'une largesse. J'écrirais volontiers pour me débarrasser du mot inconnu : *tantes à çou questes i met* (il met à cela tant de *questions*), mais, à part la forme *çou* p. *ce*, étrangère à mon manuscrit, *à çou*, *i*, et *en ses promesses* donneraient ensemble une tautologie par trop improbable. — Le ms. A a *aconquestures* ; B, par contre, offre un terme moins étrange :

aquiteüres, moyens de s'acquitter, de s'excuser, moyens dilatoires.

93 Je ne pénètre pas le sens de *feruz en char* (frappé en chair); les textes des autres mss. sont encore plus énigmatiques.

94 « Sort un vain mot dissimulé et dérisoire ». *Faintis* peut aussi signifier « sans force, sans valeur ». *Eschar* (subst. verbal de *escharnir*), dérision.

95 *Relent*, adjectif, qui sent le moisi. Au v. 102, nous avons le mot comme substantif. Sur l'étymologie (douteuse) du mot, voy. Littré et Scheler.

96 *Assavourer,* goûter (l'idée de goûter avec plaisir, inhérente au mot moderne *savourer,* y est étrangère). Aux vv. 211 et 213, le même verbe signifie « donner du goût », et équivaut à *assaisonner.*

97-98 « Qu'il moisit de paresse et dans les liens de la lâcheté ». *Fainté = faintise ;* cette forme est tirée de *faint,* comme *chasté* de *chaste,* par l'intermédiaire de *fainteté, fainteé. Faint, faintis* (v. 94) signifiant aussi dissimulé, nous trouvons, ailleurs le subst. *faintié* (forme diphthonguée de *fainté*) au sens de feinte, dissimulation ; ainsi dans le Songe d'Enfer de notre auteur, v. 465 : « Itant vous di bien sans faintié ». — *Boie,* chaine, aussi *buie,* du latin *boja.*

99 *Tart de sojor,* paresseux, indolent (cp. lat. *tardus*) à force de *sojorner,* de croupir.

100 *Cler* fait opposition à *espès.* Ce dernier dit « rempli, couvert », *cler,* par conséquent « peu couvert », peu fourni, pour ainsi dire *clairsemé.* Charmantes métonymies ; l'épithète de la chose transportée à la personne.

101 « Vif, prêt (tel est le sens ancien de *aigre, enaigri*) à l'attaque sournoise (*agait*), mais vide, dépourvu de (véritable) prouesse. « Celle-ci lui fera toujours défaut : car ce fond, ce *relent* de paresse qui lui est propre, percera toujours, quoi qu'il fasse. »

105 *Des autres,* c.-à-d. que ceux dont il vient d'être parlé : les larges et les avares. La leçon *avers* des 3 autres mss. pourrait cependant bien être la bonne. « Je ne m'étendrai pas sur tous les genres de chevaliers ; je tiens avant tout (*il m'est bel,* il me plaît) à constater que les chevaliers se tra-

hissent par leurs paroles ». Tel paraît être le sens général de ces vers, mais j'avoue que l'intelligence précise du v. 106 ne se présente pas facilement. Aussi je tiens ma leçon pour fautive et regrette de ne pas avoir accueilli celle du ms. de Berlin, qui a *li mez*. Je traduis donc : « Que, pour autant que les chevaliers se font connaître par leurs paroles, les mets sentent toujours le vase d'où ils sortent ». Nous rencontrons donc de nouveau le verbe *savoir* au sens propre du latin *sapere* ; cp. Songe d'Enfer, 510.

110 *Repostaille*, retraite, cachette (de *repost, repus*, caché).

111 *A un mot*, bref ; *ke*, car.

113-4 « J'ai donc raison de m'affliger de ce que l'on y (*chez les chevaliers*) trouve de quoi blâmer ». — *Nus* = on.

116 Le poëte n'a garde de déconsidérer trop vivement l'ordre de la chevalerie ; pour mitiger sa plainte, il se restreint à dire que partout il y a des chevaliers qui sont moins dignes de ce nom que d'autres, ce qui l'amène à censurer particulièrement les chevaliers qui pensent que leur prouesse les dispense de toute munificence et de toute modestie. C'est à leur adresse qu'il va nous exposer comme quoi la prouesse est sans valeur si elle n'a deux ailes à son service : Largesse et Courtoisie, chacune pourvue de sept plumes. Les deux *ailes* de Prouesse rappellent une allégorie analogue de Jean de Condé : les Quatre cornes d'orgueil.

118 *Do*, orthographe accessoire de mon ms. p. *dou, del*.

119 *En trestos les leus*, à tous égards.

123 *Se fier* a ici la nuance « se faire un titre de, se prévaloir, se réclamer ».

127 « Que l'honneur ne consiste pas à satisfaire des solliciteurs ».

128 *Lecheor* (nom. *lecheres, lechieres*) désigne proprement le lécheur de plats, le parasite, l'écornifleur, le *catillo* des Latins ; puis le terme s'est particulièrement appliqué aux jongleurs, *hirauts*, ménestrels, qui encombrent les cours des grands seigneurs et dont les importunités les ruinent assez souvent. C'est un synonyme péjoratif de *menestrel* ; cp. plus loin vv. 440 et suivants. Notre poëte veut faire entendre que, quelque importune que soit cette gent, il faut compter avec elle, et qu'il ne suffit pas de rappeler ses hauts

titres pour les éconduire avec dédain. En plusieurs passages de ses œuvres nous voyons chez Raoul se manifester le sentiment de la distance qui sépare le trouvère, le conteur, le ménestrel-poëte, qui célèbre et enseigne les vertus chevaleresques, du jongleur cupide, du rimeur de contrebande, de ces parasites bouffons et lécheurs, qui tous participent à la dénomination générique de ménestrel.

133 *De ma main*, de mon espèce, de ma condition. On connaît l'expression « gens de basse main ». C'est à cette valeur de *main* (cp. all. *hand* dans *allerhand*) que se rapporte le dérivé *manière*, espèce, sorte (signification usuelle du mot dans l'ancienne langue).

134 Le participe *passé* (qui a surpassé) prend souvent la valeur de la préposition « au-dessus de ».

135 *Avoi*, interjection servant à fixer l'attention ; composée de *a* = ah, ha, et de l'impératif *voi*. Voy. Diez, Dict, II, c.

153 Il ne s'agit pas, je pense, du courage proprement dit, mais du zèle entreprenant dans la poursuite d'un but généreux.

154 *Point* équivaut ici à argument.

156-7 Jean de Condé a fait de Hardement et de Largesse deux époux qui ont procréé la Prouesse (voy. mon éd. 1er vol. p. 281) ; notre auteur fait de Largesse la fille de Hardement. Nous ne serons pas rigoureux à l'égard de ces généalogies de fantaisie.

160 *Mauvais* est l'antonyme de hardi ; cp. v. 98.

163 « Ne doit pas regarder à sa fortune ni à ses revenus ».

166 Le *seigle* des variantes me plaît mieux que le *sable* de notre leçon ; je ne pense pas que ce dernier article ait jamais beaucoup rapporté aux seigneurs. Toutefois il est probable que *sable* signifie ici la fourrure de ce nom (la zibeline), qui servait souvent aux rémunérations des seigneurs envers leurs serviteurs ; d'autant plus que *sable* = lat. *sabulum* n'est pas ancien dans la langue.

171 « Soit follement, soit sagement ».

175 *Avoir pris*, être renommé.

179 « Quand il se fait les réflexions suivantes » ; tel est le sens de *cant il regarde* (ou selon les variantes, *esgarde*).

180 *Avoir garde*, courir quelque danger, avoir à craindre.

183 *Estre bien de*, être en bons termes avec ; all. *gut stehen mit*.

184-5 Les dons faits dans de pareilles conditions n'ont rien de commun avec la vraie largesse ; ils semblent forcés.—*Adonner*, act., incliner vers ; neutre, être en rapport avec. « Cela n'a rien de commun avec la largesse ». Ce dernier sens n'a pas encore été relevé ; Littré, du reste, n'a pas d'exemple du mot au-delà du XV⁰ siècle, bien que Froissart s'en serve dans diverses acceptions (voy mon Gloss.).

186 *S'enforcier* p. *s'esforcier*, comme plus loin (v. 626) *s'enlire* p. *s'eslire*.

188 *Desconfit* = *desconforté*, chétif, accablé.

189 *A son don*, en donnant. — 191 *Redot*, doute.

192 « Risque son bien à *tout pour tout*, à tout hasard, sans calcul intéressé ». Cp. Froissart, éd. Kervyn, t. IV, p. 27 : (La comtesse de Montfort) s'avisa que elle metteroit tout pour tout.

193 *A droit esgart*, en réfléchissant bien.

194 *Se tenir* = *s'astenir* (v. 306). Cp. v. 389.

196 *Acuet*, 3ᵉ pers. sing. indic. prés. de *acuellir*, recueillir, ramasser, puis (et c'est là la signification dominante) saisir, prendre. Cp. v. 535 *li vens l'acuet.* « Acueillir son chemin » est une locution consacrée de la langue d'oïl. Voy. aussi pl. h. Gonth. de Soignies, 16, 38.

203-4 « Il l'a bien mis en voie, pour que, plus il y va, moins il l'estime ».

205 *Pulent, peulent*, peuvent ; c'est le latin *polent* (p. *pollent*) de *pollere*. Je n'ai pas jusqu'ici rencontré ce verbe à une autre personne et à un autre temps qu'à la 3ᵉ plur. de l'indicatif présent. L'orthographe *peult* des textes du XV⁰ siècle n'en tient pas, je pense ; cet *l* y est aussi parasite que dans *eult* p. *eut*. Je ne crois avoir rencontré la forme *puelent* ou *peulent* que dans des textes picards ; ne serait-ce au fond que *puent, pueent* avec un *l* euphonique intercalaire ?

206 *Li serf à l'avoir*, les esclaves de l'argent, est une apposition intentionnelle, destinée à mettre *aver* et *avoir* en rapport étymologique.

207 *Metre*, dépenser, débourser ; de là *mise* = argent.

209 *Ensenge*, comme *exemple*, chose qui enseigne.

211 Voy. v. 96. — 212. *Raison*, ici dans le sens de *ratio*, manière.
215 *Englot*, de *englotre* ou *englotir*, conjugué autrefois comme *partir*.
218 La leçon *cuers* vaut mieux que la variante *cors*. Le *cuer* est envisagé comme le siége même des sensations physiques. — L'application que nous avons ici du mot *pitance* (soulagement) est curieuse. Elle serait de nature à renverser les étymologies reçues de ce mot dans l'acception de « portion monacale » (voy. mon Dict.) et à faire expliquer celui-ci par « petite portion destinée à soulager » ; mais il est probable que les deux vocables ne sont qu'homonymes. *Pitance* = *pitié, charité*, se trouve aussi dans le Songe de Paradis, 1184 :
  Et sans amor et sans pitance.
219 *Socorse*, forme féminine et concurrente de *socors* (lat. *succursus*), secours.
221 *Don terminois*, c'est-à-dire payé par termes ou par atermoiements ; je rencontre le mot *terminois* pour la première fois. Le texte A donne *termoiez*.
222 *Joindre*, sens neutre, toucher près.
226 « Gratia quae tarda est, ingrata est gratia », a dit Ausone.
  Hugues de Mery :

  Dons tardis, promesse presente,
  C'est don sans sel et sans savor.

229 *Assis*, nous dirions *appliqué* ; les trouvères disent d'ordinaire *emploié*.
234 *Regreter* a ici la valeur insolite de incriminer, blâmer.
236 *Sordire*, dire trop, calomnier.
237 Le sens de *trespasser* est ici outrepasser, transgresser son devoir. — 239. *Puis que*, une fois que, dès que.
241 *Sesme*, autre forme de *seäme, seme* (= septimus) ; la forme savante *setime* se voit au v. 487.
245-250 « Celui qui prétend à la qualification de large, ne peut se dispenser de donner de beaux dîners ; il doit persévérer à être large (ne point *son cuer changier*). Pourquoi ? Parce que cela sied à la largesse ; il en résulte que celui chez qui elle demeure, toujours persiste à être large. Elle demeure toujours, et d'ailleurs Dieu ne commande-t-il pas : Donnez

à manger largement »? Voilà la traduction de ce passage obscur; quant à en saisir l'enchaînement logique, j'y renonce. Je ne pense pas que le sens jaillirait plus clairement, si l'on donnait à *remanoir* son autre valeur de « faire défaut, cesser ».

249 *Commant* est une incorrection p. *commande*.
253 *S'aperchoivent*, s'entendent.
260 *Vers* = *vairs* (varius), de couleurs diverses. — « Il aura beau faire de larges distributions de manteaux; il aura même beau le faire de bonne grâce; s'il manque du côté de la mangeaille (« s'il est mauvais vivandier »), on ne se fera pas faute de dire en partant : « Honté pour lui ! »
266 *Riele*, plus souvent *riule*, règle, lat. *regula*.
268 « Qui n'obtient robe, ait à manger ». *Cuirie*, c'est la *curée*; sur l'étymologie de ce mot, voy. Littré.
270-271 « Car je les ai énumérées tant qu'elles sont dans l'aile (?) ».
283 *S'i regarder*, y faire attention, s'y appliquer.
285 *Anchois*, jadis, anciennement.
295 *Bonté*, valeur, vertu. — 296 *Pris*, renom.
297 *Mervelheus*, extraordinaire, fameux. « Et quelque renommé ou remarquable qu'il soit ».
300 *Entre cortoisie et orgueil* est à traduire : « Ces deux choses : courtoisie et orgueil ». On connaît cette valeur de la préposition *entre* dans la vieille langue, cp. v. 585.
301 *Conjoindre*, sens neutre, coexister.
316 C'est un des beaux vers du morceau.
321 *Enjoïr* = *esjoïr*, comme *enlire* = *eslire*.
324 « Car pour les chevaliers, c'est faire preuve de courtoisie que d'aimer à entendre des chansons, etc. »
325 *Notes*, chansons chantées; *vièles*, chansons accompagnées de la vielle; *son*, chant en général.
331 *Por ce* se dit fréquemment pour *por ce que*, parce que.
332 *Par non*, nommée par son nom.
337 *Comune*, générale. Quelle que soit la dame malmenée dans une chanson, le chevalier a le devoir d'en prendre la défense.
338 *Por une*; cette *une* est-elle la dame du chevalier ou la dame chère à tout le monde, Notre-Dame ? J'opine pour la seconde

interprétation. Jean de Condé (II, p. 203) défend de laisser
calomnier les femmes pour cette raison :

> Que (car) tant de biens nous en fist *une*
> Que des autres, à voir conter,
> Doit on tout le mal mesconter :
> Ce fu la beneoite virge...

339 *Tois*, de *teser*, tendre, viser, lequel répond au lat. *tensare*, fréquentatif de *tendere*.

342 Si notre leçon est soutenable, il faut donner à *est empirie* le sens de « a pris de funestes développements ». En tout cas la leçon de A me semble plus naturelle. Cp. *Songe de Paradis* (v. 550) : « Qui toute la compaigne empire ».

344 *S'envier del pior*, s'engager dans la pire voie. Il y a dans l'ancienne langue deux verbes *envier*, étymologiquement distincts; l'un est un dérivé de *invidia*, l'autre *invitare*, engager, pousser, provoquer, donner une impulsion ; voyez sur ce point ma note *Baudouin de Condé*, p. 426. C'est du dernier que nous est resté le substantif *envi*, défi (au jeu), ainsi que la locution *à l'envi*, au sujet de laquelle Littré s'est trompé en la ramenant à l'adverbe *envis* = invitus, ainsi que Diez en identifiant *envi* avec *envie*; voy. mon Appendice au Dict. de Diez, p. 760.

345 *Sortenir* p. *sostenir*. *Sor* et *sos* sont continuellement confondus dans les manuscrits.

350 *Cui ilh se tient*, au service duquel il se trouve : cp. v. 384, *li sires à cui ilh sont*.

354 *Penser* exprime souvent, comme *empenser*, l'intention ; cp. v. 233.

355 *Le* se rapporte à *bel don*; si ce pronom se rapportait au seigneur, il faudrait le datif *li* (cp. v. 358). — *Deslot*, subj. prés. 3ᵉ pers., de *desloer*, déconseiller.

359 *Mestre* signifie ici chef, préposé, officier.

360 *Od*, avec. — 362 *Place*, voy. v. 68. — *A* est ici, comme en wallon, = *al*. C'est une particularité de mon ms. de faire tomber l'*l* entre deux consonnes ; il dit ainsi *acun* p. *alcun*, *aucun*, *miedre* p. *mieldre*, *mieudre* (meilleur), *atant* p. *autant*.

363 *Avoir mestier,* être utile, rendre service.
364 « Ils ne cessent jamais de faire leur (méchant) métier ». En quoi ce métier consiste, est exposé dans les vers suivants.
366 *Prendre,* recevoir des dons ; six vers plus bas, le mot est synonyme de *rober,* et le régime *vos* paraît même y être l'accusatif de la personne dévalisée.
368 *Salent* (de *sallir*), se dressent ; v. 407 et 531 au singulier, *saut.* — *Contremander,* empêcher, comme v. 74.
375 *Or est à vos,* le voici (de nouveau) auprès de vous, qui demande ses gages. Peut-être faut-il *avost* (le *t* étant apocopé) = août ; cp. la variante A.
378 *S'abandonner,* se laisser entraîner. Cp. Froissart (éd. Kervyn), IV, p. 17 : Ensi qu'il avient souvent par lui (= se) follement abandonner. — 383 *Noiant font,* ne produisent aucun effet.
386 *Laroit, lairait* (v. 410), laisserait. — *Avoir apris* qqch. = *en estre apris* (Enfer 541), en avoir l'habitude ; cp. Perceval 4513 : De tout çou s'esmerveille trop Li varlés *qui ne l'ot apris* (qui n'y était pas habitué).
392 La proposition introduite par le sujet *li envieus* est arrêtée par l'explication ou la justification de l'expression *griève* (est pénible, fait souffrir), et n'est reprise qu'au v. 401.
397 *Si fait,* locution affirmative bien connue (que l'on est surpris de rencontrer, dans le dictionnaire de Littré, sous le substantif *fait*); remonte, comme on voit, très-haut dans la langue. Elle est l'opposée de *non fait ;* dans l'une et l'autre, *fait* est un verbe, c'est-à-dire le verbe *faire,* employé pour remplacer un verbe précédent qu'il faudrait répéter. *Si fait* affirme, *non fait* nie le fait en question. Ici *si fait* équivaut à *si griève.* Dans Froissart (III, p. 459) le roi Édouard veut absolument faire accepter un souvenir à la comtesse de Salisbury ; celle-ci refuse en disant « il n'appartient pas, etc. », à quoi le roi réplique : « Dame, *si fait* », ce qui veut dire : *si, il appartient.*
401 Raoul introduit ici la fable bien connue du chien envieux, du κύων ἐν φάτνῃ d'Ésope. — *Mulon,* meule.
406 *Fain,* foin. — 412 « Et pourtant lui, le chien, ne saurait manger du foin ».

413 *Losengier* signifie proprement flatteur, mais les trouvères y attachent presque toujours l'idée de perfidie et d'égoïsme.

418 *Nis, neis,* et même. — *A son oez,* à son profit. *Oez* répond au latin *opus*; il est monosyllabique, et ceux qui l'impriment par *oës* commettent une bévue.

423 *Colpoieres, copoieres* (au cas régime *copoieor*, v. 428) est celui qui *colpoie,* qui aime à railler. *Colpoier* est une forme dérivative de *colper,* au moyen du suffixe *oier* (lat. *-icare*). Reste à savoir si *colper* représente le lat. *culpare,* blâmer, critiquer, ou le bas-lat. *colpare,* frapper (de *colpus,* coup) J'opine pour *culpare,* bien que l'auteur lui-même semble mettre le verbe en rapport avec *coup,* en rapprochant les *coups* de langue et les coups de poing.

424 *Gas,* pluriel de *gap,* subst. de *gaber,* railler. — *Mal gisant* reproduit la même métaphore que *malséant.*

427 Mieux vaut, ce semble, la variante *s'il s'i prent,* s'il s'y laisse aller, s'y abandonne. *Prendre le pior* est la même chose que *s'envier del pior* v. 344.

430-34 « Qu'il ne peut frapper de beaux coups à la fois de la main et de la bouche, mais qu'il faut nécessairement que les coups qu'il frappe soient ou des coups de main ou des coups de langue. » Le poëte développera ultérieurement cette assertion que le métier de chevalier ne comporte pas celui de faiseur de bons mots, de *copoieur*; ce dernier est l'apanage des *lécheurs* ou des ménestrels de bas étage.

433 *Venir à main,* venir sous la main, se présenter aisément. Cp. Hugues de Mery (*Tournoiement Antechrist*, p. 105), parlant de ses nobles devanciers, Chrétien de Troies et Raoul de Houdenc :

> ... Quant qu'il distrent, il prenoient
> Le bel françois trestout à plain,
> Si com il lor venoit *à main.*

437-442 *Biauz cops* est ici synonyme de *biauz gas,* fines et innocentes plaisanteries, opposées aux *vilains gas* du v. 424. Le chevalier, dans la société de ses pairs, peut fort bien se les permettre, mais, ce qui *déplaît* à l'auteur, c'est qu'il rivalise avec la gent peu noble des *lecheors*. Le ms. a *conte*, qui gêne la mesure, même si l'on prenait *conter à* au sens de « faire cas de, donner de l'importance à ». Comme la construction réclame un singulier et que ce singulier est surtout indiqué par *le son* (le sien) du v. 442, j'ai par correction mis *content* de *contendre*, lutter, rivaliser , qui donne un excellent sens. Je pense que l'auteur a écrit ainsi, et qu'une mauvaise interprétation, *content* étant pris pour le pluriel de *conter*, a déterminé aussi le pluriel *laissent* au v. 442, que je n'ai pas hésité à faire disparaître malgré les manuscrits, qui tous ont soit *lessent* (AC et Turin), soit *perdent*. — 442 « Quand, au profit de leur caste, il néglige (ou renonce à) la sienne », quand il consent à se faire *lécheur*.

443 « Ceux qui font cet échange (*jeu parti*) ».

445 *De mé* est bien la leçon de mon manuscrit. Elle offre certainement de sérieuses difficultés, car *mé* pour *medius* n'est pas constaté, et la disparate avec l'autre forme *mi* employée dans le même vers, fait mauvais effet. D'autre part, la variante *clamé* p. *de mé* présente une tautologie non moins choquante. Je corrigerais plutôt, malgré l'emploi du même mot à la rime :

> Car ilh sont chevalier de mi
> Nomé et lecheor de mi.

456 *Contrepois* (contrepoids), le contraire, le rebours d'une chose, est curieux (nous dirions aujourd'hui le *contrepied*). Le mot correspondant provençal, *contrapes*, est employé dans le même sens ; voy. Raynouard, *Lexique roman*, t. IV, p. 472, où l'on regrette de le voir envisagé comme un composé de *pes*, pied.

458 *Toille*, subj. de *tolre, tolir*, enlever.

460 *Metre rancune*, s'acharner.

462 Ce vers démontre clairement qui l'auteur entend par *lecheors*; ce sont bien les ménestrels.

463 Cheville équivalant à : « en vérité, en bonne justice ».

464 Le poëte se met à composer un blason spécial pour ce chevalier-lécheur, conformément à la nature de son être. Hugues

de Mery, à propos de sa description de l'écu de Trahison (p. 25), fait allusion à celui décrit ici par Raoul :

> Ses faus escus, dont Dex nous gart,
> Au faus semblant, au faus regart,
> As faus baisiers et as faus dis,
> Molt fu bien par Raol descris :
> A .iiij. rampones rampans,
> A une lange à .v. tranchans
> Ki l'escu porprent et sormonte,
> L'escu au mireor de honte,
> A une bende de faintié,
> Contichié de anemistié,
> A .i. label de fausseté.

Les trois derniers vers sont, semble-t-il, de l'invention de Hugues.

468 *Diverse devise*, étrange discours ou description.

472 « A deux envers » se dit encore aujourd'hui pour « à double face ».

475 Ce terme de blason *rampant* (du vieux français *ramper*, grimper) est très-bien imaginé pour faire jeu de mot avec la *ramposne* ou *rampune* (raillerie, critique mordante). Les deux mots sont de même origine ; ils viennent du mot roman *rampa*, crochet et griffe.

477 *Porprendre*, entourer.

478 Hugues de Mery présente plusieurs fois des vers analogues : p. 26 *Au mireor de fausseté*; p. 31 *L'escu au mireoir de honte*; p. 51 *Au mireor de cortoisie*. Voyez sur les miroirs comme pièces de blason, Bernd, *Allgemeine Wappenwissenschaft* (Bonn, 1849), p. 284.

479 Cp. Hugues de Mery, p. 51 : *A une mance Portraite de bone esperance*.

484 *Son cors oster*, s'empêcher, se garder.

485 A moins de corriger *tez escus* (comme au v. 480), *pende* a ici le sens actif de suspendre.

487 *N'oblie* p. *n'obli* est suspect ; il faudrait corriger *n'obli ge*.

488 *Compas*, juste mesure, a donné *compasser*, faire avec mesure, construire avec art, ouvrer ; ce verbe à son tour a dégagé

un second substantif *compas*, qui prend le sens de construction, facture, façon. C'est ce dernier qui est employé ici.

489 *Maistrie,* ici enseignement.

490-91 *Ki vuet,* si l'on veut. Le *ilh* du v. 492 devra donc se traduire par *on.* « Celui qui veut, en fait de courtoisie, dépasser tous les autres ». *Passer le cors,* périphrase pour *dépasser.* On peut cependant aussi prendre *le cors* (= le cours) pour la locution adverbiale, au sens de « vite, promptement ».

493 « Qu'il aime sérieusement »; *à certes,* opposé à *à gas.*

499 *Non pas por ce,* néanmoins.

502 L'omission de *mès* devant *quanque* est sensible, et je préfère la leçon des variantes : *mès quoi qu'aviengne.*

505 *Igal,* adv. également.

507 *Griet,* forme subjonctive de *grieve* (de *grever*).

508 *En un seul point,* en un instant.

509-10 « Peut, par sa bonté, le récompenser de telle manière que tout son mal se convertisse en santé ».

516 « Outréement », avant tout, principalement. — 518 *Neis,* nómin. sing. de *neif, nef.* — 522 *Sace,* tire.

523 *Pert* de *perdre* (neutre) = périr.

527 « Ainsi le vent paie ceux qui s'y abandonnent de telle manière, que l'un y gagne et l'autre y perd ».

531 *Li saut* équivaut à *l'assaut.*

539 *Est plus cheans,* a plus de chance.

543 *Jowe* (j'aurais mieux fait d'imprimer *jouve, w* étant = *uv*), variante de *joue, jeue, jue.* — *A la brice,* avec ruse, en traître. Phil. Mouskés, v. 3909, dit de Charlemagne :

> Quar il ne ratrest pas le rice
> Pour le povre metre en la brice.

M. de Reiffenberg traduit ici *brice* par bourbier, ordure ! « Metre en la brice » est une figure pour « traiter avec dédain », ou plutôt pour « frustrer, tromper ». *Bric* et *briche* sont de vieux mots français signifiant attrape, piége et engin quelconque (voy. Du Cange-Henschel). C'est de là peut-être (Diez est d'une autre opinion) que vient *bricole,* qui signifiait 1° piége, ruse (voy. des citations de Coquillart et de G. Alexis dans le dict. de Dochez), 2° engin de guerre pour lancer des pierres (voy. mon gloss. de Froissart). A propos du v. 1112 du Besant de Dieu, où l'on trouve *estre en male briche*, Tobler rappelle le composé *briquetoise* (*toise* = lat. *tensa*) piége tendu. — Dans Watriquet de Couvin (Tournoi des dames, 572), j'ai relevé l'expression *prendre au bril*, prendre à l'improviste, au piége ; ce mot ne serait-il pas de la même famille ? Il répond à un type *briculus* ; on trouve aussi *prendre al breil* (Martyre de S. Thomas, p. 44).

547 *Portraire*, ici et v. 552, représenter, ressembler (voy. mon gloss. de Froissart). — Tenant compte du jeu de mots rebattu chez les trouvères (*amer* et *amour*), j'ai donné au v. préc., la préférence à la leçon de A (*amer* p. *dolor*).

554 *Emprunter*, ici = prendre un engagement. « Afin de m'acquitter de l'engagement que j'ai pris » (v. 514).

555 *Prouver* est opposé ici à *deviner* (établir par supposition).

558 Le pronom *le* se rapporte à ce qui suit.

561 *Se pere* (de *parer*), s'épure, se fait, cp. v. 574, *s'afine*. *Esnetier* (de *net*, nom. sing. *nés*, v. 564), purifier.

562 *Putie*, ordure ; subst. de l'adj. *put*, puant, mauvais, qui vient du latin *putidus*.

568 *Puer* (prononcez *peur*), prov. *por, porre*, est le latin *porro*, loin ; *geter puer* varie avec *geter hors* ou *fors* (563, 570). Le *Songe de Paradis*, v. 100, a *ruer puer*. Cp. Ph. Mouskés, 3987 et Ernaut Caupain 5, 64.

575 *Prometre*, assurer, affirmer.

578 Le mot *esseas* (*essiaus*) accuse un thème *essel, essiel*, mais je ne sais qu'en faire ; il ne peut être question de l'*essieu* pris dans quelque sens métaphorique. Le vers exprime un proverbe, mais je le crois altéré ; il y avait quelque chose comme : *Car de bons ès bons li essiaus* (le ms. A a en effet *de bons est*); reste à trouver le sens du dicton ou plutôt la traduction, car le sens est indiqué par l'idée qui précède : un bon contenu bonifie le contenant, ou en d'autres termes : tel vin, tel vaisseau. Serait-ce : Bonnes abeilles (*ès*) font bonne ruche? Et encore faudrait-il prouver que *es* (*apis*) fût masculin.

585 Pour *entre*, cp. v. 300. — 586 Ce féminin *samblante* (le ms. A a *samblable*) m'a paru d'abord suspect, à cause de l'application de la désinence féminine à un adjectif en *ant* ou *ent*, qui est contraire à la règle. Mais comme on voit à chaque instant dans les trouvères le féminin *dolente*, et après avoir même rencontré dans le Livre des Rois *criante e pleurante*, j'ai cru pouvoir laisser passer la leçon *samblante*.

590 *La flors especiaus*, la fleur par excellence.

598 *Chapel*, couronne ; de là *chapelet*. — 601 *Nouvieles*, fraîches.

605-7. Ces vers sont rendus d'une manière plus nette dans le texte du ms. A.

608 « Autant et une toise en plus (*avant*) ».

610 *N'i pece* = *n'i ment*.

612 *Or soit passé que* équivaut à « admettons, supposons que ». Ce *passé* se rapporte au verbe *passer*, souffrir, tolérer, admettre, homonyme, comme je pense, de *passer*, aller au-delà. On trouve souvent dans le Cléomadès d'Adenez le Roi la cheville affirmative *c'est passé* ; je ne me l'explique pas autrement que par : « c'est admis et incontestable ».

613 *Entresait*, prov. *atrasait, atrasag*, est un adverbe de la vieille langue signifiant « sans réserve, sans détour, sans façon, absolument, brusquement », et qui dans notre passage équivaut à « pour tout dire ». Il répond au bas-latin *in transactum* (de *transigere*, pousser à travers, passer outre). Voy. Diez, *Et. Wört.*, II, p. 278, et Burguy, *Gramm.* II, 288.

615 *Dont*, alors. — 618. *Esprent*, allume, fig. fait briller, éclater.

619 *Tece, tèche*, qualité (bonne ou mauvaise), et *tace, tache*, souillure (v. 622) ne sont que deux formes d'un seul et même mot au sens commun de marque, chose qui ressort d'une surface unie. [Le même thème *tac* = chose saillante, clou, a donné *attacher* ou *attaquer*.] *Teche* a donné le participe *techié, entechié*, doué de telle ou telle qualité, bonne ou mauvaise.

621 « Une fois que l'amour vient s'ajouter à ses bonnes qualités ».

623 Ces mots *K'amurs puisse* sont embarrassants. *Pouvoir* a parfois le sens absolu de vaincre, l'emporter ; mais je n'ai pas d'exemple d'un emploi actif et ce n'est qu'avec doute que je traduis « qui l'emporte sur l'amour ».

626 Ce vers ne peut s'interpréter qu'ainsi : « S'il est large, l'amour le fait encore plus large » (*avant* = davantage). Mais il présente une incorrection grave : *larges* (forme de nominatif) au lieu de *large* (forme d'accusatif) ; et la forme *larges* est indispensable pour sauver la mesure. N'ayant pas noté de variante dans A, je dois croire ici à une faute de l'auteur. Faute bien légère du reste ; l'auteur avait perdu la liaison grammaticale et sa pensée lui présentait l'idée : *il se fait larges avant*, où la forme du nominatif est conforme à la règle, voy. Diez, Gramm. III, 89-90, et cp. pl. h., p. 60, v. 44 : *fier* (non pas *fiers*) *s'en font*.

627 *S'enlire* = *s'eslire*, se rendre *eslit* (distingué).

640 L'auteur passe brusquement du pluriel (*tot preu puent*) au singulier (*puet en lui*).

641 « S'il s'y est mis », c'est-à-dire à prendre ces *eles*.

647 Ce *car* appuie le mot *aucune* (l'une ou l'autre).

654 *Rendre*, faire, produire.

655 *Venir devant*, se présenter, se produire.

656 *Avant*, davantage.

658 « Mais, pour renoncer à en dire davantage sur mon sujet, négligerai-je (*lairai ge*) de donner un titre (*non*) à ce poëme (*romanz*)? — Certainement, non ; je l'intitulerai donc : Le roman des Ailes. » — Cette tournure *je non* (cp. plus haut, v. 609, *je volentiers*) rappelle le οὐκ ἔγωγε et le *haud ego* des classiques.

TABLE DES MOTS LES PLUS REMARQUABLES RELEVÉS DANS LES NOTES.

(Le chiffre renvoie à la page.)

à pléonastique devant l'infinitif 317.
aairier (s') 315.
acointier (s') à 286.
aconqueste 377.
adonner 381.
ADVERBE fléchi 292, 296.
afoler 335, 345.
agencer 292.
ajoster 286.
aliu 350.
alongier 295.
amaisnier 366 (1).
amoier 348.
amonter 376.
amolloir 344.
anoier (s') 291.
anter 331.
aouvrer, mettre en activité 369.

aparfongié 371.
aplaqueresse 362.
ardure 341.
aroser 325.
atemproire 350.
atiller 299.
auçoirre 359.
aval 328.
avel 331.
avison 308.
avoier 367.
avourer 312.
barbiere 333.
baston (prendre le) 312.
batiere (siele) 354.
bauke 345.
bée 317.
beter, bieter 364, 373.

---

(1) Dans Benoît, Chron. des ducs de Normandie, 35964, on trouve *amaisnier* avec le sens de pacifier, mettre d'accord, mais il faut lire *amaisierent* p. *amaisnierent*.

bienvegnant 368.
biffe 364.
blanc 546.
brithe 390.
bril 390.
briquetoise 390.
buhote 546.
caraudie 369.
carnin 369.
chahute 326.
chaie, subj. de *cheoir* 301.
chasté 365.
chier (se tenir) 295 ; *s'avoir chier* 288, 308.
chiever 336.
choisir suivi d'un infinitif 320.
chose 316.
cincovis 321.
clapete 547. Signifie probablement le *claquet* de la trémie.
clapoire 547.
conduit 367.
coneü, sens actif 337.
confinoiere 332.
conjoindre, sens neutre 383.
conscnce 290.
consire, consirer, subst. 295, 296.
consirer, verbe actif 295.
contendre 387.
contremander 377.
contrepois 387.
copoieor 386.
coronciel 335.
cremir de qqch. 308.
cretonné 564.
de placé devant le sujet logique 295, 296.

deffier 299, 325.
defin 301, 373.
deporter (se) 513.
destroit, subst. 290.
deviser 318.
doie, subst. 361.
dolor, masc. 373.
dongier 305.
dorenlot 327.
dosnoi 365.
douaire 310.
douçor 289.
dreçant 570.
dru, avide ? 331.
effroi (faire) 291.
embroier 363.
emprunter 390.
engaing 289.
enganer 339.
enjoïr 383.
enlire 392.
enscrir 288.
entendance 317.
entester 359.
entous 295.
entrant, subst. 286.
entre 326, 383.
entrelais 309.
entresait 310, 391.
enturle 366.
envier 295, 384.
esbaudir qqch. 358.
escondire 307, 312.
espavigneus 350.
esploit 298.
esploitier 299, 300.
esragier vif 301.

esserai, futur 287.
essiel ? 390.
esta 291.
estiere 349.
estout 361.
estre ; il li est pau 299.
estriller fauvain 344.
et pléonastique 310.
fainté, faintié 362, 378.
faire, emploi périphrastique 350.
faiture 296.
fardoillié 338.
faumouner 347.
fautrer 335.
favele 320.
feru en char ? 378.
floroison 308.
forseneric 372.
fouragi 334.
fourentendu 335.
friçon, friture 363.
fueille 313.
fuel 308.
gagier, parage 297.
gaïn (fromage de) 365.
gaudel 363.
gave 332.
gésir (se) 291.
goheriel 332.
grau 332.
grauser ? 332.
habit, demeure 365.
hageter 331.
huisdive 370.
jambet 319.
joie masc. 285.
jouvent 314.

juïs (jugement) 304.
laier ; prés. laie, lait et laist 300.
laissor 309.
lecheor 379.
lieu 314.
loqu 333.
luminer 294.
main 380.
manser 331.
marcheant (or) 376.
marescoi (aler au) 330.
melestant 376.
merestant 376.
mesconte 357.
mestrait 357.
mettre (se) en, 319.
monjoie 360.
muebler 357.
muer (ne povoir) 289.
norrir, sens intrans. 336.
ortoile 349.
parisée 362.
paroil (de parler) 291.
passé 391.
passience 373.
paulonier 300.
petit (estre), impers. 329.
peulent (verbe) 381.
peuture 342.
piauchelu 335.
picté 369.
pire ? 370.
pitance 382.
placebo (à) 345.
plait (trouver) 306.
plumete 350.
plus plus (de) 344.

poinile 347.
poli 321.
popelican 361.
portraire 390.
pouvoir = vaincre ? 392.
prendre (se) à 363.
puer, adv. 329, 365, 390.
rain 346.
rasis 342.
raviser (ressembler) 333.
rechef (de) 291.
recomens (de) 291.
refraindre 285.
refuseles = refusez les 348.
relent adj. 378.
reponniaus (à) 367.
reprovier 310.
reter 318.
retraire, terme d'escrime 359 (1).
saveur 362.
savoir = lat. sapere, 363, 379.
sel (mettre du) 345.
sieré 349.

si fait 385.
socorse 382.
soigne (songe) 297.
sormonter, sormontée 359 (2).
soteriel 367.
souffi 342.
souffrable 372.
soufle 360.
souprison 307.
teche, techié 391.
tels y a 365.
Temple (servir au) 345.
termine 294.
terminois 382.
traillere 349.
travers 360.
tresgeter 359.
trespas 366, 371.
tumberel 367.
uller, ulleïs, 362.
vergant 302.
volatile 299.

(1) Sur les coups de *retraite* voy. le Gloss. de Gachet et Ducange-Henschel, VII.
(2) Pour ces termes d'escrime (Songe d'Enfer, vv. 269 et 272), que je ne saurais préciser et dont j'ai mal interprété le second, cp. Rom. de la Violette, p. 98 :

    Es visages grans cols se fierent
    Et se donnent molt grans testées
    Et entredeus et *surmontées* ;

Et ib., p. 302 :

    Souvent se gotent entredeus
    Et retraites et-surmontées.

TABLE DES MATIÈRES

Introduction	v
I. Chansons de Gonthier de Soignies	1
II. Chansons de Jaques de Cisoing	72
III. Chansons de Carasaus	94
IV. Chansons et pastourelles d'Ernaut Caupain	106
V. Jeux-partis de Jehan d'Estruen	120
VI. Chansons de Jehan Fremaus de Lille	129
VII. Chansons du Trésorier de Lille	137
VIII. Chanson de Pierre le Borgne	143
IX. Chansons de Jaques de Dampierre	146
X. Pastourelle de Lambert l'Aveugle	150
XI. Jeu-parti de Gérart de Valenciennes	153
XII. Pièce (anonyme) de Jean de Condé (?)	156
XIII. Laurent Wagon. Le moulin à vent	162
XIV. La prise de Noéville (pièce anonyme)	170
XV. Raoul de Houdenc :	
1. Le Songe d'Enfer	176
2. Le Songe de Paradis	200
3. Le Roman des Eles	248
Notes explicatives et rectificatives	285
Table des notes	393

www.ingramcontent.com/pod-product-compliance
Lightning Source LLC
Chambersburg PA
CBHW050915230426
43666CB00010B/2176